광고의 역사
산업혁명에서 정보화사회까지

HISTORY OF ADVERTISING

양정혜 지음

한울
아카데미

"고마움과 그리움을 가득 담아
이 책을 존경하는 아버지 양을환 님의 영전에 바칩니다"

* 이 책은 계명대학교 비사연구비 지원을 받아 출판되었습니다.

머리말

    모든 학문의 기초는 그 역사에 대한 이해에서 출발한다. 미디어와 관련된 분야도 예외는 아니라서 언론의 역사, 방송의 역사, 매체의 역사 등 다양한 분야에 걸쳐 방대한 역사적 기록들이 수집되어왔고, 기록하는 사람의 시각이나 목적에 따라 이미 화석이 되어버린 세월의 의미가 상이하게 또는 동일하게 구성되어왔다. 제임스 큐런(James Curran) 같은 커뮤니케이션 대가의 초기 저작이 영국 언론사, 특히 영국 노동자 신문의 역사 기술에서 출발했다는 사실은 학문에서 역사의 중요성에 대해 큰 시사점을 제공한다. 아쉽게도 광고의 역사에 대해서는 상대적으로 논의가 부족한데, 이는 광고를 실용적인 학문으로 인식해 현업의 관심사를 반영하는 데 우선 순위를 두는 경향 때문이다. 광고의 역사에 대해서는 오히려 문화 연구나 사회학의 전통에서 더 많은 이야기가 존재한다. 주로 소비사회의 등장과 소비주의 형성에 대해 논하면서 초기 산업사회가 성장하는 과정 중에 광고가 수행한 역할을 진술하는 '주변적인 광고사'들이 그 예이다. 그러나 광고인들, 광고산업, 광고의 메시지, 광고조사 등은 레이먼드 윌리엄스(Raymond Williams)가 이야기한 당대의 감정 구조와 사회상·경제상을 나타내는 독립적 담론을 구성한다. 광고의 역사를 들여다보면 사회적·경제적 변화에 따라 광고의 메시지 형태나 내용이 일정한 패턴으로 생성되고, 성장하고, 소멸하는 양상을 뚜렷하게 관찰할 수 있다. 역사는 되풀이된다는 명제는 광고의 세계에서도 불변의 진리인 셈이다. 광고의 역사가 보여주는 주기성과 순환성에 대한 이해는 향후 다가올 시대를 예측하고 효율적으로 대처할 수 있는 통찰력을 제공한다는 점에서 광고에 관심 있는 이들에게 반드시 필요하다.

　이 책은 주로 미국의 경험을 중심으로 서양 근현대 광고의 역사를 조명하고 있다. 미국의 사례를 살펴보는 이유는 세 가지이다. 우선 일찍부터 자유시장을 표방하며 자본주의 경제체제를 적극적으로 도입한 미국은 극심한 유통 경쟁과 브랜드 범람을 겪으면서 어느 사회보다 역동적으로 광고 발달을 촉진시키는 환경을 제공했기 때문이다. 그리하여 가장 설득력이 뛰어나고 가장 대중에게 잘 어필하는 고전적 캠페인 사례들을 보여준다. 두 번째로 각종 시행착오를 통해 조직체계를 정비한 광고대행사들은 광고인의 꿈을 가진 데이비드 오길비 같은 젊은이들을 미국으로 끌어들이게 만들 만큼 창의적이고 효과적인 광고 캠페인을 집행했기 때문이다. 역사에 획을 긋는 주요 캠페인들은 오늘날까지 많은 교훈과 시사점을 준다. 마지막으로 우리나라 광고의 성장이 미국 광고계와 불가분의 관계를 맺고 있기 때문이다. 만보사나 연합광고 등 대한민국 최초의 광고대행사들은 일본을 경유하기는 했지만 미국의 광고대행사인 매캔 에릭슨, JWT 등과 제휴해 각종 광고 노하우를 전수받았다. 게다가 우리나라 광고인들에게 역할 모델을 제시한 것 역시 미국 광고계였다. 국내 광고 역사 초기에 데이비드 오길비가 쓴 『어느 광고인의 고백』이 국내에 번역되어 카피라이터들을 포함한 광고업계 실무자들에게 광고 카피와 소구 기법에 대한 가이드라인을 제시했다. 이처럼 미국 광고계의 영향을 많이 받아온 우리 광고계가 정체성을 찾고 앞으로 나아갈 방향을 모색하기 위해서는 미국 광고의 발달 과정을 고찰하는 것이 온고지신, 타산지석의 기회가 된다.

이 책은 총 6장으로 구성되어 있다. 제1장에서는 산업사회 초입의 사회 풍경을 중심으로 광고가 탄생하게 된 사회적 · 경제적 · 기술적 · 이데올로기적 배경을 살펴본다. 1800년대 중반으로 넘어가면서 본격화된 동력과 기계의 발명은 대량생산을 촉진시켰고, 이는 소비를 창출해야 할 필요성으로 이어졌다. 한편 교통수단의 발달로 수송이 용이해져서 판매 지역이 확대되자 광범위한 시장을 대상으로 상품정보를 제공하는 것이 기업들의 중요 과제로 부상했다. 인쇄기술의 발전과 대중의 경제력 향상은 상업적 대중매체가 등장할 수 있는 환경을 조성해 최초의 대중신문이 등장하게 된다. 이 모두가 근대 광고의 성장을 촉진시키는 데 크게 일조한 요인들이다. 제1장에서는 광고와 불가분의 관계를 맺고 있는 자유시장 담론이 구성되는 과정과 자유시장 내부에서 유통 시스템을 장악하기 위한 기업들의 경쟁, 대중매체의 등장과 광고와 관계를 정립하는 과정, 19세기 중반 광고업의 양상과 광고 메시지의 특징을 다룬다.

제2장에서는 브랜드의 등장과 근대성(modernity)에 관한 사회적 인식이 형성되는 과정을 중점적으로 논의하고 있다. 이 두 가지 이슈 모두가 광고의 성장과 밀접하게 연결되어 있다. 브랜드는 각기 다른 기업에 의해 대거 출시된, 성분상으로는 아무런 차이가 없는 제품들을 구분 짓고, 정체성을 부여하는 역할을 수행한다. 동시에 소비자와 상품 사이에서 친밀도와 신뢰감을 형성해주는 매개체가 된다. 브랜드의 인지도와 신뢰도를 확보하기 위해서 광고가 가장 적절한 도구로 주목받게 된 것이다. 브랜드들이 주창하는 '근대적 사회'로 진입하는

데는 대다수 사회구성원들의 혼란과 갈등이 동반되었다. 대규모 관료 조직의 등장, 빈번한 이동, 익명적이고 단절된 사회관계로 대표되는 산업사회의 특징은 19세기 말 더욱 가속화된다. 사람들은 얽히고 확대된 사회적 관계와 그에 반해 파편화된 공동체 의식을 경험하면서 흔들리지 않는 정체성을 확립해야 할 필요를 느꼈고, 급변하는 삶에 적응하기 위한 가치관적 준거 틀을 갈망했다. 널리 퍼져 있는 대중매체는 이러한 사회적 욕구에 대해 가이드라인을 제공하는 데 나름대로 비중 있는 역할을 했다. 또 대중매체를 통해 일상에 전달되는 광고도 근대성과 개인 간의 갈등에 해결책을 제시했다. 광고는 사라져가는 공동체적 유대감과 소속감, 부족한 인간관계 등 '근대적 혼란'에 대한 답이 상품이라고 말한다. 광고를 근대적으로 만든 것은 아이러니컬하게도 근대성에 대한 대중의 심리적 저항을 발견하고, 공감대를 형성하는 기법을 고안해낸 광고대행사들의 통찰력이었다. 19세기 말에서 20세기 초에 걸쳐 존 케네디, 존 파워스, 클로드 홉킨스, 어니스트 엘모 컬킨스 같은 고전적 광고의 대가들이 무리지어 등장해 산업사회로 이전을 더 용이하게 만드는 데 기여했다.

　제3장에서는 전쟁과 경제공황 등 평범한 일상생활이 붕괴되는 상황에서 광고가 어떤 양상을 보여주는지 살펴보고 있다. 1914년의 제1차 세계대전, 1929년의 경제 대공황을 겪으면서 광고는 전쟁의 대의명분을 지지하기 위한 프로파간다적 역할을 충실히 수행한다. 자유시장, 자유주의 사상, 그 밖에 '자유'로 수식되는 모든 것들을 존중하는 미국사회이지만 국익이 쟁점이 되었을 때는 자유보다 통제 — 물론 자발적 통제의 양상을 띠지만 — 가 더 영향력을 발휘한다는 것을 잘 보여준다. 이 같은 양상은 제2차 세계대전 기간에도 동일하게 관찰된다. 1920년대 여성을 대상으로 한 담배 광고 캠페인들과 공황기의 각종 광고들은 인간

심리의 가장 약한 부분을 자극하는 방법과 그로 인한 효과에 대해 많은 것을 시사한다. 젊은이들에게 전쟁을 팔 수 있고, 여성들의 생활방식을 바꿔놓을 수 있으며, 많은 어머니들의 텅 빈 지갑을 열 수 있게 하는 광고 사례들을 통해 광고가 안고 있는 딜레마, 즉 윤리성과 광고효과의 극대화 사이의 긴장에 대해 고민해볼 수 있는 기회를 얻게 된다.

제4장에서는 제2차 세계대전이 가져다준 물질적 풍요가 사회 전반에 미친 영향력과 역사상 유례없는 전성기를 맞이한 광고계의 모습을 상세히 들여다보고 있다. 미국사회는 전쟁을 겪고 나서 기술의 진보를 획득했고 전후 승전국으로서 경제력을 얻은 후 대대적으로 변화하게 된다. 전후 베이비붐, 자동차와 고속도로의 증가, 교외 거주 지역의 확장과 이에 따른 소비유형의 변화, 텔레비전의 급속한 보급률 등은 주택과 자동차, 각종 전자 제품과 일상 소비재에 대한 수요를 폭증시켰다. 신용카드의 보급, 할부구매의 확산은 본격적인 소비사회로 진입을 부추겼으며 소비가 미덕이고 새로운 것이 좋은 것이라는 인식은 세련된 소비자 조사기법에 근거를 둔 광고 캠페인들을 통해 자연스러운 것으로 자리 잡아갔다. 1950년대에 주목할 만한 점은 인간의 내면세계에 대한 탐구가 광고조사영역에서 활발하게 이루어졌다는 것이다. 이미 1900년대 초반부터 광고조사가 시도된 것은 실용주의적인 미국사회의 가치관 덕분이다. 검증할 수 있는 것만 신뢰하려는 경향이 막대한 예산을 투입하는 광고 캠페인의 사례에서 더욱 두드러지는 것은 당연한 현상이다. 광고조사의 발전은 사회과학 조사방법론의 발전과 궤를 같이하는데 폴 라자스펠드(Paul Lazasfeld)를 주축으로 한 컬럼비아 학파가 방법론을 정교화시키면서 광고조사는 완성도를 더해갔다. 그러나 1950년대에 두드러지는 심층심리에 대한 탐구는 기존의 실증적인 광고조사와는 차별화되게 인

간에게 동기를 부여하고, 행동을 유발시키는 보이지 않는 요인들을 탐구하는 데 중점을 두었다. 그리하여 성(sex)과 안전(security)에 대한 욕구가 인간의 행동을 지배하는 가장 강력한 동기라는 것을 발견했다. 성적인 매력의 부각이나 고용 안정에 대한 위협 등은 인간 심리에 가장 강력한 영향력을 행사한다. 성은 오늘날까지 가장 빈번한 광고 소재로 남아 있다. 그리고 안전에 대한 보장이나 위협은 경제 침체기나 전쟁 등 사회적 위기상황에서 적극적으로 사용된다.

1950년대 광고산업은 발전 가도를 달리고 있었지만 광고의 크리에이티브는 빈곤을 면치 못하고 있었다. 이미 전문가 집단이 되어 기득권을 누리게 된 광고인들은 굳이 창의성이나 예술성을 추구하지 않더라도 경제활황 속에서 안정된 생활을 누릴 수 있었으며 그 결과 경제공황 이후에 지속되던 하드셀 기법의 언저리에서 더 이상 나아가지 않는 양상을 보였다. 그러나 광고에 대해서 기성세대와는 다른 취향과 시각을 가지고 있었던 베이비붐 세대가 구매력을 갖추면서 이들의 시선을 끌기 위한 크리에이티브의 변화가 불가피해졌다. 또한 광고계 내부에서도 자성의 목소리와 함께 창의성을 추구하는 인물들이 등장하기 시작했다. 그리하여 1960년대 크리에이티브 혁명기가 도래한다. 제5장에서는 크리에이티브 혁명을 주도한 전설적인 광고인들의 철학과 대표적 캠페인 사례들을 소개하고 있다. 광고에 대한 이들의 소신은 오늘날까지도 광고를 공부하는 이들에게 바이블에 버금가는 지침을 제공하고 있다.

마지막으로 제6장에서는 1970년대에서 2000년대에 이르는 시기의 광고와 광고산업의 변화 양상을 다루고 있다. 1970년대는 오일쇼크로 인해 경제가 다시 후퇴하면서 광고의 예술성 역시 퇴보하는 모습을 보여준다. 그러다가 1980년대에 들어 이른바 신자유주의가 도입되고 경제상황이 나아지면서 뉴 크리에이티브 혁명기를 맞이하게 된다. 글로벌라이제이션의 추세 속에 광고기업들은 다국적 기업의 동반자로서 전 지구적 확장을 도모하게 되고 여타의 대중문화산물과 마찬가지로 광고의 형식과 내용 역시 국경을 가로질러 점차 동질화되고 표준화된다. 할리우드 영화들이 다국적 기업의 생산품을 전파하는 전도사 역할을 수행하는 것처럼 광고 역시 전 지구적으로 유사한 소비욕구와 열망, 생활방식을 확산시키는 데 첨병 역할을 수행하고 있다. 1990년대에 정보화사회로 접어들면서 광고는 새로운 전기를 맞이한다. 부침과 몰락을 거듭한 수많은 닷컴 기업들이 가상의 공간에 또 다른 세상을 건설하면서 등장한 온라인 광고는 효과 면에서 수많은 논쟁을 불러일으켰지만 이제 어느 정도 안정권에 들어섰고, 다양한 형태의 광고로 여러 실험을 진행 중이다. 라디오와 텔레비전 광고들이 초기 정착 과정에서 많은 혼란과 진통을 겪었던 것처럼 온라인 광고도 가장 효율적인 광고 모델을 발견할 때까지 시행착오를 거칠 것이다.

1800년대 중반부터 고찰해본 광고의 역사는 변하지 않는 몇 가지 테마를 보여준다. 첫 번째, 사회는 끊임없이 변화하지만 광고가 제시하는 가치관은 거의 변하지 않는다는 것이다. 광고는 제품보다 훨씬 더 많은 것을 판매한다. 광고는 가치관과 이미지를 판매하고 사랑, 로맨스, 성공 더 나아가서는 정상과 비정상의 모습을 형상화하고 규정한다. 이 과정에서 진보적이고 혁신적인 요소보다는 보수적이고 이미 정형화된 요소들이 더 지배적인 양상을 보여준다. 여성의 자리는 가정이며, 여성에게 가장 중요한 것은 남성에게 사랑과 관심을 받는 것이라는 메시지들이 대표적인 사례이다. 두 번째, 광고계에는 항상 두 가지 상이한 지향점을 추구하는 광고세력 간의 팽팽한 긴장이 존재한다는 것이다. 예술적이고 창의적인 영감이 소비자를 움직인다고 생각하는 이들과 실증적인 조사결과로 무장한 사실만이 상품을 판매하는 데 도움이 된다고 여기는 이들이 공존하는 것이다. 이들의 서로 다른 접근법은 사회적·경제적 상황이 어떠한가에 따라 설득력을 얻기도 하고 반대로 주변부로 밀려나기도 한다. 세 번째, 광고는 새로운 사회변화를 정당화한다. 전기의 도입, 자동차의 등장, 컴퓨터의 보급 등 사람들 삶의 방식을 근본적으로 바꿀 수 있는 변화의 계기가 도래했을 때 광고는 시대를 불문하고 대중들이 나타내는 심리적 거부감을 완화시키며 새로운 것을 친숙하고 바람직한 것으로 받아들이게 하는 데 중요한 역할을 수행한다. 전기, 자동차, 컴퓨터와 디지털 기술 등 대중의 삶에 큰 변화를 가져온 신기술들이 주로 거대기업들이 발명해낸 새로운 상품의 형태로 소비자들과 만난다는 점을 감안한다면 광고는 자본주의의 꽃이라는 명제 역시 불변의 진리인 셈이다.

독자들이 스스로 발견해야 할 사실을 머리말에서 이미 일부분 진술해버렸다. 그러나 여기서 언급한 몇 가지 사실 외에도 광고의 역사에는 시대를 초월하는 공통점들이 감추어져 있다. 나머지 공통점들을 발견하는 즐거움을 누리기를 바라며…….

CONTENTS

머리말   3

제1장 현대 광고의 태동 : 산업혁명~1800년대 말   15
자유시장체제의 성립 : 초기 담론들   17
산업혁명과 그에 수반되는 사회변화   22
근대 대중매체의 등장과 발전   29
최초 광고의 공익적 목적   32
대중신문의 등장   33
초기 광고의 발전   36
_광고대행사의 등장   36
_19세기 중반 광고 메시지의 특징   41
_잡지와 광고   44
_초기 광고에 대한 사회적 인식 : 특허약품과 광고의 윤리성   46
_리디아 핀컴의 종합 야채정   48

제2장 근대 광고의 성장 : 1880년대~제1차 세계대전   51
시대적 배경   52
소비자 경제의 성장   53
포장 혁명   54
브랜드의 발달   57
브랜드 광고의 유통 장악   62
백화점의 발달과 소비사회의 성장   65

광고의 양상   67
  _광고의 새로운 테마 : 근대성   67
광고와 새로운 생활습관의 형성   71
광고와 신기술 : 전기와 자동차   75
광고대행사의 발전   78
  _시장조사의 등장   80
광고 크리에이티브의 발전   81
  _존 케네디와 reason why   82
  _존 파워스와 정직성   83
  _reason why의 응용 : 클로드 홉킨스와 선제주장 기법   85
  _어니스트 엘모 컬킨스와 감성적 접근   87
  _분위기와 뉘앙스 : 맥마우스의 캐딜락 광고   88
광고개혁운동 : 소비자 운동의 등장과 허위광고에 대한 규제   91
잡지와 광고   93
주요 광고상품 : 자동차   94

제3장 전쟁 전후의 경제성장 그리고 대공황   99
전쟁과 광고   100
전후사회의 변화   103
광고 크리에이티브 전략   106
  _객관적 정보전달에서 일상적 공감대의 형성으로   106
  _소비사회에 적응하는 가이드라인 제시   108
  _여성의 소비자화   112
광고와 여성 흡연의 사회적 정당화   114
광고대행사의 변화   119
대표적인 대행사들   120

대공황과 광고 : 1930년대 123

_사회적 배경 123

_광고 메시지 전략 : 하드셀과 선정성 124

_광고조사의 발전 131

_라디오와 광고 133

제4장 제2차 세계대전과 전후 소비사회의 발전 : 1945~1960년대 139

제2차 세계대전과 광고 140

전후사회의 변화 144

광고 메시지 전략 147

_성(sex)의 도입 147

_섹스 어필의 이면 : 전통적 가치의 옹호 153

_새로운 것은 곧 좋은 것 154

_분화된 소비자에 대한 인식 : 자동차 광고의 사례 156

_베이비붐 세대, 유스 마케팅 161

광고대행사의 변화 165

심리학과 광고의 만남 : 동기조사 167

1950년대 광고인에 대한 인식 174

제5장 크리에이티브 혁명기 : 1960년대 175

로저 리브스 177

_진통제 아나신과 USP 전략 179

레오 버넷 181

데이비드 오길비 188

_해서웨이 셔츠 캠페인 191

빌 번바크 193

　_캠페인 사례들　196

　_폭스바겐　197

　_에이비스　198

제6장 글로벌라이제이션, 이미지 폭발, 뉴미디어 : 1970년대~현재　201

경기불황과 1970년대 광고　202

　_사회적 배경　202

　_광고 메시지 전략 : 포지셔닝과 하드셀의 부활　203

　_불황의 또 다른 얼굴 : 비교광고의 성행　206

　_새롭게 등장한 상투적 이미지 : 남성보다 능력 있는 여성　209

　_광고의 진정성에 대한 제고와 광고규제의 강화　212

전 지구적 광고, 크리에이티브 혁명이 부활, 광고의 영역 확장 : 1980년대　214

　_시대적 배경　214

　_기업의 후원활동 증가　217

　_영웅의 상품화　218

　_스포츠 이벤트와 광고의 만남 : 매킨토시와 슈퍼볼　220

　_글로벌 브랜드와 전 지구적 광고　222

분화된 수용자, 이미지 범람, 온라인 광고의 실험 : 1990년대　225

　_엽기, 복고, 향수 : 광고 메시지 전략　226

　_1990년대 닷컴 광고의 부침　228

　_온라인 광고에 대한 정당성 부여 : BMW 사례　231

참고문헌　234

찾아보기　240

제1장
현대 광고의 태동 : 산업혁명~1800년대 말

자유시장체제의 성립 : 초기 담론들
산업혁명과 그에 수반되는 사회변화
근대 대중매체의 등장과 발전
최초 광고의 공익적 목적
대중신문의 등장
초기 광고의 발전
_광고대행사의 등장
_19세기 중반 광고 메시지의 특징
_잡지와 광고
_초기 광고에 대한 사회적 인식: 특허약품과 광고의 윤리성
_리디아 핀컴의 종합 야채정

*

　1765년 미국 사우스 캐롤라이나 찰스턴의 한 주간신문에 게재된 광고는 무엇이든 광고의 대상이 되는 2000년대 소비자가 보기에도 충격적이다. 아프리카에서 방금 도착한 250명의 건장한 노예를 판매한다는 이 경매 광고는 미국으로 오는 항해 기간에 노예들의 건강을 잘 관리했으며 전염병 예방 접종도 이미 마쳤다는 '제품정보'를 제공한다. 또 예비 노예들은 먼저 미국 땅에 도착해 있는 고향 사람들과 어떤 형태의 소통도 한 적이 없다고 강조함으로써, 구매를 하더라도 도주를 염려할 필요가 없다는 보증까지 하고 있다.

　사람을 경매에 붙인 이 광고는 1700년대 널리 확산되고 있던 합리주의적·계몽주의적 인간관과 정면으로 상치된다. 하지만 이 시기의 전단지나 포스터, 신문 등에 나타난 다른 광고물을 보면 도망간 노예나 도제 혹은 분실물을 찾는 내용, 선박 운행 일정을 안내하는 내용 등 개인적인 사정을 알리거나 간단한 편의 서비스를 제공하는 것이 주를 이루고 있어 오늘날 우리가 이해하는 광고와는 꽤 거리가 있음을 알 수 있다. 오늘날 일상에서 매일 접하는 근대 광고는 기업 경쟁을 위한 도구로서 시장을 전제로 한다. 그러나 자유시장은 원래부터 존재하지 않았고 다양한 세계관과 이해관계가 수렴되면서 형성되었다. 자유시

〈사진 1.1〉 1765년의 전단지 광고. 아프리카에서 막 도착한 흑인들을 선상에서 판매한다는 내용을 담고 있다.

장은 사상적으로는 종교개혁, 계몽주의, 산업화를 거치는 과정에서 등장한 철학적·정치적·과학적 담론의 영향을 받았으며, 제도적으로는 기계화에 의해 대량생산된 상품들을 소비자에게 원활하게 도달하도록 하고, 나아가 소비욕구를 창출시키려는 자본주의 경제체제의 필요에 의해 탄생된 산물이다.

자유시장체제의 성립: 초기 담론들

주지의 사실이지만 산업혁명 이전 사회는 개인의 경제활동을 장려하지 않았다. 교회가 정치적·사회적 기반을 이루었고 토지가 경제 기반이었다. 토지의 대부분은 귀족이나 수도원이 소유했기 때문에 일반대중의 재산과는 거리가 멀었다. 사람들은 대부분 소작인 신분이었고 성직자의 가르침에 순종했다. 출생에 의해 신분이 고정되는 닫힌 사회였고 직업을 선택할 수 있는 자유가 없어 직업이 세습되었기 때문에 사회적 유동성은 매우 미미했다. 당시 사회에서 삶의 가장 큰 목표는 신에게 구원받는 것이었으므로 부를 축적하려는 욕심이나 물질에 대한 욕망은 허용되지 않았다. 그러므로 상품을 사고팔아 이익을 취하는 상인이 천국에 머물 수 있는 공간은 없었다.[1] 인간의 소유욕이나 부에 대한 열망은 바람직하지 않을 뿐만 아니라 부도덕한 것으로 간주되었기 때문이다. 그러나 르네상스와 종교개혁은 인간의 경제활동을 바라보는 시각에 근본적인 변화를 불러일으켰다. 청교도주의가 인간의 소유욕을 인정하면서 정직하게 모은 재물의 일정 부분을 사회로 환원하는 기독교적 의무를 준수하는 한 개인의 경제활동은 미덕으로 통하기 시작했다. 또 종교개혁은 '주인 없는 인간', '믿는 자는 모두 성직자' 등과 같이 개인성을 높이 평가하도록 시대적 가치관을 변화시켰다. 이는 비슷한 시기에 형성된 과학적 지식과 철학적 담론에 힘입어 자본주의 경제체제를 도입하고 자유시장체제를 성립하는 토대가 된다.[2]

근대 자유시장을 성립하는 데 정당한 가치관를 부여해준 과학자들의 담론에 실마리를 제공한 것은 코페르니쿠스의 지동설이다. 중세적 우주관에 근본적 회의를 표명한 그의 주장은 르네상스 시대와 과도기적 근대를 살았던 갈릴레오

---

1) 셰익스피어의 「베니스의 상인」에 이 같은 부의 축적에 대한 비판적 가치관이 잘 드러나 있다.

2) C. Landreth, *History of Economic Thought, 4th ed*(Boston: Houghton Mifflin, 2002).

로 이어지면서 과학적으로 정교해진다. 지구는 태양을 도는 행성 중 하나에 불과하다는 주장이 성경을 중심으로 한 세계관에 균열을 일으킨 이후, 뉴턴에 이르러 우주 활동에 대한 설명이 절정을 이룬다. 뉴턴은 중력의 법칙을 제시하며 사물은 원자로 구성된다고 결론지었다. 뉴턴의 법칙은 과학 영역에 국한되지 않고 18세기의 경제적·정치적·사회적 사고에 지대한 영향을 미친다. 예를 들어 뉴턴의 친구인 로크는 인간을 원자와 같은 개념으로 파악하고, 원자가 모든 물질의 기본 입자인 것처럼 인간을 사회조직의 기본 단위로 보았다. 즉 원자가 조화를 이루고 하나의 물질을 형성하듯 사회 역시 자유롭고 자율적인 개인의 합이며 사람들 스스로 질서가 유지되는 사회를 만들 것이라고 본 것이다. 로크는 전쟁이나 각종 사회갈등이 일어나는 원인을 두고 인간이 자연의 질서에 인공적 제도나 장치를 강제로 부과하기 때문이라고 주장했다. 여기서 사회질서를 유지하기 위한 '자유'의 핵심적 역할과 이를 토대로 등장할 '자유시장'의 당위성에 대한 함의를 찾을 수 있다.

자율성을 지닌 개인, 그리고 이 개인들이 조화를 이루는 사회에 대한 믿음이 인간평등사상으로 발전하면서 로크는 인간백지설을 주장했다. 인간은 태어나면서부터 평등하다는 것이 인간백지설의 핵심이다. 그러므로 농노와 귀족의 천부적 가치가 다르지 않으며 다만 그들의 차이는 환경에 기인한다는 주장이다. 신분이 높은 사람들은 선천적으로 우월한 요인을 갖춘 게 아니라 신분이 낮은 사람들에 비해 자신의 능력을 개발할 수 있는 기회가 많기 때문에 학식이나 재산 등을 축적할 수 있다는 것이다.

인간평등사상은 자연권사상과 무관하지 않다. 인간은 원래부터 생명권·자유권·재산권 같은 자연권을 소지하고 있었고, 이를 보호하기 위한 정부가 탄생하면서 권리의 일부가 축소되었다. 그런데 노동을 통해 얻은 사물은 여전히 그 사람의 소유였고, 이에 로크는 정치적 평등에 주안점을 두고 인간평등사상을 주창했다. 이는 부를 축적하기 위한 경제활동을 사회적으로 인정하는 가치가 인간의 합리성과 이성을 믿는 계몽주의적 인간관과 어우러지면서 인간의 이성을 통해 경제질서도 자율적으로 형성되고 통제될 것이라는 믿음을 낳았다. 자유로운 경제질서에 대한 믿음은 아담 스미스 같은 경제학자들의 생각에 힘을 실어줌으로써 시장을 경제활동의 중심지로 부각시켜 자유방임주의(laissez faire) 경제를 이상화시킨다. 아담 스미스는 자유로운 시장에서 질서를 확립하는 원동력은 경쟁이라고 보았다. 천성적으로 도덕적이고 이성적인 개인이 각자의 이익을 추구함으로써 정부나 소수의 권력자가 시장을 지배하는 일은 없을 것이라고 판단했다. 아담 스미스는 『국부론』에서 시장이 작동하는 구체적 메커니즘을 다음과 같이 설명하고 있다.

개인은 본능적으로 자신의 이익을 추구한다. 상품 구매자는 가장 낮은 가격으로 가장 많은 혜택을 주는 상품을 선택할 것이고, 노동시장의 노동자는 자신의 임금에 비해 가장 적은 노동력을 투입할 것이다. 제조업자 역시 가장 적은 비용으로 제품을 생산해서 가장 높은 가격을 책정하려고 할 것이다. 이 같은 이해관계가 충돌하면 틀림없이 혼란이 야기된다. 그러나 이기적인 개개인은 최대의 이익을 추구하는 다른 개개인과 충돌을 피할 수 없다. 그렇다면 그 결과는 무엇인가? 폭력인가? 아니다. 개개인이 심사숙고해 이익을 계산한다면 자신이 추구하는 것을 얻기 위해서는 타협하고 기대 수준을 조정해야 한다는 사실을 깨닫게 된다. 다시 말해 사람들이 좀 더 합리적인 선택을 할 수 있는 한, 제조업자는 부실한 상품을 높은 가격으로 판매하려고 하면 소비자들이 자신의 물건을 구입하지 않을 것임을 예측하게 되고, 또한 노동시장에 진입하려는 사람들 역시 임금을 받고도 더 오랫동안 일하는 사람이 있는 한 자신의 일자리가 오래가지 못할 것임을 저절로 알게 된다는 것이다.[3]

아담 스미스는 개인의 합리적인 이익 추구 활동이 경제질서를 유지할 것이라고 주장했다. 또 이익을 추구하는 활동은 되도록 정부의 간섭이나 규제에서 자유로워져 시장 경쟁에 의해 이루어져야 한다는 생각을 피력했다. 시장 중심의 경제가 효과적으로 기능하기 위해서는 적절한 정보의 확산과 흡수가 허용되어야 한다. 다시 말해 시장에 들어오는 모든 사람은 경쟁자에 대한 완전한 정보를 파악해야 한다는 것이다. 예를 들어 시장 참여자는 수요와 공급 관계에 따른 가격 변화와 수요 형태에 대한 완벽한 정보가 있어야 한다. 그래야만 모든 개인이 완전한 경쟁 시장에서 올바른 판단을 내릴 수 있기 때문이다. 이때 소비자에게 공급된 정보가 바로 광고이다. 역사적으로 많은 변화와 변모를 겪어온[4] 사회제도로서 광고가 사람들에게 최초로 수행한 규범적 기능은 이처럼 시장정보를 제공하는 것이었다. 산업혁명이 진전되면서 기계의 힘을 빌려 대량생산이 가능

---

3) K. Rotzoll, J. Haefner, C. Jandage, *Advertising in Contemporary Society: Perspective Toward Understanding*(Cincinnati: South-Western Publishing Co., 1986), pp.18~19.
   경쟁은 재화와 용역이 거래되는 시장뿐만 아니라 사회의 모든 쟁점이 논의되는 사상의 자유시장에도 존재한다. 반대 의견들이 부딪치는 과정에서 진리를 구별할 수 있는 인간 이성에 대한 믿음은 18세기 산업혁명기의 시대적 정신이었다.
4) 예를 들면 자본주의가 발전함에 따라 시장 정보의 공급이 시장에 참여하는 소수에게 집중되고, 광고가 정보를 전달하는 도구라기보다는 재산권을 축적하기 위한 도구가 된 현상 등이다.

해졌고 공업화·도시화와 함께 시골에서 도시로 편입된 노동자들은 가처분 소득을 얻게 되었다. 노동자가 대량생산된 상품의 소비 주체로 부각되자 산업화 초기의 광고는 소비자들에게 새로운 상품에 대한 정보를 알리는 필수적인 도구가 되었다.

산업혁명과 그에 수반되는 사회변화

시장 중심 경제의 성립과 불가분의 관계인 산업혁명을 거치면서 사회변화의 양상이 다양하게 나타났고, 이는 근대 광고를 탄생시키는 원동력이 되었다. 방적기의 발명으로 면공업 부문에서 시작된 기계화는 철공업, 석탄업 등으로 확산되었으며 다양한 기계가 발명되고 또 정교해졌다. 그뿐 아니라 기계의 발전은 동력의 발명과 맞물려 대량생산을 가능하게 함으로써 당시 경제상황에 큰 변화를 가져왔다.[5] 기계화가 확산되기 전에 가족은 그 자체로서 하나의 경제 단위를 형성하고 있었다. 남편, 아내, 아이들이 함께 일하면서 음식물을 가공하고, 바느질을 하고, 실을 짜고, 옷을 만들고, 비누를 만드는 등 한 가족이 일상에 필요한 물건을 자급자족했다. 남자는 밖에서 일하고 재정을 관리했으며 구매 활동을 대부분 담당했다. 아이들은 들판, 헛간, 집 안에서 그때그때 필요에 따라 여러 일을 거들었다. 그러나 기계화로 저렴한 가격의 상품이 대량생산되면서 취약한 가내 수공업은 점점 침식되었고 농업에 종사했던 인구는 자연스레 공장의 임금 노동자로 유입되었다. 경제적 자급자족 단위로서 가정이 자연스럽게 시장경제

---

5) Thomas Dibacco, *Made in the U.S.A: The History of American Business*(New York: Harper & Row, 1987).

로 편입된 것이다.6)

1700년대 중반 영국에서 시작된 산업혁명은 1800년대 초에 미국으로 전파되어 사회 전반에 걸쳐 커다란 변화를 야기했다. 특히 생산과 시장의 발달을 촉진시켜 광고가 발달하는 데 지대한 영향을 미쳤다. 제조업자들은 증기기관 및 부품을 교체할 수 있는 기계, 생산 라인 등을 도입해서 저렴한 가격으로 물건을 대량생산했고, 소비자는 가정에서 만든 것과 동일한 품질의 제품을 더 저렴한 가격으로 시장에서 구매할 수 있었다. 산업혁명이 낳은 기술력과 생산력의 성과는 기선과 기관차의 발명 등 교통과 통신 부분에서도 두드러졌다. 새로운 교통수단의 발달로 원료와 제품을 저렴하고 신속하게 수송할 수 있게 되면서 도시를 비롯한 산간벽지까지 전국 어디든 상품을 도달시켜 시장의 발전은 가속화되었다. 1820년대와 1860년대를 비교해보면 화물 1톤을 수송하는 데 든 비용이 20센트에서 1센트로 20분의 1로 떨어지고 수송 속도는 다섯 배나 빨라졌다.7) 또 철도나 기선 등은 단순히 교통 및 운송수단을 넘어 그 자체로서 많은 고용을 창출하고 이윤을 남기는 산업이 되었다. 그뿐 아니라 광산업, 목재업처럼 철도의 수혜를 받는 산업이 동시에 발달해 경제성장을 촉진시키는 데 일조했다.

한편 정부 정책적인 차원에서도 일련의 법안들이 산업화의 확산을 촉진시켰는데, 대표적인 예가 투자보호법안(Principle of limited liability)의 통과이다. 1856년에 영국에서 처음 통과해, 1860년 프랑스와 미국 의회를 통과한 이 법안은

---

6) A. Janssens, *Family and Social Change: The Household as Process in an Industrializing Community*(London: Cambridge University Press, 2002).

7) Juliann Sivulka, *Soap, Sex, and Cigarettes: A Cultural History of American Advertising*(New York: Wadsworth Publishing Company, 1998).

〈사진 1.2〉 1800년대 말 일부 광고는 철도의 이미지를 사용했는데, 광고하는 제품이 새로운 교통수단을 통해
전국에 유통되는 선도적인 상품임을 알리려는 목적이 있었다. 기차 측면에는 광고하는 제품명을 써넣는 것이
관행이었는데 향후 옥외광고를 탄생시키는 데 기여한다.

기업이 파산할 때 개인 투자자의 책임을 일정한 범위로 한정했다. 보통 투자자가
투자한 금액 정도에 따라 국한시켰다. 또 주주는 회사의 부채를 개인적으로
상환할 의무가 없다고 법적으로 명시했다. 이 같은 법적 제도의 정비는 기업에
투자한 개인의 재산을 보호하고, 산업화와 공업화에 더욱더 박차를 가하는 결과
를 낳았다. 그러나 1800년대 중반까지만 해도 철도나 광산 등의 대규모 사업은
소수였고 산업 생산의 대부분이 중소 규모의 사업, 그중에서도 식품 가공업
쪽에 집약되어 있었다. 나중에 살펴보겠지만 초기의 광고주들이 주로 약품 생산
업체이거나 식품 기업인 것은 이러한 산업구조와 긴밀하게 연결되어 있다.
　산업혁명은 도시화와 공업화를 수반했다. 많은 사람들이 농촌에서 도시로

공장의 일자리를 찾아 이동하면서 1830년에서 1860년까지 불과 30여 년간에 미국의 도시 인구는 세 배나 증가했다. 도시 인구가 증가하면서 가정의 독립적인 생산 기능이 불가능해졌고 일상의 소비를 가내 수공품보다 공장에서 대량생산된 물건에 점차 의존하게 된다. 예를 들어 1790년 전체 의류소비의 80%가 가내 생산품이었다면 1890년대에는 상황이 반전되어 대량생산된 의류가 전체 의류소비의 90%를 차지한다.[8] 이처럼 대량생산된 제품의 소비가 증가할수록 제조업자들은 자신의 제품을 사람들에게 알려야 한다는 중요성을 인식하게 된다. 각 가정마다 제품의 필요성이 증가하면서 소매점이 대거 등장했고, 1840년경 미국에서는 크고 작은 5만 5,000개의 상점들이 제품을 판매하기 위한 핵심 도구로 광고를 이용하기 시작했다.[9]

　　교통수단의 발달로 저렴한 가격에 상품을 먼 거리까지 수송할 수 있게 되자 생산업자들은 제품 인지도와 유통시장의 우위권을 확보하는 데 지대한 관심이 생긴다. 수송의 용이성은 누가 유통 시스템에서 우위를 차지하느냐를 놓고 경쟁하게 만들었기 때문이다. 제조업자들은 상품을 광범위한 지역에 유통시켜야 했으므로 자신의 소재지를 벗어나 먼 곳까지 영향력을 행사할 판촉이 필요했다. 그 결과 광고는 마케팅의 주요 요소로 각광받게 된다. 제2장에서 상세히 논하겠지만 19세기 중반의 시장에서는 기계화를 통해 대량생산된 상품들이 대규모 유통전문업체에 의해 소비자에게 판매되었으며 생산자의 힘이 상대적으로 약해

---

8) Michael Schudson, *Advertising, The Uneasy Persuasion: Its Dubious Impact On American Society*(New York: Basic Books, 1984).

9) Ralph Andrist, *American Century ONE Hundred Years of Changing Life Style in America*(New York: American Heritage, 1972).

졌다. 도매업자들은 이해관계에 따라 일부 상품들을 더 적극적으로 유통시키기도 하고, 어떤 상품은 소비자에게 도달하는 것을 어렵게 만들기도, 동일한 상품군인 경우, 더 많은 이윤이 남는 제품을 먼저 유통시키기도 하는 등 유통 과정에서 큰 영향력을 행사했다. 생산자와 유통자의 이 같은 갈등은 유통 시스템을 장악하는 도구로서 광고에 대한 인식을 형성하게 만들었다. 다시 말해 소비자가 특정 상품을 찾기 시작하면 도·소매업자들은 소비자가 원하는 것을 공급할 수밖에 없게 되면서 생산자는 유통 과정에서 영향력을 행사하게 된다. 도매업자들이 소비자에게 특정 상품에 대한 인지도를 형성시키기 위해 이루어진 대표적인 전략은 1880년대 이후 활발하게 일어난 브랜드화이다. 브랜드의 등장에 대해서는 제2장에서 더 자세하게 논할 것이다.

　한편 산업혁명은 생산 측면에서 혁신을 일으켰을 뿐만 아니라 소비방식과 형태에도 영향력을 행사했다. 백화점이나 체인점 같은 새로운 형태의 소매점이 등장해서 소비와 사회경제적 지위를 가시화시키고 사회 전반에 걸쳐 소비열망을 확산시킨 것이 대표적 사례이다. 특히 백화점은 사치나 신분과시현상처럼 소비에 관한 사회적 의미를 부여하는 데 지대한 역할을 수행했다. 백화점은 베블런(Veblen)이 말한 과시적 소비(conspicuous consumption)의 출발점이라고 해도 과장은 아닐 것이다.[10] 백화점은 깨끗하고 고급스러운 분위기를 제공하는

---

10) 19세기에 거대기업이 출현하고 농업사회에서 산업사회로 급격하게 이전되는 과정에서, 빈부 격차가 심해지는 상황을 관찰한 미국의 사회학자 베블런은, 『유한계급론(Theory of the Leisure class, 1899)』에서 고가의 사치품의 가격이 오르는데도 수요가 줄지 않는 이유를 '베블런 효과'라고 명명했다. 즉 익명성이 지배하는 산업사회에서 남들과 차별되는 과시적 소비가 사회적 지위를 유지하는 수단이 된다고 설명한다.

〈사진 1.3〉 1800년대 말 백화점 사진. 시가를 판매하는 부서의 모습에서 당시 백화점의 화려함과 고급스러움을 짐작할 수 있다.

등 시각적 소구에 주력해 쇼핑을 단순히 의식주를 해결하기 위한 의무가 아닌 즐거운 활동으로 바꾸는 데 일조했다. 백화점에 쇼핑을 가는 사람들은 교회에 갈 때처럼 옷을 차려입고 나섰으며 잘 차려입은 사람들이 오가는 백화점은 새로운 형태의 공공장소가 되었다. 또 내왕하는 고객들은 상류층이 주를 이루었기 때문에 판매되는 물건만큼 매장의 분위기와 품격도 강조되었다. 점원들 역시 친절하고 우아한 상류층 출신의 여성을 고용함으로써 백화점은 곧 상류사회라는 등식이 은연중에 성립되었다. 영국에서는 귀족의 딸이 점원으로 일하기도 했는데, 판매원은 선망의 대상이 되는 직업이었다. 백화점은 소비가 이루어지는 장소에 그치지 않고 사교의 장으로 여겨지게 되었고, 사치스럽고 아름다운 시설과 실내 장식을 바탕으로 단순한 소비가 아닌 '고급스런 소비'가 일어나는 장소로 인식되었다.[11] 일반 가게와 달리 백화점은 상품을 전시하는 데 중점을 두었다. 덕분에 사람들은 다양한 물건을 한눈에 볼 수 있었으며 구매를 하지 않아도 각종 신제품에 친숙해질 수 있는 기회를 얻었다. 그뿐 아니라 구경만 하는 아이쇼핑은 여가를 활용하는 방편이 되기도 했다. 이렇듯 백화점은 사치의 일반화보다 사치의 가시화를 더 두드러지게 하는 사회 분위기를 형성했다. 하지만 백화점이 사회구성원 모두에게 환영받은 것은 아니었다. 사치스러움과 고급스러움을 추구하는 경향은 일각에서 경계와 우려의 목소리를 불러일으켰다. 주로 종교단체나 저가의 대중 제품을 생산하는 기업주들이 주축이 되어 백화점을 '악마의 발명품', '탐욕 덩어리' 등으로 칭하면서 백화점이 확산되는 것을 저지하려고 했다.

부정적인 시각에도 백화점은 독특한 영업방식으로 많은 수익을 창출했다. 정찰제를 실시하고 상품의 회전율을 높여서 판매가 신속하게 이루어지도록 하는 전략을 도입한 것이 큰 기여를 했다. 매월 소량의 물건만 들여놓고 판매를 촉진시켜서 항상 신제품을 소개할 수 있는 이점을 누린 것이다. 소비자는 빠른 상품 회전율로 끊임없이 신제품과 접촉하면서 소비에 대한 열망을 키워나갔다. 19세기 말에 팽창한 광고 중에 가장 중요한 것이 백화점 광고였다. 백화점 광고

---

11) 양정혜, 「자유와 죄책감 간의 갈등: 근대 광고에 나타난 여성 대상 메시지 소구전략 사례들」, ≪젠더와문화≫, Vol.2: 1호(2009), 157~189쪽.

는 규격뿐만 아니라 스타일에도 큰 비중을 두어 매일 광고 문안을 새롭게 바꾸고 정확한 정보를 전하는 데 만전을 기했다.[12] 백화점을 찾지 않는 사람들도 매일 배달되는 신문광고에서 백화점에 도착한 신제품의 정보를 얻을 수 있었다. 하지만 셔드슨(Michael Schudson)이 지적하듯 백화점은 소비의 평등을 제공한 것이 아니라 사회 전반에 걸쳐 열망과 욕구의 평등화를 조장했다.

근대 대중매체의 등장과 발전

광고가 존재하기 위해 사회적으로 필요한 또 다른 충분조건은 대중매체의 발달이다. 최초의 대중매체는 신문 형태를 띠고 있었다. 1833년 미국에서 발간된 ≪뉴욕 선(New York Sun)≫을 시작으로, 보통 사람들의 일상 관심사를 다룬 흥미 위주의 대중신문이 광고를 전달하는 데 중요한 역할을 수행하게 된다.[13] 동시에 광고는 신문의 재정 기반을 제공함으로써 대중매체가 존속할 수 있는 뿌리가 된다. 신문이 출현하게 된 기술발전의 근원은 15세기 구텐베르크의 인쇄술로 거슬러 올라갈 수 있다. 중국에서 아랍을 거쳐 유럽으로 전달된 종이가 구텐베르크의 활자와 만나 인쇄가 가능해지자 엄청난 사회변화가 일어났고 지식과 정보에 대한 사회적 욕구가 창출되었다. 구텐베르크의 인쇄술이 보급되기 전의 사회는 문자 해독률이 낮았으며 성직자들이 지식을 독점하기 위해 문맹을 권장했다.

---

12) Michael Schudson, *Advertising as capitalist Realism, The Uneasy Persuasion: Its Dubiow Impact on American Society*.

13) ≪뉴욕 선≫의 발행인 벤저민 데이는 자신의 신문이 태양의 빛처럼 모든 사람에게 골고루 도달하라는 의미로 신문명을 이와 같이 정했다. 대다수 사회구성원을 독자로 하겠다는 대중신문의 발간 정신을 잘 드러내는 부분이다.

문자는 존재했지만 사람들 대부분이 문자 해독에 별 관심이 없었고, 글을 깨친 소수의 평민이 읽을거리도 많지 않았다. 귀족 중에서도 읽고 쓸 줄 모르는 사람들이 많은데 성직자들은 대중이 글을 깨우치는 것에 계속 반대하는 입장이었다. 그러나 구텐베르크의 인쇄술이 보급된 지 50년도 지나지 않아 유럽에서 1,000만 권의 책이 인쇄될 정도로 인쇄물에 대한 수요가 폭증했다.14) 인쇄술의 등장은 문자 해독률을 높이는 동시에 인쇄술을 더욱 발전시켜 대중신문이 출현할 수 있는 토대를 마련했다.

인쇄술의 발전은 1,000년 이상 라틴어를 출판물의 공통 언어로 사용해온 유럽에 여러 사회변화를 일으켰다. 예를 들면 영어, 불어, 이태리어 등 각국의 언어로 인쇄를 할 수 있게 된 것이다. 이는 이탈리아의 ≪가제트(Gazette)≫, 네덜란드의 ≪코란토(Coranto)≫, 독일의 ≪렐라치온(Relation)≫ 등 일반대중이 손쉽게 접할 수 있는 다양한 신문의 발간을 촉진시켜 뉴스에 대한 사회적 수요를 창출했다. 한편 책을 통해 지식을 습득한 평민들이 정부의 관료로 등용되면서 문자 해독은 사회적 신분 이동의 가능성을 열어주었다. 신분 상승의 기회가 없던 중세사회에서 제한적이지만 권력과 부를 얻을 수 있는 수단을 제공해줌으로써 문자 해독과 인쇄물에 대한 평민들의 수요가 급증했다. 일반대중도 글을 깨치게 되면서 성직자들은 성경을 해석할 수 있는 배타적 특권을 상실했으며, 동시에 평민들은 가난한 자와 억압된 자에 대해 성경이 어떻게 말하는지 알게 되었다. 이는 종교 개혁의 지지기반을 마련하는 데 일조했다. 문자 해독과 인쇄술의 확산은 르네상

---

14) Irving Fang, *A History of Mass Communication: Six Information Revolutions*(Burlington, MA: Focal Press, 1997).

스, 민족주의, 중상주의가 성장하는 원동력이 되었다. 구텐베르크의 인쇄술이 발명된 후에 ≪뉴스 발라드(News Ballad)≫라는 정치신문이 인쇄되면서 원본과 같은 형태의 복사본이 지리적으로 분산된 유럽 도처의 대중에게 전달되었다. ≪뉴스 발라드≫는 정치 관련 소식, 역사적 사건, 사악한 행위, 기적, 괴물, 재난, 혜성의 등장 등을 보도했다. 이후 ≪가제트≫, ≪렐라치온≫, ≪코란토≫ 등의 신문이 유럽 전역에 등장했다. 물론 국가에 따라 검열과 통제가 심각하게 이루어 지기도 했지만 대중에게 정치나 상업과 관련된 소식이 인쇄물의 형태로 배포되는 결과가 일어났다.[15]

구텐베르크 인쇄술의 등장에 맞춰 최초의 광고가 등장했다. 1477년 런던의 인쇄업자 윌리엄 콕스턴(William Coxton)이 가로 7.62센티미터, 세로 12.7센티미터의 전단지에 성서 광고를 한 것이 시초였다. 최초의 광고는 포스터, 전단지 등의 형태를 띠고 있었다. 종교와 관련된 내용이 지배적이었는데 교회 예배 일정, 헌금 권유, 성직자 모집 외에 관청의 공지사항 등을 다루었다.[16] 1625년에는 중세시대의 또 다른 신문인 ≪뉴스 북(News Book)≫의 마지막 페이지에 책 광고가 실리기도 했고, 이후에는 뉴스 사이사이에 샌드위치 식으로 광고가 등장했다. 하지만 대량생산된 상품을 대중에게 알려 판매하는 근대적 의미의 광고와는 거리가 멀었다. 보수적이었던 영국 신문들은 지식을 전달하는 매체로서 적합하지 않다는 이유를 들어 광고 게재를 거부했다. 다만 오늘날 구직광고에 해당하

---

15) 영국에서는 정부가 직접 검열과 조세 제도 등을 통해 신문에 대한 통제를 가장 강력하게 실시했으며, 네덜란드에서는 무역 중심지인 암스테르담의 영향으로 신문에 대한 규제나 검열이 가장 느슨했다.

16) Juliann Sivulka, *Soap, Sex, and Cigarettes: A Cultural History of American Advertising.*

는, 가정교사가 일자리를 구하는 광고 등은 허용되었다.

최초 광고의 공익적 목적

1586년 런던의 부유한 프로테스탄트 가정에서 태어난 르노도(Théophraste Renaudot)는 프랑스 파리와 몽테필리에서 의학을 공부했다. 스무 살에 의사가 된 그는 진료를 하기에는 자신이 아직 젊고 경륜이 없다는 판단을 내리고 스위스, 이탈리아, 독일 등 유럽 지역을 여행하며 견문을 넓혔다. 돌아와서는 이후 주교가 된 리슐리외(Richelieu)와 친분을 쌓게 되면서 그 인연으로 루이 13세의 주치의가 된다. 르노도는 단순한 의사가 아니라 작가이며 사상가이기도 했다. 파리의 빈민들을 보면서 이들을 구제할 방법을 고민하다가, 재화와 용역을 가진 부자들이 그것을 필요로 하는 빈민들과 제대로 연결되지 않아서 빈곤이 발생한다는 결론에 도달한다. 그리하여 빈민에게 일자리를 찾아주는 기구를 마련해 부자와 빈민을 연결하려고 했다. 르노도는 주소국(Bureau d'Adresses)을 설립해서 정보를 교환하고 일자리를 주선하며, 거리의 걸인을 없애고, 장인들은 도제를 할 수 있도록 했으며, 환자는 의사를 만날 수 있게 하는 등 당시로서는 획기적인 공익 사업을 시도했다. 1639년경에는 모든 실직자가 이 기구에 등록해야 했으며, 그 밖에도 물건을 사고팔려는 사람들을 연결시켜주는 역할과 대중을 위해 공지사항을 발표하는 일이 이 기구를 통해 이루어졌다.17) 르노도는 유럽 각국을 여행할 때 이탈리아 신문 ≪가제트≫에서 깊은 인상을 받고 이를 본떠 각종 정보들을 인쇄해 배부함으로써 프랑스 최초의 언론인이자 광고 발명자가 되었

---

17) Mark Tungate, *Ad Land: A Global History of Advertising*(London: Kogan Page, 2008).

다. 이후 영국에서도 유사한 서비스가 나타났지만 주목적은 상업적인 이윤 추구였다는 사실을 감안한다면 르노도의 광고가 근대적인 광고와는 상당히 거리가 있음을 알 수 있다. 하지만 사람이 생각해낸 최초의 광고활동이 기업의 이윤 추구가 아니라 공익을 향상시키기 위한 이타주의를 지향했다는 것은 기억할 만한 사실이다.

대중신문의 등장

1833년 벤저민 데이(Benjamin Day)의 ≪뉴욕 선(New York Sun)≫을 기점으로 신문의 대중화가 이루어진다. 페니 프레스라고 불리던 이 신문들은 종이 생산 기술과 인쇄기술의 향상, 전보 발명 등에 힘입어 탄생했고, 저렴한 가격 덕분에 보통 사람들도 손쉽게 접할 수 있었다. 18세기 말에서 19세기 초의 신문들이 정치인과 당파에서 후원하는 기부금으로 만들어져 당파적 색채도 강하고 소수의 엘리트 집단에게만 읽힌 값비싼 매체였다면, 정치적 견해와는 아무 관련이 없는 페니 프레스는 일반대중의 주변에서 일어나는 흥미로운 사건이나 유럽에서 수입한 상품을 소개하는 내용을 주로 다루었으므로 많은 사람들에게 관심을 유발시킬 수 있었다.

신문이 대중화된 배경에는 산업혁명으로 인한 인쇄물의 대량생산을 꼽을 수 있다. 1830년경 시간당 4,000장의 인쇄가 가능해짐으로써 싼 가격에 빠른 속도로 신문을 찍어낼 수 있는 인쇄기술이 신문 대중화의 기술적 기반을 제공했다. 1830년대 사회 재생산을 위해 의무교육이 보편화되면서 중산층은 물론 중하위층도 글을 깨우치게 되었다.[18] 문자 해독자가 증가하자 정보를 필요로 하는 인구가 늘어났고, 그 결과 인쇄업은 대량생산에 걸맞은 수요자층을 확보하게 된다. 독서 습관이 형성되면서 공공도서관 제도가 정착되자 사회 전반에 걸쳐 출판물에 대한 수요도 높아졌다. 또 우편제도의 발달도 대중신문 보급에 중요한 역할을 했다. 우편부가 신문구독을 신청받거나 신문을 판매했으며, 신문 배달 요금을 일반 우편물보다 저렴한 가격에 제공하기도, 심지어 같은 행정 단위 안에서는 무료로 신문을 배달해주기도 했다. 마지막으로 대중 스스로의 자긍심도 신문이 확산되는 데 적잖은 영향력을 행사했다. 19세기 공업화로 인해 경제가 발전하면서 의식주가 향상되었고 교육을 받은 대중 대다수가 스스로를 정치와 경제 주체로 인식하기 시작했다. 특히 잭슨 대통령이 평등을 강조한 민주주의를 주창하면서 사람은 누구나 스스로 노력해 더 나은 사회경제적 지위를 획득할 수 있다는 믿음이 생겨났다. 이러한 분위기에서 사람들은 자연스럽게 뉴스에 관심을 기울일 수밖에 없었다.[19]

페니 프레스의 역사적 의의는 여러 각도에서 찾을 수 있다. 그중에서도 주목할 점은 뉴스란 무엇인가에 대한 개념을 재정립했다는 것이다. 대중신문 이전의 신문은 수동적인 정보 수집자의 역할에 머물렀다. 뉴스를 수집하기 위한 체계가 제대로 마련되지 않은 상태에서 정부 발표문, 대통령 연설, 국회의원이 쓴 편지

---

18) 산업화 초기에는 노동자의 임금이 가족 전체를 부양하기 위한 것이라는 생각이 형성되어 있지 않았다. 실제로 노동을 제공한 당사자의 품삯만 지불했으므로 대다수 노동자 가정은 생활고에 직면했고 이는 여성의 불완전한 취업을 유발시켰다. 이렇게 되자 가정이 전통적으로 담당해오던 자녀에 대한 사회화 기능이 제대로 유지되기 힘들었고, 국가가 어린이와 청소년의 사회화에 상당 부분을 책임지게 되었다. 사회화를 통한 노동 인구의 재생산이라는 목표를 효율적으로 달성하기 위해 대다수 근대 국가들은 의무 공립 교육제를 도입했다.

19) 허버트 알철, 『현대언론사상사』, 양승목 옮김(나남, 1996).

등을 재정리해서 뉴스로 다루었는데, 이미 다른 곳에서 기사로 다루어진 내용을 발췌하는 일도 잦았다. 하지만 대중신문은 사람을 고용해 직접 발로 뛰며 뉴스거리를 취재했다. 경찰, 스포츠, 종교, 금융 등 일반대중의 일상에서 관심을 끌 만한 주제를 폭넓게 다루었으며, 해외 특파원도 도입해 먼 곳의 소식도 전달했다. 이는 카를 마르크스가 특파원으로 일한 경력 등을 통해 지식인들이 언론에 종사한 흔적에서 찾아볼 수 있다. 그리하여 페니 프레스를 기점으로 뉴스의 포커스가 '부를 갖춘 엘리트층의 관심사'에서 '새롭게 부상하는 중산층의 일상 생활'로 옮겨진다.

대중신문의 또 다른 의의는 신문 보급과 판매의 방식이 완전히 바뀌었다는 것이다. 이전 신문들이 구독자에게 배포되는 방식은 전적으로 우편배달이었기 때문에 선불 구독료를 낼 형편이 안 되는 노동자층이나 주거지가 빈번하게 바뀌는 사람들은 신문을 접하기가 힘들었다면, 페니 프레스는 정기배달 외에도 가두 판매를 실시해 누구든지 신문이 필요할 때 바로 구입할 수 있도록 했다. 가두판매 방식은 보행자의 시선을 끌기 위해 레이아웃이나 디자인에 신경을 쓰게 했고 독자들의 관심을 유도하기 위해 흥미로운 이야깃거리를 탐구하면서 정보 이외의 오락성도 추구하는 결과도 낳았다.

페니 프레스는 광고 발달과 관련해서 큰 역사적 의미가 있다. 대중신문이 신문의 경제적 기반을 구독료에서 광고료로 바꾼 것이다. 당파적 색채가 강한 엘리트 신문은 발행부수가 매우 제한적이었으므로 광고주에게 별다른 관심조차 끌지 못했다면, 발행부수를 상당량 확보한 대중신문들은 광고주에게 신문지면을 사는 것이 잠재적 소비자들에게 상품을 알릴 수 있는 기회라는 사실을 깨닫게 하여 기꺼이 지면을 구입하게 만들었다. 더욱이 대중신문의 독자는 정당이나 사회계층을 초월해서 존재하므로, 광고주들은 신문을 통해 수많은 사람들에게 자신의 메시지를 전할 수 있다는 것을 인식하게 되었고 신문에 광고를 게재하는 기업이 늘어나면서 신문은 광고 수입에 점점 더 의존하게 되었다.

초기 광고의 발전

_광고대행사의 등장

대중신문의 등장과 더불어 광고는 좀 더 가시적이고 일상적으로 접할 수 있는 것이 된다. 교통수단의 발전으로 제조업자들은 자신들의 상품을 광범위한 지역에 유통시켜야 했고 자신들이 위치한 곳의 범위를 넘어서는 지역에 대한 판촉이 필요해짐에 따라 신문을 통해 각종 상품정보를 전달하고 싶어 했다. 본격적인 광고의 발전은 전국 규모의 기업이 등장하고 제품의 브랜드화가 활발하게 일어나는 1900년대경에 이루어지지만 대중신문에 영국 본토의 선박 운행일정, 영국에서 도착하는 각종 상품이나 지역업자들이 생산한 상품 등에 대한 정보가 정기적으로 실리게 된다.

제조업자들은 1800년대 중반까지 전문 광고인들의 도움 없이 신문과 직접 지면 거래를 했다. 마찬가지로 신문 발행인들도 직접 나서서 광고주들이 요구하는 사항을 처리했다. 광고를 다루는 일이 직업으로 인식되지 않았고 카피라이터나 광고기획자도 없었기 때문이다. 그런데 대중신문 발행인들은 다양한 실험과 시도를 통해 광고 수익을 증대하는 방안을 확립해나갔다.

≪뉴욕 선≫의 발행인 벤저민 데이는 더 많은 광고를 판매하기 위해 광고 방법을 여러 가지로 실험했다. 그는 다른 신문들과 같은 광고료를 받으면서도

각 광고의 지면을 대폭 축소하는 방법으로 더 많은 이윤을 창출했다. ≪뉴욕선≫ 이후 줄줄이 창간된 다른 신문들은 원하는 메시지를 분량에 상관없이 실을 수 있도록 허용했으나, 데이는 1단 10줄의 제한된 지면만을 제공해서 게재하는 광고 수를 늘렸다. ≪뉴욕 헤럴드(New York Herald)≫의 발행인인 베넷(James Gordon Bennett)은 일일 단위로 광고료를 부과하고 일주일 연속해서 광고를 싣는 광고주에게 할인혜택을 주는 등 좀 더 장기적인 광고주를 확보하기 위해 데이의 모델을 더욱 발전시켰다. 그러나 광고주들이 광고효과에 대해 의심할 것을 우려했기 때문에 같은 내용은 2주 이상 실어주지 않는 등 여러 새로운 기법을 도입하면서 광고를 신문의 주된 수입원으로 점차 정착시켜갔다.[20]

대중신문의 종류가 급증하자 광고주들은 여러 신문에 자신들의 메시지를 정기적으로 싣기 위해서 세부적인 작업과 시간이 필요하다는 것을 발견하게 되었다. 광고 한 편을 게재하기 위해서는 적절한 신문 선택, 광고료 협상, 인쇄업자에 대한 감독, 광고 게재 여부 확인, 비용 입금 등 여러 과정이 필요한데, 광고주 입장에서는 여러 신문들을 대상으로 이처럼 복잡한 절차를 거치는 것이 상당한 시간과 비용의 소모를 의미했다. 신문사들은 광고주의 고충을 파악하고 좀 더 많은 광고주를 확보하기 위해 대행사를 고용해 지면을 판매했는데, 이것이 새로운 형태의 사업, 즉 광고 대행업의 시작이었다.

최초의 광고 대행업자로 알려진 인물은 필라델피아에서 활동한 볼니 파머(Volney Palmer)이다. 처음으로 에이전시(대행사)라는 용어를 사용한 파머는 1850년 광고 대행업에 뛰어들었다. 당시 그의 역할은 지면 중개인에 불과했다. 여러

---

20) Juliann Sivulka, *Soap, Sex, and Cigarettes:A Cultural History of American Advertising.*

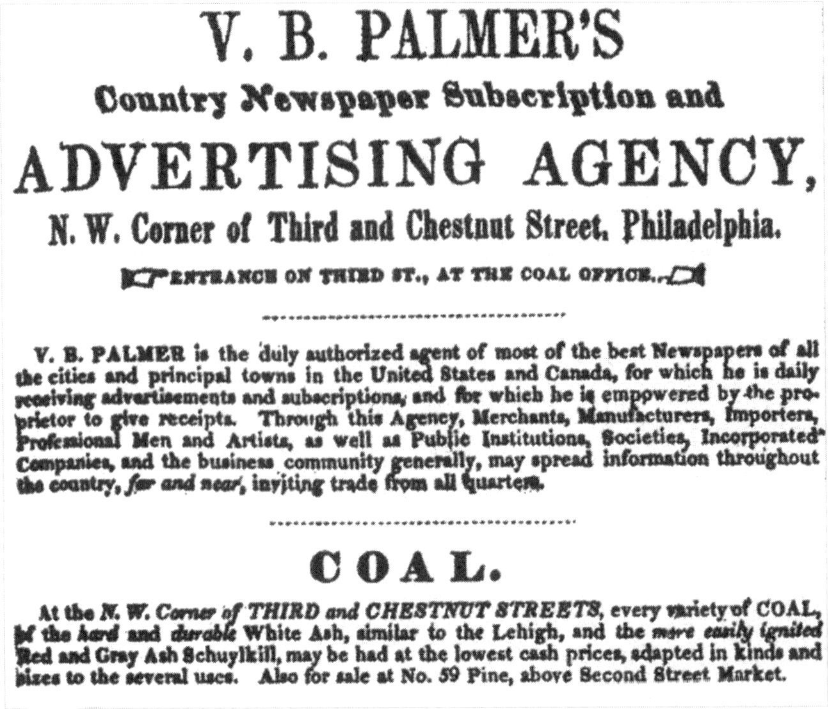

〈사진 1.4〉 볼니 파머가 설립한 최초의 대행사를 소개하는 광고. 광고내용에 의하면 전국 주요 도시의 신문들과 긴밀한 관계를 맺고 있다는 점을 강조하고 있다.

신문사의 대리인으로 일하면서 광고주를 위한 대리인도 겸했는데, 광고주에게 지면을 팔면 신문사에서 일정한 중개료를 받아 이윤을 창출했다. 그러나 대행인 은 신문사에서 지면을 구입하는 비용을 비밀에 부쳤기 때문에 광고주는 대행인 과 광고료를 협상하는 과정에 불만과 의혹이 많았다. 결국 파머의 대행사는 그리 오래가지 못했고 에이어 앤드 선 대행사에 인수되었다.[21]

조지 로웰(George Rowell)과 프랜시스 웨이랜드 에이어(Fransis Wayland Ayer)는

초기 광고계의 윤리적 환경을 개선하는 데 크게 기여하고 불합리한 광고 요금 체계를 타파한 대표적 인물들이다. 1865년 대행사를 설립한 조지 로웰은 광고를 게재함으로써 실제 매출이 증대하는 효과를 얻으려면 적절한 신문을 선택하는 것이 무엇보다 중요하다고 생각했다. 대도시 신문에 농기구를 광고하는 것이 광고효과가 거의 없는 것처럼 소매업자들이 광고지면을 구할 때 가장 큰 관건은 자신의 상품을 필요로 하는 지면을 발견하는 것이다.

이러한 인식을 토대로 로웰은 자신만의 광고전략을 개발하기 시작했는데, 첫 단계로 전국의 신문구독률을 조사했다. 독자 수가 많은 신문일수록 지면당 광고비용을 더 많이 요구할 수 있을 것이라고 생각했기 때문이다. 또 미리 신문사에게 대형 지면을 할인된 가격으로 구입해서 그 지면을 작게 쪼개어 광고주들에게 되파는 방법으로 큰 이익을 창출했다.

로웰은 한 출판사에서 뉴저지 지역의 여러 신문 광고료를 조사해달라는 의뢰를 받았고 이를 수행하면서 정기 간행물 제목과 발행부수를 목록으로 만드는 것이 광고 대행업자에게 매우 중요한 자료가 될 수 있다는 사실을 깨달았다. 그는 수년에 걸친 노력 끝에 미국과 캐나다에서 발행되는 5,000여 개 신문의 주소록과 정확한 발행부수를 기입한 「로웰의 미국 신문 목록집(Rowell's American Newspaper Directory)」이라는 주소록을 출간한다. 이 주소록이 나오기 전까지만 해도 일부 신문이 구독률을 다섯 배 이상이나 과장해서 광고주를 유인하는 등 신문시장은 대혼란을 겪고 있었고 광고에 대한 사회적 인식이나 신뢰도도 높지

---

21) Stephen Fox, *The Mirror Makers: A History of American Advertising & Its Creators*(Chicago: University of Illinois Press, 1997).

않았다. 나중에 살펴보겠지만 1800년대 중반은 터무니없이 과장된 의약품 효능 광고문제까지 겹쳐 광고에 대한 사회적 불신이 매우 높았던 시기였다. 이러한 상황에서 로웰의 목록은 광고주들에게 좋은 참고자료가 되었고 광고비 체계를 정립하는 데 기반을 제공했다.

아들과 함께 에이어 앤드 선(Ayer & Son) 대행사를 설립하고 후일 유명 광고 캠페인을 여러 편 기획한 에이어는 당시로는 획기적인 공개계약제를 도입했다. 이는 지면을 싸게 구입해서 비싸게 팔던 종전 방식에서 벗어나 신문사와 광고주에게 지면 구매가격과 판매가격을 공개하고 대행사가 가져가는 수수료를 15%로 책정한 것이었다. 이때 수수료를 부담하는 측은 광고주가 아닌 신문 발행인이었다. 파머의 대행사가 신문사의 편의를 위해 일했다면 에이어 앤드 선은 광고주를 위해 일하는 조력자가 되었다. 에이어 앤드 선의 공개계약제는 광고계의 관행으로 정착되어 오늘날까지 이어지고 있다. 이 제도는 광고 계약 과정에서 자신들이 다른 광고주들보다 광고료를 비싸게 내는 것은 아닌지 의혹에 빠져 있던 광고주들의 불안을 제거하고 광고료에 대한 신뢰를 심어주는 데 크게 이바지했다.

광고 대행인들의 노력과 더불어 신문 발행인들도 초기 광고를 제도적으로 정착시키는 데 기여하고자 했다. 조셉 퓰리처(Joseph Pulitzer)와 윌리엄 랜돌프 허스트(William Randolf Hearst)는 인수합병 등으로 신문의 체인화를 이뤄 신문사를 거대기업으로 정착시킨 대표적 신문 기업가들이다. 경쟁자였던 두 사람은 신문을 경영하는 데 광고주를 확보하는 것이 무엇보다 중요하다는 것을 잘 아는 전문 경영인이었다. 퓰리처는 선정적인 내용의 신문으로 출발해 큰 경제적 성공을 거두었으나 말기에는 선정성을 지양하면서 신문개혁을 단행했고, 스스로를

'광고주의 벗'이라고 칭하면서 광고주에게 신뢰를 주고자 노력했다. 그가 단행한 신문개혁 중의 일부는 광고개혁이었다. 1883년 퓰리처는 종래의 관행을 깨고 발행부수에 따라 광고료를 책정했고, 지면을 증가시켜 광고료 단가를 대폭 낮춤으로써 소액 광고주도 손쉽게 신문광고를 게재할 수 있도록 했다. 또 영어에 익숙하지 않은 이민자들이 많다는 것을 알고 그들을 위해 특별히 큰 지면을 구입하지 않는 한 허용되지 않았던 대활자 광고와 일러스트레이션 광고를 장려했다. 허스트는 여성을 대상으로 한 기사를 기획해 백화점 광고를 유치하는 등 신문과 광고의 관계를 돈독히 하는 데 기여했다. 이 같은 노력에 힘입어 수백만 명의 사람들의 일상에 광고주들의 메시지가 자연스럽게 침투해 들어가게 된 것이다.

_19세기 중반 광고 메시지의 특징

페니 프레스가 등장한 시기의 광고들은 오늘날 '벼룩시장' 같은 생활정보신문에서 볼 수 있듯 정보를 위주로 한 문자 광고가 대세였다. 하지만 한 페이지에 깨알 같은 글씨가 수백 자나 적혀 있는 작은 박스 모양의 광고에서 심미적인 아름다움을 기대하기는 어려웠으며 광고내용도 매우 단조롭고 지루했다. 특별한 메시지 전략이 없던 시기였지만 리처드 보너(Richard Bonner)의 반복전략은 당시로서는 매우 독창적이었고 많은 사람들의 주목을 끌었다. 오늘날에는 같은 메시지를 반복적으로 제시해서 높은 광고효과를 유발하는 것이 상식이다. 그러나 광고효과에 대한 인식이 전혀 없던 시절에 보너가 최초로 도입한 반복광고는 기대했던 것보다 훨씬 더 놀라운 결과를 가져왔고 많은 모방광고를 낳았다.

보너는 자신이 새롭게 창간한 주간지인 ≪뉴욕 레저(New York Ledger)≫를 광고하기 위해 《뉴욕 헤럴드》 신문에 "《뉴욕 레저》에 실릴 코브의 놀라운 이야기, 도금사 오리온"이라는 문구를 무려 아흔세 번에 걸쳐 반복했다.[22] 보너가 반복광고를 도입한 것은 광고계의 수많은 제약에 대한 편법 차원이었다. 당시 신문들은 광고 사이즈를 제한했으며 단일 글씨체를 지정하고 삽화나 큰 글씨를 허용하지 않아 광고주들은 표현에 많은 한계를 겪고 있었다. 이런 환경에서 보너는 동일한 메시지를 아흔세 번이나 반복하기 위해 광고 게재 의뢰서를 아흔세 장이나 제출했다. 그날 《뉴욕 헤럴드》 신문을 읽은 사람은 누구라도 보너의 광고를 절대로 피해갈 수 없었음이 분명하다.

이후에도 보너는 "퇴근 길에 《뉴욕 레저》를 잊지 말고 사가세요"라는 내용의 광고를 위와 같은 방식으로 되풀이했다. 훗날 그는 신문 전면을 구매해 같은 메시지를 600회나 반복하기도 했다. 이렇게 창간된 《뉴욕 레저》는 40만 부 판매를 돌파한 최초의 주간지가 되었다. 이는 단순 반복광고의 위력을 보여주었다. 또 보너의 전략은 광고 역사에서 기념할 만한 사례가 되었다. 보니는 광고의 위력을 누구보다 잘 알고 있었지만 정작 광고에 대해서 매우 비판적이었으며 《뉴욕 레저》에는 광고를 전혀 게재하지 않았다.

보너의 반복전략은 광고 메시지 제작에 즉각적인 영향력을 행사하면서 광고주들은 제한된 지면을 활용해 시선을 끄는 광고를 개발하기 위해 주력했다. 특허약품을 생산하던 헬름볼드(Helmbold)는 자신의 이름이 눈에 잘 보이도록 이니셜만 크게 반복하는 광고를 도입하기도 했다.

22) K. Ledbetter, *The Nineteenth Century Tennyson and Vication Periodicals: commodities in Context*(Lodon Angate, 2007).

〈사진 1.5〉 1800년대 중반에 유행한 광고물의 한 형태인 트레이드 카드. 뉴욕의 명물인 브루클린 다리 그림에 현수막 형태의 광고 문구를 더해 다리 아래 실제로 현수막이 붙어 있는 것 같은 효과를 내고 있다. 아름다운 다리와 항해하는 선박을 정교하게 묘사한 트레이드 카드는 인쇄물이 귀했던 당시에 가정 장식품, 개인 수집품으로 선호되었다.

1850년에는 대행사들은 광고주를 위해 카피 서비스를 도입했다. 이 서비스는 곧 광고대행사의 중요한 기능으로 정착했다. 한편 신문광고의 한계를 극복하기 위해 다양한 광고방식이 등장했는데, 포스터나 전단지, 팸플릿 같은 보조 인쇄물, 정교한 그림을 그려 넣어 눈길을 끄는 간판, 밴드, 각종 퍼레이드 같은 이벤트성 활동 등이 단조로운 광고에 활기를 불어넣었다. 이 중에 가장 효과적이고 널리 사용된 것은 트레이드 카드(trade card)라고 부른 고급스럽고 심미적인 전단지이다. 오늘날 일부 마니아들이 열광적으로 수집하는 야구 카드와 유사한 형태인데, 두꺼운 종이에 제품이나 인물 이미지를 인쇄하고 제품에 대한 간단한

〈사진 1.6〉 크로모리토그라피를 사용
해 만든 이미지. 세세한 얼굴 표정까
지 생생하게 잘 잡아내고 있다.

소개, 슬로건, 흥미로운 일화 등을 함께 실었다. 트
레이드 카드가 광범위하게 보급될 수 있었던 것은
크로모리토그라피(Chromolitograph)[23]라고 부르는
그림 인쇄술이 발전했기 때문이다. 트레이드 카드
에 인쇄된 그림은 이전의 목판 조각화나 동판화와
는 비교가 되지 않을 정도로 사실적이고 섬세하게
피사체를 묘사해서 미적인 인쇄물을 접할 기회가
거의 없던 사람들에게 큰 인상을 심어주었다. 사람
들은 트레이드 카드를 벽에 붙이기도 하고, 액자에
끼우기도 하는 등 여러 용도로 활용했으며, 특히
여성과 어린이들이 이 카드를 선호했다. 무미건조
한 신문광고의 대체물로서 개발된 19세기 중반의
다양한 광고는 광고의 창의성과 세련미를 향상시
키는 데 기여했다.

_잡지와 광고

대중신문이 등장한 시기와 비슷한 무렵에 중산층을 대상으로 한 잡지가 등장
했다. 잡지가 성장하는 데 기여한 요소는 인쇄술의 발달, 크로모리토그라피를

---

23) 크로모리토그라피는 다중 색상 인쇄를 할 수 있는 프린팅 방식이다. 정교하고 색상도
자유롭게 표현할 수 있으며 가격도 저렴하다는 장점 때문에 인쇄업 관련 업무에 종사
하는 사람들과 일반 시민들에게 큰 호응을 얻었다. 주로 도시의 중산층들이 실내 장식
을 위해 구입했다.

이용한 정교한 삽화, 사진의 발명 등이 있다. 잡지는 페니 프레스가 다룬 내용과 유사하게 선정적이고 흥미로운 뉴스를 다루다가 점차 산업화 과정에서 생겨난 여러 문제를 고발하는 폭로 저널리즘 매체로서 정체성을 확보해나가게 된다. 매일 발간되는 신문은 장기적이고 심층적인 사회이슈를 다루는 데 한계가 있었기 때문에 잡지는 이를 대신해 신문이 할 수 없는 탐사보도 영역을 강조하고 신문과 구별되는 내용을 제공했다.

1900년대에 들어서면서 여성을 대상으로 가사 전반의 내용을 다룬 잡지가 많아지면서 잡지의 추문 폭로자 역할은 점차 희석되었다. 하지만 1850~1860년대 잡지는 정부의 부정부패, 판매식품의 위생상태 같은 기타 사회문제를 고발하는 매체 역할을 수행해 독자들에게 큰 호응을 얻었다. 잡지와 광고의 관계는 조금 독특하다. 대중신문이 처음부터 광고를 주요 수입원으로 다룬 것과 다르게 잡지는 광고를 저급하게 여기고 광고를 게재하면 권위가 떨어진다고 인식해 구독료에 전적으로 의존했다. 그도 그럴 것이 잡지가 고발한 내용의 상당 부분은 당시 대대적으로 광고에 나섰던 상품이나 기업에 대한 것이었기 때문에 광고를 허용하면 잡지내용과 상충되는 모순을 낳았던 것이다. 그러나 특허약품 생산자들은 잡지에 광고를 게재하면 매우 효과적일 것이라고 생각했고, 약품 포장업자 킨즈먼(Kindsman)은 자신이 취급하는 특허약품을 광고하기 위해 잡지를 창간한 일화를 남기기도 했다. 그는 잡지의 제일 마지막 장에 약품광고를 게재했는데, 그 후 매출이 크게 신장되어 광고효과를 입증했다.

전국에 우후죽순으로 등장한 잡지 때문에 1870년경에 이르자 잡지시장은 포화상태에 이르렀다. 잡지들은 구독료만으로 적자를 면치 못하게 되었으며 마침내 유료광고를 허용하기 시작했다. 그러나 대다수 잡지들은 여전히 보수적인 태도를 유지했다. 예를 들어 첫 장이나 마지막 장에만 광고를 허용하고, 광고지면을 엄격히 제한해서 독자가 광고내용과 잡지내용을 혼동하지 않도록 했다. 일부 잡지는 광고만 따로 모아서 별도부록으로 찍어내 잡지의 비판적 내용과 광고를 분리시켰다. 지면이 제한되어 있어 광고량이 적었지만 광고주들은 지역매체인 신문보다 전국매체인 잡지를 선호했다. 이후 잡지가 사회고발매체의 성격을 탈피하고 일상 관심사를 다루게 되자 중요한 광고매체로 부상한다.

_초기 광고에 대한 사회적 인식 : 특허약품과 광고의 윤리성

대중신문에 등장한 초기 광고에 대해 사회의 인식은 상당히 부정적이었다. 대중신문의 전체 수입에서 광고 판매가 3분의 1 정도를 차지했지만 신문 발행인도 광고에 호의적이지는 않았다. 재정적 수입을 위해 참을 뿐 광고는 일종의 필요악이라고 보는 이들이 많았던 것이다. 이것은 광고내용이 의심스러워도 정부 규제가 마련되지 않아서 광고내용의 진위 여부를 책임질 주체가 없었기 때문이나. 광고에 대한 부정적인 인식에 결정적 역할을 한 것은 19세기 중반부터 활발하게 광고를 한 '특허약품'이다.

1861년 독립전쟁을 치르면서 부상을 당한 병사를 치료하기 위해 마약 성분인 아편과 모르핀 등이 많이 사용되었다. 전쟁 이후에도 부족한 의사 수와 낙후된 의술 등으로 의약품에 대한 수요는 꾸준히 증가했다. 이른바 만병통치약을 표방한 약품이 쏟아져 나오면서 신체적 통증을 관리하고 통제할 수 있다는 인식이 퍼지기 시작했다. 통증에 대한 인식이 참고 견뎌야 하는 것에서 없애고 완화시켜야 하는 것으로 변하자 의약품 제조업은 점차 거대산업으로 성장하기 시작했다. 이른바 '특허약품' 시대가 열린 것이다. 하지만 '특허'라는 단어는 진정한 특허의 의미를 포함한 것이 아니라 영국에서 사업허가를 받고 조세 의무를 이행하는 제품이라는 관용적인 용어에 불과했다. 특허약품은 대개 알코올, 소량의 코카인, 아편 등과 유사한 성분으로 이루어졌고 용기 또한 거의 유리병이었기 때문에, 용기에 붙이는 레이블과 광고가 약품을 판매하는 데 결정적인 역할을 했다. 따라서 특허약품들은 소비자의 관심을 끌기 위해 온갖 방법을 동원했다. 도로변의 큰 바위, 헛간, 달리는 기차 등에 옥외 광고를 하기도 하고, 'S.T. 1860X'같이 의미가 없는, 단순히 호기심을 자극하는 제품명을 붙이기도 했다.

〈사진 1.7〉 각종 특허 약품의 과장광고가 범람하자 신뢰감을 주기 위한 광고가 제작된다. 헬름볼드 박사는 약품 재료의 원산지가 남아프리카라는 것을 강조해 다른 제품과 차별화를 꾀했다.

약품들이 범람하면서 사람들은 한번 복용하기 시작하면 끊을 수 없는 이 약품들의 성분에 대해 의혹을 제기했고 일부 신문과 잡지는 의약품광고 게재를 거부했다. 하지만 만병통치를 주장하는 카피의 진위 여부를 입증할 방법이 없었기 때문에 광고의 윤리성에 대한 의문이 끊이지 않았고 사회적으로 광고에 대한 불신이 심화되었다. 이러한 환경에서 약품에 대한 신뢰를 형성해 대중에게 어필하려는 광고전략이 등장한다. 헬름볼드 박사는 호텐토트 인디언들이 남아프리카 희망봉에서 약초를 수확하는 이미지를 이용해 제품품질에 대한 소비자의 신뢰도를 높일 수 있었다. 특허약품은 1800년대 중반 초기 광고시장에서 가장 적극적으로 광고활동을 한 상품이다. 광고의 도덕성과 진정성에 대해 의혹의 눈길을 받았지만 약품업체 간에 벌어진 치열한 경쟁은 광고기법을 발전시키고 신문과 잡지들이 재정 기반을 확보할 수 있도록 일조했다.

_리디아 핀컴의 종합 야채정

리디아 핀컴(Lydia Pinkham)은 광고계의 유명한 명언 "It pays to advertise"를 낳은 장본인이다. 특허약품광고에서 가장 성공을 거둔 것은 리디아 핀컴의 야채정이었다. 리디아 핀컴은 당시 광고물로서 유용하게 사용되던 트레이드 카드, 신문광고, 포장용기 레이블 등 모든 도구를 활용해 엄청난 판매 신장을 기록했다. 교사 출신인 그녀는 결혼 후에 전업 주부로 지냈다. 집에서 각종 야채를 이용한 부인병 치료제를 만들어 이웃들에게 나눠주곤 했는데, 이 약이 입소문이 나서 조금씩 유명해지자 본격적으로 생산에 돌입하게 된다.

이 약에는 알코올이 상당량 함유되어 있어서 시장에 나와 있는 다른 의심스러운 특허약품과 크게 다를 바가 없었다. 그러나 리디아 핀컴의 야채정은 다른 약품보다 훨씬 지명도가 높았고 많은 사람들이 이를 신뢰하고 있었다. 여기에는 광고의 역할이 컸다. 리디아 핀컴의 광고가 대성공을 거둔 이유는 인간적인 측면을 강조하면서 소비자와 공감대를 형성하는 전략을 사용했기 때문이다. 야채정의 마케팅과 광고를 전담한 리디아 핀컴의 아들 댄 핀컴(Dan Pinkham)은 전문 광고인은 아니었지만 소비자 대상을 선정하고, 매체를 선택하고, 광고 슬로건을 개발하는 데 탁월한 역량을 발휘했다.

댄 핀컴은 새벽부터 저녁까지 쉴 새 없이 일하는 농촌 여성들을 광고 대상으로 삼았고, 이 여성들과 리디아 핀컴 사이에 친밀한 관계를 형성하는 데 주력했다. 농촌 여성들은 자신들이 힘든 노동 때문에 몸도 여기저기 아프고 늘 지쳐 있다고 생각했다. "여성의 마음은 여성이 압니다", "여성의 건강은 인류의 희망입니다"라는 슬로건을 접한 이들에게 리디아가 자신들의 고통을 충분히 이해한다는 공감대가 형성되어 제품에 대한 호의와 신뢰가 생겨났다. 반면 '남성은 여성의 고통을 이해하지 못한다'는 메시지도 여성들에게 크게 어필했다.

리디아 핀컴의 모든 광고에서 그녀는 지혜로운 할머니의 이미지로 제시되었고, 남성은 모르는 여성만의 건강과 관련된 고충을 상담하기에 가장 적절한 사람으로 인식되었다. 한마디로 리디아 핀컴은 장사꾼이 아니라 여성을 진정으로 돌볼 줄 아는 사람으로 각인된 것이다.

〈사진 1.8〉 리디아 핀컴의 여성 전용 야채정 광고 사진. "여성의 마음은 여성이 압니다"라는 슬로건(왼쪽 위)과 "여성의 건강은 인류의 희망입니다"라는 슬로건(오른쪽 위)이 보인다.

소비자 집단과 긴밀한 공감대를 형성해 상업적인 목소리에 진정성이 담겨 있다고 인식하게 만든 리디아 핀컴 캠페인은 후일 광고인들에게 큰 시사점을 남겨주었다.

그뿐 아니라 댄 핀컴은 언론을 다루는 데도 탁월한 재능이 있었다. 소규모 지역 신문들에 광고료를 넉넉하게 지급한다는 조건을 걸고 종합 야채정에 대해 우호적인 기사를 싣도록 유도하고, 심지어 사설까지 쓰도록 했다. 리디아 핀컴 캠페인이 전국적으로 유명해진 결정적 이유는 리디아 핀컴의 이미지를 저작권에 등록하지 않았다는 점이다. 브랜드를 구성하는 상표나 로고 등은 저작권을 등록하는 것이 일반적이었으나[24] 리디아 핀컴의 이미지는 저작권을 등록하지 않아 여기저기 급속도로 확산되었다. 당시는 시각적인 이미지가 귀했기 때문에 인쇄업 종사자들은 삽화가 필요할 때마다 트레이드 카드나 신문에 노출된 리디아 핀컴의 이미지를 가져다가 카피 부분만 바꿔 쓰고는 했다. 1890년대에 빅토리아 여왕 다음으로 널리 알려진 인물이 리디아 핀컴이라는 말이 있을 만큼 리디아 핀컴의 이미지는 사람들의 일상에 깊숙이 침투했고, 여성을 광고 대상으로 정하고 여성과 편지로 상담을 주고받는 방법을 통해 개인적인 인간관계를 만들기도 했다. 그뿐 아니라 자신의 얼굴을 당당하게 공개해 더욱 신뢰도를 높인 리디아 핀컴의 광고 캠페인은 오늘날까지도 회자되고 있다.

---

24) 등록된 상표를 보호하는 상표법은 지적 재산권의 다양한 형태 중에서 최초의 것이며 미국에서는 1870년 의회에 상정되어 1881년에 공포되었다.

제2장
근대 광고의 성장 : 1880년대~제1차 세계대전

시대적 배경

소비자 경제의 성장

포장 혁명

브랜드의 발달

브랜드 광고의 유통 장악

백화점의 발달과 소비사회의 성장

광고의 양상

_광고의 새로운 테마: 근대성

광고와 새로운 생활습관의 형성

광고와 신기술 : 전기와 자동차

광고대행사의 발전

_시장조사의 등장

광고 크리에이티브의 발전

_존 케네디와 reason why

_존 파워스와 정직성

_클로드 홉킨스와 선제주장 기법

_어니스트 엘모 컬킨스와 감성적 접근

_분위기와 뉘앙스: 맥마누스의 캐딜락 광고

광고개혁운동 : 소비자 운동의 등장과 허위광고에 대한 규제

잡지와 광고

주요 광고상품 : 자동차

*

시대적 배경

1800년대 중반부터 광고가 태동하기 위한 사회환경이 갖추어졌다면, 1800년대 후반에서 제1차 세계대전에 이르는 시기에는 근대 광고의 발전을 촉진시키는 토대, 즉 기술적 진보와 시장 변화, 대중의 소비지향적 가치관이 본격적으로 형성된다. 19세기 말, 포장 혁명과 더불어 대거 등장한 브랜드화는 소비자 경제의 성장이 가져온 물질적 풍요와 민나 소비주의적 생활방식을 확산시켰다. 이 과정에서 광고가 중요한 역할을 수행하게 된다. 기업의 광고 의존도가 증가하면서 광고는 하나의 산업으로 성장하게 되고 유능한 광고인들이 고안해낸 다양한 크리에이티브 기법, 특히 카피라이팅 방식은 그 나름의 광고철학을 보여주는데, 근대 광고 성장기에 확립된 기본적인 카피 원칙은 시간을 뛰어넘어 1960년대 크리에이티브 혁명기와 오늘날의 광고에도 지대한 영향력을 행사하고 있다. 이 시기에는 과학적으로 정교하지는 않지만 소비자와 시장을 이해하기 위한 각종 광고조사가 시도되었으며, 광고의 윤리성과 정직성에 대한 사회적 감시가 확대되어 과장광고를 통제하기 위한 광고개혁운동이 일어나기도 했다. 그러나 급격한 사회변화에도 광고가 표현하는 가치관은 여전히 보수적이었으며, 소수

민족이나 여성에 대한 편견을 은연중에 내포하고 있었다.

소비자 경제의 성장

1900년대에 들어서며 시장에서 눈에 띄게 두드러지는 현상은 합병을 통해 기업들이 더욱 거대해졌다는 점이다. 미국에서는 1898년에서 1902년까지 4년 동안 2,653개의 회사가 10분의 1 수준인 269개로 통합되었다. 이 결과 소수의 대기업들이 철도, 석탄, 구리, 철강, 원유, 설탕, 담배 등 주요 산업을 통제하는 과점 시대가 열린다.[1] 기업의 숫자가 줄어들면 브랜드 수도 감소하는데 이는 거대 자본력과 높은 시장 점유율을 가진 소수 브랜드 간에 치열한 경쟁을 유발시킨다. 이 같은 경쟁에서 브랜드의 마켓 파워를 유지하는 데 광고가 큰 역할을 하리라는 것은 쉽게 유추할 수 있다.

개인의 소비생활행태를 들여다본다면 산업화가 진전되어 노동자의 평균 임금이 점차 증가하는 시기였다. 소득이 증가하면 중산층뿐만 아니라 노동자 계층에서도 소비제품에 대한 수요가 일어난다. 또 이 시기에는 미국으로 이주한 이민자들이 임금 노동자로 대거 편입되면서 소비층은 더욱 두터워지고 소비 경제가 성장할 수 있는 토대를 제공하게 된다. 특히 일상에서 반드시 필요한 음식, 음료제품과 소비자들의 관심을 사로잡은 신기술의 산물인 자동차의 소비가 가파른 증가세를 보인다. 그리고 전국적으로 점포망을 가진 체인점이 등장해 소비 중심적 생활방식을 더욱 촉진시킨다. 성공한 일부 도매업자들은 자신이 활동하던 지역에서 외부로 진출해 전국 체인점을 확대해나갔는데, 이러한 체인

---

1) Juliann Sivulka, *Soap, Sex, and Cigarettes: A Cultural History of American Advertising.*

점은 가격이나 다양성에서 중소 소매상을 제치고 빠른 속도로 성장하기 시작했다. 체인점들은 규모의 경제를 경영방식으로 채택했는데, 중앙 경영진이 대량 주문과 대량 판매를 통해 박리다매할 수 있었다. 또한 모든 생필품을 한자리에 갖추어놓음으로써 근대 유통업이 발전하는 데 획기적인 계기를 마련했다. 체인점들은 카탈로그 판매도 도입해 농촌이나 산간 지방 등 유통업의 혜택이 상대적으로 낙후된 곳에 거주하는 인구도 소비자로 편입시킬 수 있었다. 1913년 울워스(Woolworth)는 전국적으로 600개 매장을 소유하고 있었고, 1920년경 제이시 페니(JC Penny)의 점포는 300개나 영업 중이었다. 그 밖에도 몽고메리 워드(Montgomery Ward), 시어스 로벅(Sears Roebuck) 등 최근까지 명맥을 유지하고 있는 유통업체들이 전국에 걸쳐 소비주의를 확산시키는 데 크게 기여했다.

포장 혁명

기계화를 통해 대량생산한 제품을 오랫동안 보관하고 먼 곳까지 유통시켜 소비로 이어지게 한 데는 포장의 역할이 지대했다. 기계산업의 중흥기였던 산업혁명이 진행되는 동안 포장기계의 발명도 앞다투어 일어났다. 1852년 최초의 종이봉투 생산 기계가 특허를 얻었으며, 1860년에는 시리얼을 포장하는 데 널리 쓰이는 사각박스의 제조기술이 특허를 획득했다. 이후 영국의 인쇄업자들은 금속에 인쇄를 할 수 있는 방법을 고안해냈고, 제조업자들은 이 기술을 사용해 양철에 온갖 문양을 새겨 넣는 것까지 시도했다. 1880년에는 포장용 사각박스가 기계로 대량생산되었으며, 1883년에는 시간당 3,000개의 깡통을 만들 수 있는 자동화된 통조림 포장 공장이 설립되기도 했다. 1892년에 왕관 모양의 병뚜껑이 발명되어 주류나 음료, 각종 액체상품을 포장하는 데 일대 혁신을 가져왔다.[2]

포장기술은 이후로도 계속 발전되어 1903년에는 유리병을 생산하는 자동화 시스템이 이루어졌고, 1920년에는 알루미늄 포일이 발명되었으며, 셀로판지도 등장했다. 포장은 내용물을 보호하고, 부패를 막고, 먼지, 벌레 등과 같은 유해한 외부 환경을 차단하는 역할을 수행해서 생산자가 제품의 품질을 관리하기 쉽게 만들었으며, 위생에 관심이 많은 소비자에게는 판매 소구점을 확보할 수 있는 기회를 제공했다.

특히 포장에서 필수적인 요소인 제품정보는 일종의 광고 기능을 수행했으며, 포장된 제품에 대한 소비자의 신뢰를 확보하는 데 크게 기여했다. 벌크(bulk) 상태로 판매되던 설탕이나 당밀, 식초, 치즈, 밀가루, 말린 사과 등 수백 가지 식품이 1900년경에는 용기 안에 밀봉되어 레이블이 부착된 상태로 시장에 나왔다. 당시에는 위스키나 와인이 생산지, 생산자, 제품품질에 대한 최종 책임자를 알려주는 레이블이 부착된 병에 담긴 채로 판매되는 것이 경이롭게 여겨졌다. 담배나 시가, 구두약, 베이킹 파우더, 실, 바늘 같은 기호품이나 생필품도 마찬가지였다. 포장용기와 포장제품의 레이블이 시장에서 상품을 특징짓고 차별화하는 도구가 되어 소비자들의 선택에 상당한 영향을 미치게 되었다.

초창기 포장은 단순한 봉투 형태였지만 종이박스가 등장하자 포장업이 획기적으로 도약하게 되었다. 1879년 시리얼업계가 이른바 인쇄, 접기, 채우기 (printing, folding, filling) 과정을 도입했다. 아침식사용 귀리 가루를 출시한 퀘이커 오트밀(Quaker Oatmeal)은 이 과정을 도입해 성공을 거둔 최초의 브랜드이다.

---

2) Susan Strasser, *Satisfaction Guaranteed: The Making of the American Mass Market*(Washington: Smithonian Books, 1989).

〈사진 2.1〉 퀘이커 사에서 생산하는 제품들을 종합적으로 제시하는 광고. 트레이드 마크인 퀘이커맨이 입은 옷은 퀘이커교도의 전통 복장이다. 퀘이커 사는 퀘이커교도의 독특한 머리 모양과 모자를 단순화시켜 브랜드 로고로 사용했다.

퀘이커 오트밀의 생산자인 슈마허(Schumacher)는 기계화된 생산공정을 도입하면서 공급이 수요를 앞지르는 문제에 봉착하게 된다. 당시 귀리는 제대로 된 한 끼 식사로 인식되지 못하고 스코틀랜드 출신의 이민자들이나 먹는 맛없는 죽 재료로 여겨졌다. 퀘이커 사(The Quaker Oats Company)는 카드 보드박스에 오트밀을 담고 트레이드 마크로 선택한 퀘이커맨(Quaker Man) 그림을 인쇄한 다음 다양한 오트밀 조리법을 포장지에 병기해서 오트밀에 대한 고정관념을 해소하고자 했다. 혁신적인 포장법과 함께 신문광고를 통해서 '오트밀 1파운드에 담긴 영양은 쇠고기 3파운드와 맞먹습니다', '귀리는 두뇌와 몸이 필요로 하는 영양분을 공급합니다'처럼 영양을 강조하는 메시지를 전달했다. 또 요리 시식회를 열거나 우편 엽서를 보내기도 하고 포장박스 안에 경품을 첨가하는 등 다양한 방식을 써서 제품의 인식도와 친밀도를 형성해나갔다.[3]

퀘이커 오트밀은 포장기술을 이용해 벌크 제품을 제품화하고 인기와 지명도를 확보한 대표적 사례이다. 상품을 개별 상자에 담아 포장하고 트레이드 마크를 사용해 개성을 부여하면 소비열망을 불러일으키고 높은 이윤을 창출할 수 있다는 점을 인식한 제조업자들은 포장을 개선하는 데 더욱 심혈을 기울이게 되었다.

---

3) Susan Strasser, *Satisfaction Guaranteed: The Making of the American MassMarket.*

　　과자 종류를 생산하는 기업인 나비스코 사(National Biscuit Company)는 크래커를 습기로부터 보호할 수 있는 얇은 유지막을 발명해 1899년 이너실(In-Er-Seal)[4]이라는 특허명으로 등록했으며, 1908년에는 이너실 유지 포장을 자사에서 생산하는 45개 과자 제품의 포장에 도입했다. 이너실 같은 혁신적인 포장법이 없었다면 나비스코는 많은 과자를 개발하지 못했을 것이고, 나비스코의 다양한 제품 브랜드들 또한 소비자에게 호응을 얻지 못했을 것이다.

　　기업들이 앞다투어 포장 상태를 개선하는 데 노력을 쏟게 되자 매력적인 포장만큼 내용물도 훌륭하다는 것을 입증해야 할 필요가 생겼다. 일상적인 소비품, 예를 들어 치약, 비누, 시리얼 등은 색상이나 표면 디자인을 다양하게 만들 수는 있지만 규격화된 포장 형태를 도입해야 하는 제품들이었다. 이 같은 '혁신 속의 표준화'는 브랜드의 필요성을 더욱 부각시켰다. 브랜드는 포장 속의 제품에 대해 궁극적으로 책임을 질 수 있는 제조자나 판매원이 누구인지 명시하는 역할을 수행하므로 소비자는 브랜드화된 제품에 좀 더 높은 수준의 품질을 기대할 수 있다고 믿게 된다. 그래서 브랜드는 지속적으로 소비된다. 포장과 브랜드화는 결코 별개가 아니며 분리할 수 없는 동전의 양면과 같다.

브랜드의 발달

　　19세기 말 산업혁명이 가져온 기술의 진보가 제품의 생산공정을 표준화시키면서 성분이나 기능 면에서 근본적으로 차이가 없는 제품이 대거 시장에 쏟아져

---

4) In-Er-Seal은 'Inner Seal 내부 포장'이란 의미의 보통명사를 나비스코 사만의 특허품으로 고유명사화하기 위해 변형한 형태이다.

나왔다. 비누, 밀가루, 면직물 같은 일상 소비재는 누가 만들더라도 유사한 성분을 사용할 수밖에 없다. 시장 점유율을 더 많이 확보하기 위해 경쟁하던 기업들은 대량생산된 제품 속에서 살아남으려면 자사 제품이 특별하다는 인식을 심어주고, 다른 제품과 구별되는 개성을 만드는 것이 필수라는 결론에 도달한다. 생산자의 이러한 입장과 더불어 소비자에게 일어나는 변화도 제품을 차별화할 필요성을 만들었다. 임금이 증가하고 값싼 제품이 늘어나자 사람들은 구매를 결정할 때 가격 이외의 요소를 고려할 수 있는 여유가 생겼고, 점차 상품 고유의 가치나 개성을 중요하게 여기게 되었다.

기업은 자사 제품과 최종 소비자 사이에 확고한 관계를 맺어줄 수 있는 도구를 고안해냈는데 이것이 바로 브랜드이다. 기업은 브랜드화를 통해 소비자의 가격 민감도를 둔화시키고 가격경쟁의 의미를 최소화할 수 있었다. 사폴리오(Sapolio) 비누를 쓰는 소비자는 사폴리오보다 가격이 싸다는 이유로 다른 비누를 선택하지 않는데 이것이 바로 브랜드의 힘이다. 브랜드는 크리넥스, 제록스처럼 단순한 단어지만 기업이나 제품에 대한 소비자의 감성적·이성적·문화적 이미지의 압축제이기도 하다. 브랜드의 첫 번째 기능은 차별화를 통해 알리는 것이며, 두 번째는 소유에 대한 욕망을 불러일으키는 것이다. 브랜드는 소비자에게 정체성이나 사회적 지위 등을 제공하는데 이것이 소유하고 싶다는 열망의 근거가 된다. 1880년대에는 브랜드와 연관된 제품의 사회적 위치를 인식하기보다는 제품 자체에 대한 놀라움이 더 지배적인 시기였다. 하지만 점차 브랜드화된 제품은 사회적 열망을 지닌 개인들에게 지위를 부여하는 기능을 수행하기 시작했다.

성공적인 브랜드는 사람들이 쉽게 기억할 수 있고, 부르기 편하며, 품질이 확실하고, 믿을 만한 기업이라는 신뢰를 부여한다는 공통점이 있다. 브랜드명이 신뢰를 주면 기업은 가격경쟁에서 우위를 차지할 수 있고 경쟁업체 제품보다 매출을 증대시킬 수 있다. 성공한 브랜드는 기업의 다른 제품에도 부가적인 혜택을 가져다준다. 식품업계의 선두 주자인 조셉 캠벨(Joseph Campbell)은 캠벨 수프로 자신의 브랜드를 널리 알렸다. 이후 그는 양념류, 다진 고기 등 자사의 모든 식제품에 캠벨이라는 브랜드명을 부여해 캠벨 수프로 쌓은 명성이 제품 전체에 확산되도록 했다. 마찬가지로 케첩으로 유명해진 하인즈(Heinz) 사도 자사의 모든 식제품을 하인즈 패밀리라는 브랜드로 통합시켜 후광효과를 입게 하는 전략을 도입했다.

브랜드의 큰 장점은 특허나 저작권과 달리 유효기간이 없다는 것이다. 한번 등록하면 기업이 원하는 한 언제까지라도 배타적으로 사용할 수 있기 때문에 세기를 넘나들면서 친근감과 신뢰도를 쌓을 수 있다. 브랜드가 인정받기 위해서는 도안이든 캐릭터든 사용된 적이 없는 새로운 것이어야만 하며, 두 개 이상의 기업이나 개인이 공동으로 사용할 수 없는 배타성을 확보해야 한다. 그리고 어떤 방식으로든 제품에 부착 또는 표기가 되어 있어야 한다. 인지도를 확보하는 데 성공한 기업은 유사 브랜드에 시달린다. 유니다(Uneeda) 비스킷은 아이원타 (IWANTA) 비스킷 등 여러 종류의 유사 브랜드와 경쟁해야 했고, 코카 콜라는 병 모양과 뚜껑 모양 심지어는 레이블과 글씨체까지 모방한 에스파 콜라가 등장해 골머리를 앓았다. 1899년 코닥(Eastman Kodak) 사는 '코닥'이 이스트먼 코닥 사의 고유한 상표라는 것을 인식시키기 위한 광고까지 제작할 정도로 상표에 대한 모방이 물결을 이루던 시기였다. 코닥 사는 "코닥은 카메라를 비롯한 우리 회사 제품에 붙이는 상표명입니다. '코닥'이라는 상표명은 우리가 고안해서 등록한 회사 고유의 재산입니다. 만약 이스트먼이 빠져 있다면, 그것은 코닥이 아닙니다"라는 광고를 게재함으로써 자사의 상표를 보호하고자 했다. 이 사례는 브랜드가 시장에서 식별 기능을 수행한다는 인식 외에도 브랜드는 기업의 자산 이라는 인식이 형성되기 시작했음을 알려주고 있다.

브랜드화를 통해 제조업자들은 소비자들의 신뢰도를 확보할 수 있었다. 또한 통상 도매업자에서 소매상으로, 다시 최종 소비자의 순으로 흘러가는 제품 유통 단계에서 소비자와 제품 간에 존재하는 중간 단계의 영향력도 최소화할 수 있었 다. 어떤 비누가 제일 좋은 비누인지 가게 주인에게 물어볼 필요 없이 소비자가 곧바로 아이보리 비누를 달라고 요구한다면 기업은 중간 도·소매상의 각종 영향력에서 자유로울 수 있는 이점을 얻는 것이다. 이러한 효과를 얻기 위해서는 광고가 필수적인 매개체가 되어야 하며 이 같은 유통 장악의 필요성은 1880년대 이후 광고산업을 성장시키는 큰 원동력이 된다.

브랜드의 숫자가 늘어나는 동시에 제품 판매에 미치는 영향력이 지대해지자 브랜드명을 법적으로 보호하고 기업의 고유한 자산으로 인정하기 시작했다. 1871년에는 허락 없이 타사의 브랜드를 사용하는 것을 불법으로 규정하는 브랜 드 보호법이 시행되었다. 이때 121개의 브랜드가 특허 등록을 했고, 1905년에는 무려 1만 개의 브랜드가 등록했다. 이 중에 대표적인 것은 리바이스 진(1853), 캠벨 수프(1869), 퀘이커 오트밀(1877), 아이보리 비누(1879), 코카 콜라(1886), 코 닥 카메라(1888), 켈로그 콘프레이크(1907) 등 오늘날 소비자에게도 친근한 것들 이다.5) 브랜드들이 성공을 거두면서 형태나 이름이 비슷한 모방품들이 많이

---

5) Susan Strasser, *Satisfaction Guaranteed: The Making of the American MassMarket.*

등장했다. 기업들은 광고를 통해 모방품의 존재를 알리고 정품 브랜드의 품질이 더 우수하다고 강조해야 할 필요성을 느꼈다. 1890년대 3,000만 개의 연매출을 올린 아이보리 비누의 유사품들이 유통되자 생산기업인 프록토 앤 갬블은 광고를 통해 아이보리의 브랜드 정체성을 강조했다.

아이보리 비누는 단 하나입니다. 물론 수백 가지 유사품도 있습니다. 정직하지 않은 가게 주인은 유사품을 내밀면서 '이 비누가 아이보리입니다'라고 말하거나 '이 비누도 아이보리만큼 좋습니다'라고 말할지도 모릅니다. IVORY라고 찍혀 있지 않으면 받지 마세요. 비누의 형태나 포장지는 비슷할지도 모릅니다. 하지만 브랜드 명은 진짜 아이보리에만 사용할 수 있습니다.[6]

한편 동일한 제품에 다양한 브랜드가 등장하면서 각각의 브랜드는 자신만의 특성을 내세워 차별성을 유지하고자 했다. 예를 들어 비누 광고는 "만지고 싶은 여인의 피부", "어린아이들이 즐겁게 사용할 수 있는 순한 비누", "세균을 없애는 비누" 등과 같이 차별화된 용도를 표방했다. 이런 차별화를 통해 한 가정 안에서 여러 종류의 비누를 사용하게 만들고 소비를 증가시키려했다. 20세기 초에 접어들면서 이처럼 상이한 용도를 표방하는 세제, 샴푸, 치약, 청소용품 등이 대거 출현한다.

1880년대를 전후해 브랜드 인지도를 높이기 위한 보조도구로서 트레이드 마크나 상징, 슬로건이 활발하게 도입되었으며, 브랜드는 점차 자사의 상품을 경쟁

---

6) *Reader's Digest*, May 26, 1906.

사와 구별시켜주는 이름, 기호, 상징 디자인을 포함하는 광범위한 요소의 집합체
가 되었다. 앞에서 예로 든 퀘이커 오트밀은 포장지에 전통 퀘이커교도 복장의
인물을 트레이드 마크로 넣어서 브랜드를 식별하기 유리하게 만들었을 뿐만
아니라, 퀘이커교도가 상징하는 정직과 자연주의적 삶이라는 이미지를 압축적
으로 전달할 수 있었다.

브랜드 광고와 유통 장악

각종 브랜드가 눈에 띄게 늘어났지만 특정 상품의 소비를 전국적으로 진작시
키는 데는 브랜드화만으로 한계가 있었다. 가장 큰 이유는 유통시장 내부에
존재하는 장벽 때문이었다. 19세기 말부터 20세기 초에 걸쳐 관찰되는 상품의
유통방식은 크게 두 가지이다. 중간 도매상을 통해 최종 소비자나 소매상에게
상품을 도달하는 방법과 기업이 자체적으로 직영점을 운영하거나 우편 판매,
영업사원 고용 등을 통해 유통에 직접 참여하는 방법이다.

누 가지의 유통방식이 혼재하던 1890년대 시장에서 유통업과 제조업 사이에
는 팽팽한 긴장이 넘쳤다. 물론 대규모 도매상이 유통을 책임지는 경우가 지배적
이었고 경우에 따라서는 일부 기업이 자체적으로 전국 유통망을 구축하거나
우편 판매망을 활용했다. 그런데 제조업자들은 유통 도매업자들이 자신의 이익
을 충분히 실현시켜주지 않는다는 불만과 의혹을 항상 제기했다. 몽고메리 워드,
시어스 로벅 등 최근까지도 전국 규모의 체인점으로 남아 있던 유통기업은 이미
1800년대 후반에 상품과 소비자의 접점으로 기능하는 동시에 소도시나 시골에
주로 위치한 소매상에 상품을 공급하는 데도 중요한 역할을 담당했다.

철도와 기타 운송수단의 발달로 상품을 수송하기가 쉽고 신속해졌으며 도매

상에 고용된 영업사원들의 이동이 원활해져서 도매상은 발전에 가속도가 붙었다. 실제로 도매업자들은 웬만한 제조기업보다 전통도 오래되었고 자금력도 풍부했다. 도매상들은 영업사원들을 고용해 철도나 마차, 때로는 말을 타고 벽지까지 찾아가 소매업자들을 자신의 고객으로 확보했다. 도매업자들은 상품을 안정적으로 확보하고 배송하는 체계를 갖추고 있어서 다양한 제조사의 상품을 전국 방방곡곡의 소매상에 차질 없이 배달할 수 있었다. 규모가 크고 조직체계가 잘 정비된 도매상들은 결재자금이 부족한 소매상에게는 외상으로 물건을 공급하는 등 지역 소매상의 재정 안정을 유지하는 데 큰 영향력을 행사했다. 브랜드 제품을 생산하는 기업 입장에서는 중간 도매상을 거치면 제품을 유통시키기에는 편리하지만 상당한 위험을 안게 된다. 유통업자들이 경쟁사 제품을 더 집중적으로 판매할 수도 있을 뿐만 아니라 신제품을 취급하도록 하거나 가게 진열장에 자사 제품을 전시하도록 설득하는 데 한계가 있기 때문이다. 때때로 대규모 도매상들은 전국적인 브랜드 상품을 거부하기도 했다. 그렇게 함으로써 자신들에게 더 많은 이윤을 가져다줄 수 있는 자체개발상표(Private Brand) 상품의 판매를 증가시킬 수 있었기 때문이다.

이런 이유로 일부 기업은 도매업자를 통한 유통보다는 직접 유통망을 구축하는 것이 더 효율적이라고 판단했다. 어떤 기업들은 소매 판매시스템을 도입해 우편 주문을 받거나 집집마다 영업사원이 방문하도록 했으며, 경우에 따라서는 매니저와 점원을 고용해 직영 점포를 운영하는 방식으로 매출 증대를 꾀했다. 세계적으로 명성이 자자한 스타인웨이(Steinway) 피아노라든지 재봉틀계의 명가로 알려진 싱어(Singer) 사는 직영점에서 제품을 판매했다. 싱어 재봉틀은 전세계에서 가장 오래된 직영점 역사를 자랑하는데, 1920년대에는 4만 명의 점원을 고용하고 8,000개의 직영점을 운영했다. 케첩 등 식품으로 유명한 하인즈 사도 자사 제품을 전국적으로 유통시키기 위해 58개의 지사와 물류창고를 설치했다. 그러나 생산기업이 직접 유통에 나서는 것은 여러 이유로 기업에 부담을 주었다. 무엇보다 우편 주문을 받거나 직영 판매점을 운영하면 이윤의 상당 부분을 제품 유통에 할애해야 했기 때문이다. 20세기 초 기업들에게는 더 효율적인 유통망을 확보하는 일이 중요한 과제로 떠오르게 되었다.

　독립적으로 유통활동을 도모하는 기업도 존재했지만 1890~1920년대 유통업무를 담당하는 것은 주로 중개상의 몫이었다. 켈로그 사의 이사인 아치 쇼(Arch. W. Shaw)는 1912년 유통을 담당한 중개상의 역할을 다음과 같이 정리했다. 첫째, 소매상과 외상거래에서 발생할 수 있는 위험부담을 떠안는다. 둘째, 배송된 상품이 손상되거나 화재 등 여러 이유로 소멸되었을 때 책임을 지고 유통에 필요한 경비를 지불하며, 상품을 판매할 때 자신들이 취급하는 상품의 정보를 제공한다.7) 그러나 시간이 갈수록 유통 도매상의 역할은 다른 기관들에게 분화·내체되었다. 예를 들어 외상거래 문제는 은행업무로 넘어갔으며, 손해·사고 등으로 인한 상품 파괴, 채무 불이행 같은 문제는 보험업이 등장하자 자연스레 유통업자의 손을 떠나게 되었다. 물건을 운반하는 일은 페덱스 같은 물류 전문회사와 우체국 서비스로 대체되었으며, 마지막으로 제품을 판매하는 기능은 광고가 대신하게 되었다. 유통시장에서 우위를 판가름할 수 있는 중요한 도구로서 광고

---

7) Arch. W. Shaw, "Some Problems in Market Distribution" *Quartesly Journal of Economics,* 1912, pp.731~733, Paul, T. Converse, *The Beginning of Marketing Thought in the United States with Reminiscences of some of the Pioneer Marketing Scholars*(New York: Arno Press, 1978)에서 재인용.

가 부상한 것이다.

유명한 광고인 어니스트 엘모 컬킨스는 유통시장의 분화를 목격하고, 유통체계에서 제조업자가 영업사원을 제치고 상대적 우위에 오르게 된 것은 광고의 힘이라고 말했다. "광고를 집행하는 기업에게 어느 유통업자가 자사의 상품을 구매하는지는 별로 중요하지 않게 되었다. 소비자가 제품을 알고 찾는다면 궁극적으로 유통업자는 소비자의 요구에 부응할 수밖에 없기 때문이다. 스콧 사, 하인즈 사, 질레트 사, 콜게이트 사 등 전국적 브랜드들은 대규모 유통업체를 상대로 활동하던 영업사원을 퇴출시켰다. 그리고 1913년경부터 소매상에게 바로 물건을 판매하기 시작했다. 영업사원들은 특정 회사의 제품을 우호적으로 소개하는 데는 아무런 관심이 없었으며, 특히 설명이나 시연이 필요한 신상품을 소개할 때에도 별다른 열의를 보이지 않았기 때문에 기업으로서는 그다지 반가운 존재가 아니었다.

백화점의 발달과 소비사회의 성장

1890년대 말 신기한 구경거리로 등장했던 백화점과 체인점은 1910년경 전국적인 체제를 갖추고 소매업의 새로운 면모를 보여주었다. 나아가 소비를 단순히 상품을 구입하는 활동의 차원을 넘어서 즐거운 활동이라고 인식시키는 데 큰 역할을 했다. 백화점들은 눈에 띄는 쇼윈도와 거울, 조명, 색색의 천을 사용해 축제 분위기를 연출했다. 에디슨의 전기발명은 백화점의 발전과 불가분의 관계가 있는데, 1882년 전국 체인점을 가진 마셜 필드(Marshall Field) 사가 전기를 설치한 후에 크고 작은 도시의 백화점이 앞다투어 전기를 도입해 화려함을 더했다. 백화점은 고급스러운 분위기와 함께 새로운 형태의 부가 서비스를 제공했다.

음료를 즐길 수 있는 공간, 여성들의 취향에 맞는 조용하고 우아한 분위기의 찻집, 우체국, 공중전화, 탁아소, 응급 처치실 등을 마련해 쇼핑과 사교, 집안일 처리 등을 한꺼번에 할 수 있게 했다. 일부 백화점은 매장에 배경음악을 틀고 특강이나 연극을 공연했으며 구내도서관을 설치하기도 했는데, 이러한 부가 서비스 때문에 백화점은 여성을 위한 오락공간이자 사교공간으로 인식되었다.8)

물론 모든 사회계층이 백화점을 이용할 수 있었던 것은 아니다. 주 고객은 상대적으로 경제적인 여유가 있는 중산층이었지만 백화점의 등장은 사회 전반에 걸쳐 소비를 가사노동의 영역에서 벗어난 여가와 오락의 영역으로 변화시켜 나가는 데 일조했다. 백화점은 매장별로 분화된 상품을 취급하고, 단일가격제를 실시하며, 상품의 회전율을 높여서 높은 이윤을 창출할 뿐만 아니라 소비를 촉진시키는 데도 기여했다. 또 백화점은 대규모 도매상과는 달리 소량의 제품을 판매해서 짧은 시일 내에 제품을 완전히 판매하거나 재고를 극소화해 항상 새로운 제품을 진열했다. 유행을 선도하는 공간이 된 백화점은 상품이 개인의 가치와 수입의 지표가 된다는 사실을 간파하고 유행하는 제품에 민감하게 반응하는 사람들의 열망을 이용하기 시작했다. 신분의 수직적 이동이 가능한 중산층이 가장 큰 영향을 받았다.

백화점이 소비주의를 확산시키는 데 촉진제 역할을 했다는 점 외에도 당시의 주요 광고주라는 점에서 주목할 가치가 있다. 소도시에 위치한, 상대적으로 규모가 작은 곳이라 할지라도 백화점들은 광고 전문가를 고용해 대규모 신문지면을 확보하고 구체적이면서도 일목요연한 매장정보를 제공하고자 했다. 백화점은

8) Susan Strasser, *Satisfaction Guaranteed: The Making of the American MassMarket.*

납품업체의 제조업자에게 광고비용의 일정 부분을 부담하도록 요청했고 이른바 '협력광고'를 기획했다. 대다수 백화점은 전국 브랜드 상품도 판매했지만 백화점이 자체적으로 개발·생산한 고유 브랜드도 판매했다. 백화점을 광고하면서 입점해 있는 전국 규모의 브랜드 생산기업에게 광고비를 공동으로 부담할 것을 요청하는 것은 무리하지 않은 요구로 받아들여졌다. 1920년대경에 이르러서 기업들이 소도시의 백화점들에게 자사 브랜드를 광고내용에 포함시킨다는 조건을 들어 광고비용을 공동으로 부담하는 것이 보편적인 현상이 되었다.

광 고 의 양 상

_광고의 새로운 테마 : 근대성

'근대성'은 20세기 초반의 광고에 빈번히 등장하는 테마이다. "욕실에 스탠더드 웨어 욕조가 없다면 당신의 집은 근대적이지 않습니다(Your house is not modern without a bathroom equipped with Standard Ware)"라는 카피에서 알 수 있듯이 근대적인 것은 20세기 초를 살아가는 소비자가 지향해야 하는 것, 바람직한 것으로 인식되었다. 광고는 다양한 슬로건과 이미지를 통해 '근대적'인 것이 무엇인지를 규정하는데, 이 시기의 광고 이미지에서 나타나는 근대성 중에 두드러지는 것은 기계화된 공정으로 이루어지는 대량생산이라 할 수 있다. 그리고 대량수송을 가능하게 해주는 철도와 기타 운송수단 역시 대량생산을 의미하는 상징물로 사용되었다. 산업혁명은 인간의 합리성으로 자연을 통제하며 기계화를 통해 인류의 발전을 이룰 수 있다는 신념을 대전제로 진행되었다. 광고는 대규모 공장, 상품 생산에 사용되는 거대한 기계, 잘 지은 회사 건물과 노동자들을 시각

〈사진 2.2〉 근대성의 상징으로 인식되던 스탠더드
사의 부엌을 보여주는 광고.

화함으로써 산업사회를 근대적 사회로
규정했다. 또 대량으로 생산된 제품을 판
매하는 데 동참하지 않는 이들은 시대에
뒤떨어지고 전근대적이라는 의식을 불어
넣었다. 그러나 대량생산과 기계화로 대
표되는 근대성을 강조하면서도 대량생산
이 이루어지는 공장의 열악한 환경이나
노동자들의 비참한 노동 현실은 배제하
는 양상을 보였다. 소비의 즐거움을 부각
시키지만 생산 현장에서 이루어지는 힘
든 노동은 보여주지 않는 광고 유형은 오
늘날까지도 변함없이 이어지고 있다.

광고는 청결하고 질서정연한 작업장의 모습을 제시해 공장과 대량생산에 대
해 대중이 우호적인 태도를 형성하는 데 일조했고 새롭게 형성된 물질주의 문화
를 별다른 거부감 없이 수용하도록 하는 데 기여했다. 상품 생산자와 사용자,
상품을 매개로 형성되는 일상이 물질주의 문화를 구성하는 주요 요소가 된다.
광고를 통해 형성된 상품과 공장에 대한 긍정적인 이미지는 생산자에 대한 새로
운 태도를 형성시켰으며 브랜드의 경쟁력도 강화시켰다.

혁신적인 생산방식과 새로운 삶의 모습을 강조하지만 광고가 전달하는 메시
지는 다분히 전통적인 가치관을 담고 있었다. 1900년대 초에는 나이 많은 할머
니와 신제품이 함께 등장하는 광고가 많았다. 예를 들어 크리스코 식용유, 콜게
이트 치약, A & P 차 등의 다양한 제품광고에서 할머니가 등장한다.

할머니는 오랜 기간 축적해온 지혜와 구시대의 편안함을 상징하는데, 손주를 안은 인자한 할머니와 함께 "할머니 무릎처럼 편안합니다"라는 슬로건을 내걸었던 오스터무어(Ostermoor) 사의 매트리스 광고가 전형적인 사례이다.

이와 대조적으로 일부의 할머니들은 세상이 바뀌었다는 것을 인정한다. 번거롭던 과거의 생활방식이 편리한 대량생산 제품으로 바뀌어도 괜찮다고 이야기하는 전략을 통해 근대성의 수용을 장려하는 것이다. 젤로(Jell-O) 푸딩 광고에는 할머

〈사진 2.3〉 할머니 무릎만큼 편안하다고 강조하는 오스터무어 사의 매트리스 광고.

니가 등장해 "파이를 간식으로 먹는 것은 내가 어렸을 적 방식이죠. 요즘 어린이들은 파이보다 젤로 푸딩을 더 좋아해요. 오히려 더 잘된 것 같아요. 파이는 위장에 부담을 많이 주니까요"라고 말한다. 새로운 성분을 이용해 대량생산된 간식이 진보된 식생활을 열어준다고 인정하는 진술은 오랜 세월 동안 의식주를 비롯한 모든 면에서 다양한 지혜와 경험을 축적해온 할머니들의 목소리를 빌어 전달될 때 더욱 설득력을 띠게 되며, 소비자들은 처음 접하는 상품에 대한 불안이나 의혹에서 쉽게 벗어날 수 있다.

보수적이고 전통적인 가치관의 고수는 여성이나 가족을 그려내는 방식에서도 쉽게 찾아볼 수 있다. 1880년대에 접어들면서 광고는 여성의 이미지를 빈번하게 등장시키거나 광고 메시지의 청자로 여성을 상정함으로서 이상적인 가족,

〈사진 2.4〉 잘록한 허리를 강조하는 크라운 코르셋 광고(1882년).

혹은 이상적인 여성의 이미지 등을 규정하는 문화적 세력으로서 징후를 보이기 시작한다. 여성을 주된 소비자로 인식하기 시작했으나 광고가 그려내는 여성은 남성의 시각에서 이해되는 여성이다. 광고인들은 뚜렷한 근거도 없이 구매의 85% 정도가 여성에 의해 이루어진다고 믿었으며 여성의 마음은 "분홍색 거품 같은 비합리성으로 가득찬 통"이라고 보았다.9)

1880년대 광고는 빅토리아 시대 중산층의 가치관을 답습하고 있다. 이 시대에는 성 역할분담이 뚜렷해서 남성은 외부 활동을 하고 여성은 가정을 지키고 자녀들을 양육했다. 광고는 '여성의 자리는 가정'이라는 의미를 재생산하면서 여성의 가사노동을 즐겁고 보람되게 해주는 매개체로 자사의 상품을 제시했다. 재봉틀이나 오븐 등 새롭게 발명된 가사 도구들은 여성의 일손을 덜어주고 더욱 행복한 가정을 만들어준다는 약속을 은연중에 하고 있다. 여러 광고에 등장하는 화려한 가구나 각종 실내 장식품을 실제로 누릴 수 있는 여성은 극히 제한되어 있는데도 경이로운 신상품을 반복적으로 제시해 결혼을 사회적 이상으로 신화화하는 결과를 낳는다.

가정을 돌보는 전통적인 모습 외에 또 다른 여성의 모습은 바로 남성의 매력

---

9) Juliann Sivulka, *Soap, Sex, and Cigarettes: A Cultural History of American Advertising.*

을 끄는 존재로서이다. 당시는 성(sex)이 광고 도구로 인식되던 시기는 아니었다. 하지만 허리가 극단적으로 강조된 코르셋, 유행을 앞서가는 의류 등이 남성의 매력을 끌 수 있는 도구로 광고되었고, 미용 비누, 화장품, 크림 등이 사랑과 로맨스를 보장해주는 것으로 제시됐다. 여성에게 남성의 사랑과 관심이 중요하다는 전통적인 가치관을 잘 드러내 보이는 부분이다.

광고와 새로운 생활습관의 형성

대량생산과 새로운 발명은 위생에 대한 사람들의 태도를 바꾸는 데도 일조했다. 19세기 초만 해도 비누는 가정에서 만들었는데, 이 작업은 시간이 꽤 걸리는 번거로운 것이었다. 그러나 공장에서 비누를 생산하면서부터 각 가정에서는 저렴한 가격으로 쉽게 비누를 구입할 수 있었다. 또 욕조, 온수기 등이 발명되자 사람들은 쾌적함과 청결함이 주는 기쁨을 깨닫기 시작했다. 많은 사람들이 일상생활에서 비누를 사용했으며 비누를 생산하는 기업은 지속적인 판매를 위해 사람들에게 청결은 사치가 아니라 필수적인 덕목이라고 인식시켜나갔다. 산업혁명이 진행되면서 비누뿐만 아니라 개인 위생과 관련된 신제품이 속속 등장했다. 광고는 상품을 중심으로 개인 위생의 관리나 여가 시간의 활용, 가족애를 나누는 방법 같은 생활 유형을 제시해 신제품 사용을 생활의 일부로 받아들이게 만들었다. 신상품을 사용하는 것은 대량생산 시대 이전의 낡은 생활방식보다 더 진화되고 발전된 근대적인 생활방식으로 제시되었고 그 결과 '근대적' 생활방식이 사회적으로 확산되었다.

콜게이트 치약과 프로필레틱 치약은 당시 가장 널리 광고된 상품이었는데 이 치약 광고들은 사람들에게 양치 방법을 교육시켰다. 콜게이트(Colgate) 사의

Good for the Spotter of Spotless Town! He spotted a spot on the Butcher's gowr
'T would not be meet, for justice' sake, to roast the Butcher at the steak,
And so behind the bars he'll go.
Bars of what?——— SAPOLIO

〈사진 2.5〉 도시 시민들에게 청결함의 중요성을 강조한 사폴리오 비누 광고. 청결이 주민의 의무인 도시에서 옷에 얼룩을 묻힌 '범죄'를 저지른 사람이 경찰에 붙잡혀 가고 있다. "behind the BAR"는 감옥에 갇힌다는 뜻도 있지만 BAR를 비누로 해석하면 '씻는다'는 의미도 있기 때문에 언어의 이중적 의미가 주는 즐거움을 포인트로 삼았다. 배경의 공장 굴뚝은 산업화를 상징한다.

대변인은 자사의 초기 광고가 사람들에게 양치 습관을 교육시킨 선구적인 작품이라고 말했다. 콜게이트 사에서 발행한 「치아 관리 ABC」 팜플렛 마지막 장에는 다른 콜게이트 상품이 소개되어 있었다.

질레트(Gillette) 사 역시 「면도하는 법」이라는 팜플렛에서 이발소를 찾는 남성들은 다른 사람들이 쓴 비누나 솔을 또 쓴다고 지적하면서 면도를 일상생활의 일부로 정착시키려 했다. 그리고 "당신은 매일 면도해야 합니다"라는 카피를 제시해 세수나 손 씻기처럼 면도도 매일 해야 하는 위생습관으로 규정해나가고 있다. 1900~1910년대 질레트 면도기 광고를 보면 질레트 면도기로 소비자에게 면도하는 법을 실제 시연했다는 것을 알 수 있다. 질레트 면도기는 사람들에게 일회용 제품에 대한 소비습관을 형성하게 만들었고, 간편함을 근대적인 생활방식으로 제시했다. 당시 질레트 면도기의 가격은 노동자 월급의 3분의 1 혹은 반달 치 금액이었다. 그런데 중산층 이상의 소득층을 대상으로 고가의 시장을 겨냥한 질레트의 전략은 성공적이었다. 질레트가 면도기보다는 면도날 판매를 전략으로 내세웠다면, 경쟁사인 셔먼(Sherman) 사는 노동자 계층도 면도기를 살 수 있도록 할부구매를 실시하고, 고가의 면도기를 사는 만큼 평생 면도날을 예리하게 갈아주겠다는 서비스 전략을 제시했다. 결과는 질레트 사의 대승리였다. 질레트 사는 면도기 판매보다 일회용 면도날의 판매로 더 많은 수입을 올렸다. 면도날 가격이 워낙 저렴했기 때문에 사람들은 면도날을 가는 번거로운 방법을 택하는 대신에 면도날을 새로 교체할 수 있는 질레트 제품이 더 편리하다고 인식한 것이다. 이런 과정에서 이전까지는 없었던 일회용 제품에 대한 사회적 인식과 수요가 형성되었고, 자연스럽게 소비가 촉진되어나갔다.

신체의 청결과 가정에서 위생을 추구한 결과로 19세기 말 모든 종류의 세제 판매가 촉진되었다. 하지만 청결에 대한 개념이 극단적으로 흘러 인종차별적이고 국수주의적인 표현 형태를 드러내기도 했다. 에이어 앤드 선에서 대행을 맡았던 골드 더스트 세척 파우더 광고가 그 예이다. 이 광고는 골디와 더스티라는 흑인 쌍둥이 캐릭터를 사용해 소비자들에게 호응을 얻었다. "루스벨트 대통령은 아프리카를 야단치고 골디와 더스티는 미국을 청소한다"는 카피는 미국 우월주의적인 정서에 편승해서 상품을 광고하는 양상을 보여준다. 비슷한 맥락으로 1890년대에 등장한 쥐약 광고는 미국에 이민 온 중국인을 등장시켰는데, 광고에 나타난 중국인의 머리 모양이나 복장, 험상궂은 표정은 서양인이 아시아인에게 품고 있는 고정관념을 드러낸다. 이 광고는 중국인이 쥐약을 필요로

〈사진 2.6〉 미국이 아프리카보다 우위에 있다는 의미를 함축하고 있는 골드 더스트 세척 파우더 광고. 설령 가상의 상황이고 웃음을 유발시키려는 의도라고 해도 광고에서 국가 간(이 경우는 대륙) 관계를 다루는 것은 매우 드문 사례이다. 루스벨트 대통령은 아프리카를 야단치고, 골디와 더스티 쌍둥이는 열심히 미국을 청소한다는 슬로건은 '나무라다'와 '문질러 닦다'는 의미를 동시에 가지는 단어 'scourer'를 교묘하게 사용해 만들어졌다.

하는 집단이라는 함의를 풍기고 중국인은 지저분하다는 사회적 편견을 심화시켰다.

　이후 카메라, 망원경, 음반 등 일회용 제품들이 속속 등장했다. 코닥 카메라는 사진에 대한 지식이나 촬영기술이 부족한 대중들을 위해 필름이 들어 있는 일회용 카메라를 출시했다. 이때 광고에서 강조한 것은 일회용 카메라가 가족의 역사를 기록할 수 있는 도구이며, 특히 여성이나 어린이도 손쉽게 사진을 찍을 수 있다는 것이었다. 카메라는 단순한 기계가 아니라 가족 구성원 누구라도 크리스마스, 가족 기념일 등을 기록하는 정서적인 기기라는 점을 알린 것이다.[10]

10) Susan Strasser, *Satisfaction Guaranteed: The Making of the American MassMarket.*

그리고 새롭게 등장한 제품인 카메라를 이용해 무엇을 기록해야 할지 모르는 소비자들에게 크리스마스 트리, 아기의 성장과정, 파티, 가족 등 일상의 다양한 피사체를 끊임없이 제시해서 가족앨범의 개념을 탄생시켰다. 그리하여 20세기 초 생활방식으로 기록문화를 정착시키는 데 기여했다. 이 과정에서 광고는 소비자에게 주요 피사체가 될 수 있는 것은 무엇인지, 카메라로 세상을 바라볼 때 어떤 관점을 강조해야 하는지 등에 대해 사회적 교육 기능을 수행했고 그 결과 스냅 샷을 찍는 코드를 확립시키게 되었다. 가장 사적인 가정생활의 일부를 관행화된 스냅 샷의 코드에 따라 기록하기 시작하면서 자본주의 사회의 특징 중 하나인 획일화된 소비의 모습이 싹트기 시작했다.

면도날이나 일회용 카메라는 사회적 이동을 촉진시키는 데도 기여했다. 사람들은 여행 중에 이발사의 도움을 받지 않고도 자유롭게 면도할 수 있었고, 굳이 스튜디오에 가지 않고도 사진을 찍을 수 있었다. 이전에는 장인들의 도움을 받아야 했던 전문적인 일을 상품 구매를 통해 스스로 할 수 있게 되고, 대량생산된 제품을 사용해서 개인들의 생활방식이 조금씩 비슷해지면서 19세기 말부터 사회 전반에 걸쳐 이른바 '근대적인 생활방식'이 형성되게 된다.

광고와 신기술: 전기와 자동차

사람들은 급격한 사회변화에 대해 적극적인 수용의 태도를 보이기보다는 불안을 동반한 회의적인 태도를 먼저 나타낸다. 익숙하고 친밀한 것이 붕괴되면 일종의 분리 공포를 야기하고, 새로운 환경에 적응해야 한다는 중압감이 변화가 반드시 필요한 것인가에 대해 거듭 회의하게 만들기 때문이다. 신기술도 심리적 저항감을 유발하기는 마찬가지인데 경험해보지 못한 새로운 환경은 두려움과

〈사진 2.7〉 전구의 밝기가 태양보다 더 강하다
고 말하는 마즈다 전구 광고.

불안감을 가져다주며, 낯선 것에 적응해야
한다는 심리적 부담, 이미 익숙해져 있는 일
상의 습관을 잃을지도 모른다는 우려가 변
화보다는 친숙한 환경을 고집하게 만든다.
이러한 불안을 더욱 증폭시키는 요인은 새
롭게 다가올 변화가 실제 일상에서 어떤 모
습으로 구체화될 것인지 예상할 수 없다는
사실이다.

에디슨의 전기와 포드의 자동차도 도입
초기에는 많은 우려와 심리적 저항에 부딪
혔다. 1879년 에디슨이 백열전구를 발명하
면서 그동안 번개나 정전기 등을 통해 미스

터리한 자연 현상이라고만 여겨졌던 전기의 신비가 풀린다. 1908년에 전기 다리
미, 다음 해에 전기 청소기와 식기 세척기 등이 발명되고, 연이어 토스터, 커피
주전자 등이 나오면서 1917년경에는 도시 가구의 절반이 전기를 사용하게 되었
다. 그러나 보급 초기에는 안전성에 대한 불안, 사용료에 대한 부담 등으로 전기
보급률이나 가전제품의 판매가 저조한 편이었다. 전기의 안전성과 다양한 용도
를 공중에게 알리는 데는 광고가 지대한 역할을 했다. 광고는 전기가 생각보다
비싸지도 않고 효율적으로 가사노동을 덜어준다는 점을 강조했다.

최초의 전기제품광고는 제너럴 일렉트릭(GE)의 마즈다(Mazda) 전구 광고이다.
전구의 밝기를 강조하기 위해 "태양의 유일한 경쟁자(His Only Rival)"라는 카피
를 사용했는데, 이는 당대의 명카피로 평가받고 있다. 마즈다 전구 광고는 여성

을 대상으로 한 광고 외에도 남성에게 전기제품의 사용을 권장하는 내용을 전달하려 했다. 가정에서 신기술 제품을 구입하는 것은 일상 소비재와 달리 가장의 결정이 필요하다는 점을 염두에 두었기 때문이다. 남성을 대상으로 한 전기 광고는 전기를 사용하는 것이 곧 '가정의 효율적 경영'임을 부각시킴으로써 산업사회 전반에 걸쳐 강도 높게 추구되던 생산성 향상이라는 남성들의 직장 관심사를 가정 관심사와 일치시키려 했다. 1917년 웨스턴(Western) 전기회사의 "당신의 아내와 가정 지배인(매니저)은 사무실에서 일하는 직원이나 상점, 공장의 지배인과 마찬가지로 노동력을 덜어주는 기기를 사용할 권리가 있습니다. 전기가 사업 경비를 절감해주듯이 가정 경비도 덜어줄 것입니다"라는 광고 카피는 일터와 가정을 동일하게 바라본 대표 사례이다.

　모든 사람들에게 경이롭게 보였던 자동차도 초기에는 기계적 정보를 전달하는 데 주력했다. 1893년 최초의 자동차가 제작되었는데 이 시기에 고급 자동차 가격은 1만 달러에 달했다. 보통 자동차 가격도 2,800달러를 호가했으므로 대부분의 사람들은 차를 일상과는 무관한 사치품으로 여겼다. 그런데 1908년 포드사에서 800달러라는 파격적인 가격에 T-car를 출시하면서 중산층에게도 자동차를 소유할 수 있는 가능성을 열어주었다. 초기 자동차에 대한 대중의 인식이 긍정적으로 형성되는 데는 광고가 큰 영향을 미쳤다. 당시 자동차 광고는 신기술이 도입될 때 광고가 취하는 전형적인 모습을 보여주는데 외형이나 스타일보다는 마력, 기통 수, 변속기의 종류, 주행 능력 등을 설명하는 데 주력했고 안전성을 강조했다. 이후 자동차 광고는 막대한 예산을 투입해 여러 형태로 변화를 추구하면서 자동차와 사회적 지위를 연결시키기도 하고, 자동차가 줄 수 있는 다양한 부가 가치를 강조하면서 광고산업을 발전시키는 데 크게 공헌하게 된다.

광고 대행사의 발전

1880년대에서 1900년대까지 미국 기업들의 광고예산은 4,000만 달러에서 9,600만 달러로 두 배 이상 증가했다. 예산이 비약적으로 증가한 이유는 광고 서비스의 세분화와 다양화를 들 수 있다. 대행사들은 지면을 중개하는 역할에서 벗어나 디자이너와 카피라이터 등 전문 역할 수행자들을 고용하면 서비스 영역을 확대해나가기 시작했다. 에이어 앤드 선, JWT처럼 인적·물적 자원이 풍부한 대행사들은 간단한 시장조사와 홍보 행사까지 포함하는 광고 캠페인을 기획했다. 광고대행사의 서비스가 다양해지면서 매체 대행은 물론이고 디자인과 카피에 이르기까지 광고주의 대행사 의존도가 점점 높아졌고, 광고 캠페인 사전조사에서 메시지 제작과 평가까지 전 과정을 일임하는 사례도 크게 늘어났다. 1910년대에 들어서면서 광고대행사 조직이나 업무 등이 오늘날과 유사한 현대적 틀을 하나씩 갖춰나가기 시작한다.

1899년에 실시된 나비스코 사의 유니다 비스킷은 대행사가 광고 기획의 전 과정을 맡은 캠페인 중에 가장 성공적인 사례로, 새로운 브랜드를 론칭하는 데 기준이 되었다는 평가를 받고 있다. 나비스코 사는 포장기술인 이너실을 사용해 바삭바삭한 질감을 오랫동안 유지할 수 있는 새로운 크래커 제품을 시장에 출시하기로 하고 뉴욕에 위치한 에이어 앤드 선 대행사에 인상적인 제품명과 외부 포장 디자인, 제품에 친밀감을 줄 수 있는 마스코트 제작을 의뢰했다. 에이어 앤드 선은 제품명을 유니다로 제안하고 노란 비옷을 입은 소년(slicker boy)을 제품의 마스코트로 선정했다. 그리고 광고 본문에 넣을 슬로건은 "당신이 잊어버릴지도 모르니 우리가 말해드릴게요. 유니다 비스킷을 준비하세요(Lest you forget, we say it yet. Uneeda buiscuit)"로 결정했다.

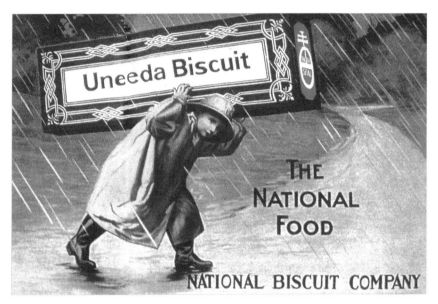

〈사진 2.8〉 최종 완성된 유니다 비스킷 광고. 소년이 입은 우비는 나비스코 사가 개발한 이너실(습기를 막아주는 포장)을 상징한다. 광고는 비 오는 날을 대비해 비옷이 필요하듯이 예상치 못하게 허기가 질 경우를 대비해 요깃거리로 비스킷을 준비하라는 의미를 담고 있다. 소년이 들고 가는 비스킷 상자 오른쪽에 붉은색으로 나비스코 사의 로고를 그려 넣어 브랜드 친밀도를 형성하고자 했다.

광고물을 완성한 에이어 앤드 선은 신문, 잡지는 물론이고 포스터, 전차, 옥외 게시물 등에 광고를 게재했다. 또 우편엽서, 포스터, 벽화까지 동원하는 대대적인 캠페인을 실시했다. 네이밍에서 시작해 전 과정이 계획적으로 이루어진 캠페인 덕분에 유니다 비스킷은 엄청난 매출을 기록했다. 특히 그 무렵 확장세를 보이던 울워스 체인점에서 큰 성공을 거두었다. 유니다 비스킷 캠페인은 원과 십자가로 구성된 나비스코 사의 로고와 우비소년 마스코트, 유니다 브랜드명이 삼위일체를 이룬 조합으로, 오늘날 소비자들이 인식하는 브랜드 개념에 매우 근접한 사례이다.

_시장조사의 등장

광고가 하나의 산업으로 부상하면서 1900년을 전후해 일부 대학이 경영대학을 중심으로 광고 강의를 개설하고 광고 기획과 제작, 시장조사 등을 교육하기 시작했다. 광고주를 확보하기 위한 최대관건은 값싼 지면을 구입하는 것이 아니라 높은 광고수준이라는 인식이 전문적 광고교육의 필요성을 유발시켰다. 소비자와 시장정보의 중요성은 조사에 대한 수요로 이어졌다. 조사방법에 대한 강의가 개설되었지만 광고조사는 더디게 발전되었는데 이는 사회과학적 방법론이 아직 정착되지 못했기 때문이다. 1930년대에 이르러서 이론적 배경을 토대로 한 체계적이고 과학적인 조사기법이 등장하기 전까지 광고조사의 영역과 기법은 기초적인 선에 머무르는 경향을 보인다. 광고인들이 관심을 나타낸 주제는 '구매 대중은 누구인가?', '대중의 취향과 욕구는 무엇인가?', '어떤 광고가 가장 효과적인가?'였다.

광고 제작자는 소비자의 입장에서 상품에 대한 느낌과 문제점을 알아보기 위해 직접 판매에 나서기도 하고, 소비자의 사용실태를 관찰하기도 했으며, 주부를 대상으로 인터뷰를 실시하기도 했다. 또 잡지나 신문 등에 소비자가 오려서 보낼 수 있는 쿠폰광고를 게재했다. 회신되는 쿠폰을 토대로 소비자의 취향을 읽어 광고효과를 측정하는 방법도 이 시기에 나타난 조사기법 중 하나이다. 대표성이나 결과의 신뢰도 면에서는 한계가 있지만 대행사 직원의 친구나 가족에게 설문지를 발송해 제품 선호도나 광고에 대한 평가자료를 수집했고 특정 상품을 광고하는 데 가장 효율적인 매체와 형태가 무엇인지 파악하고자 했다. 1912년 제임스 월터 톰슨과 커티스(Curtis) 출판사는 『인구와 그 분포』라는 책을 출간해, 향후 시장조사의 기반을 마련했다. 이 책은 모든 가게를 업종별·지역별로 정리하고 주요 도시의 정확한 소비자 수, 도·소매업의 성장 추이 등을 기록해 광고인들이 캠페인과 매체 계획을 수립하는 데 큰 도움을 주었다.

광고 크리에이티브의 발전

이 시기의 광고 크리에이티브 발달에 큰 영향력을 행사한 사람은 앨버트 래스커(Albert Lasker)이다. 래스커는 근대 광고의 아버지라고 부르며 그가 활동한 1900년대 초반을 래스커의 시대라고 부르는 사람도 있다.[11] 래스커는 시카고에 위치한 로드 앤드 토머스(Lord & Thomas) 대행사의 임원으로 재직하면서 일명 '카피라이팅 스쿨'이라고 하는 당대의 대표적 광고인들을 배출했다. 래스커에게 영향을 받은 카피라이터들은 이성적 소구, 감성적 소구, 분위기 광고, reason why 광고 등 다양한 방식으로 소비자를 설득시키고자 노력했고, 확고한 근거와 논리성에 토대를 둔 소구 방식과 글쓰기 방식을 이용해 광고효과를 인정받았다.

성공적인 광고는 상품과 소비자의 욕구 사이에 불가분의 연결고리를 만들어 줄 때 탄생한다. 소비자에게 어필할 수 있는 광고 설득 방법은 이성적 소구와 감성적 소구로 분류할 수 있다. 합리적 소구라고도 부르는 이성적 소구는 상품의 기능이나 문제해결능력을 제시하는 데 주력하고, 감성적 소구는 상품을 소유하거나 선물할 때 생기는 만족도를 부각시키는 데 중점을 둔다. 일반적으로 광고 소구의 방식은 과장된 상품정보에서 브랜드 인식을 위한 이성적 소구, 감성적 소구의 순으로 흘러간다. 오늘날에는 이 같은 소구법들이 기본 상식이지만 1900년대에는 매우 창의적인 아이디어였으며, 특히 상품을 판매하는 데 감성적으로

---

11) Stephen Fox, *The Mirror Makers: A History of American Advertising & Its Creators*.

호소하는 것이 더 효과적이라는 발상은 혁명적인 것이었다.

_존 케네디와 reason why

1880~1890년대 광고에 주로 사용된 reason why 광고는 즉각적인 구매 충동을 불러일으키기보다 구매의 당위성을 강조하는 설득방식이다. 존 케네디(John E. Kenndy)에 의해 최초로 도입된 reason why 광고는 광고 메시지에 대해 소비자가 반박하기 어렵도록 논리적인 전개를 펼치는 것이 핵심이다.

케네디는 광고가 노래, 감성적인 이미지, 추상적이고 모호한 주장을 사용하는 대신 "특정 상품을 구입해야 하는 이유에 대해 구체적이고 합당한 설명을 제시해야 한다"는 소신을 갖고 있었다. '인쇄된 판매술(salesmanship in print)'이라는 그의 명언은 reason why 광고를 추종하는 이들에게 성경과도 같은 구절이 되었다. 광고는 탁월한 영업사원이 고객에게 전달할 수 있는 정보를 그대로 인쇄한 것이어야 하며 시각적·음악적 요소로 눈길을 끌기보다 특정 상품의 구매가치를 단도직입적으로 전달해야 한다고 강조한 케네디의 접근법은 당대의 유명 카피라이터인 존 파워스나 찰스 베이츠의 생각과 일맥상통한다.[12]

reason why 광고의 핵심은 논리성과 설득력, 확신성이며, 평범한 일상을 살아가는 사람들이 쉽게 이해할 수 있는 간결하고 쉬운 주장이다. reason why 광고 주창자들은 광고의 은유적이거나 시각적인 요소가 재미있기는 해도 본래 광고의 목적을 달성하기는 어렵다는 데 공감했다. 특히 케네디는 광고 수용자들을 교육 수준이 낮은 우매한 존재로 파악했는데, 이들에게 어필하려면 광고수준을

---

12) Stephen Fox, *The Mirror Makers: A History of American Advertising & Its Creators.*

너무 높게 잡아서는 안 된다고 판단했다. 1800년대 말 특허약품 광고가 딱딱하고 사무적인 어투를 사용했던 것은 reason why 원칙에 따른 메시지 전략을 사용했기 때문이다. 1903년 슈프(Shoop) 박사를 위한 광고는 reason why 광고의 고전적인 사례이다. 슈프 박사가 전국의 약국에 자신이 개발한 약을 판매하기 위해 의뢰한 광고내용은 다음과 같다.

제가 나눠드리는 책은 무료입니다. 제가 하는 치료도 마찬가지입니다. 만약 효과가 없다면 무료입니다. 그러나 효과를 본다면, 만약 치료에 성공해 귀하가 건강을 되찾는다면 5달러 50센트를 청구하겠습니다. 또 제 약을 한 달 동안 무료로 복용할 수 있도록 귀하의 거주지 근처에 살고 있는 약사를 소개해드리겠습니다. 만약 효과를 본다면 귀하가 부담하는 비용은 5달러 50센트입니다. 만약 효과가 없다면 약사는 제게 청구서를 보낼 것입니다.[13]

_존 파워스와 정직성

특허약품광고가 지나치게 과장된 카피로 광고에 대한 소비자의 신뢰를 침식시키고 사회 전반에 걸쳐 광고에 대한 부정적 시각을 야기했다면, ≪애드버타이징 에이지(Advertising Age)≫[14]를 통해 광고의 아버지라고 불리게 된 존 파워스

---

13) Juliann Sivulka, *Soap, Sex, and Cigarettes: A Cultural History of American Advertising.*
14) ≪애드버타이징 에이지≫는 마케팅과 매체에 관한 자료분석, 광고계 동향과 뉴스 등을 전달하는 주간지로 1930년 시카고에서 발간되기 시작했다. 광고인들과 광고 관련 업무 종사자들에게 가장 널리 읽히는 정기 간행물로서 신뢰할 수 있는 기사와 칼럼을 게재해 권위를 인정받고 있다.

(John Powers)는 정직하고 간결한 카피로 광고의 새 지평을 열었다. 파워스는 보험 판매원으로 일하다가 《더 네이션(The Nation)》이라는 신문을 발행한 경력이 있으며 이후에는 상업적 글쓰기에 주력했다.

파워스의 광고 카피는 정직한 내용과 수식어구 없는 담백한 문장을 중요하게 여겼다. 그는 여러 광고를 통해 소비자의 신뢰를 얻었고 구매를 설득시키는데 정직한 광고가 매우 효과적이라는 사실을 입증했다. 파워스의 카피는 기존의 카피와 완전히 달랐다. 기존의 카피가 장문의 과장된 문구였다면 파워스는 단도직입적 문구를 사용했다. 두세 단어로 구성된 짧은 머리기사와 간략한 일화, 눈길을 끄는 슬로건으로 알기 쉽게 메시지를 전달했으며, 판매 소구점은 "제품이 사용자에게 무엇을 해줄 수 있는가"에 집중되었다. 만약 제품에 문제점이나 한계점이 있으면 솔직하게 인정했다. 다음은 파워스의 대표적인 작품인 펄 탑(Pearl Top) 램프등피의 광고 카피이다.

살림을 하면서 겪는 작은 문젯거리 중 하나는 램프의 등피가 부서지는 것입니다. 등피 가격이 싼 것도 아닙니다. 그런데 바꾸면 또 부서집니다. 여러분은 등피가 부서질 때마다 '알 수 없는 조화'라고 생각하며 그냥 넘어가지만, 아닙니다. 등피가 제대로 만들어지지 않아서 그렇습니다. 유리는 식는 순간에 터집니다. 등피 생산자는 개당 2센트의 추가 이익을 남기면서도 램프등피가 부서지는 불편함과 그로 인해 발생하는 비용을 소비자에게 떠넘기고 있습니다. 하지만 펄 탑 램프등피는 부서지지 않습니다.

과장되고 거창한 문구에 식상한 소비자들에게 파워스의 담백하고 솔직한 구어체 광고는 큰 호응을 얻었다. 그리고 정직성을 주제로 한 광고들이 연달아 나왔다. 파워스는 정직함을 광고전략으로 앞세워 계속 성공을 거두었는데, 그의 카피 방식은 reason why의 연장선상에 있다고 할 수 있다.

_클로드 홉킨스와 선제주장 기법

클로드 홉킨스(Claude Hopkins)는 자사 제품이 왜 구매할 가치가 있는지에 대해 다른 제품과 뚜렷하게 차별화되는 이유를 제시해서 소비자의 구매욕구를 불러 일으키고자 했다. 이것은 간단한 것 같아도 결코 쉬운 작업이 아니다. 구매를 위해 제시한 reason why가 제품과는 관계없는 경우가 많고, 특정 제품의 장점은 같은 상품군에 속한 다른 제품과 겹치는 경우가 많기 때문이다.

이런 맥락에서 본다면 홉킨스가 개발한 메시지 전략을 '선제적 reason why'라고 불러야 할 것이다. 예를 들어 홉킨스는 슐리츠 맥주를 판매하기 위해 '살아 있는 증기로 세척한다(washed with live steam)'는 카피를 제시했고 그 결과 다른 맥주보다 더 위생적이라는 인상을 만들어냈다. 그러나 당시 슐리츠(Schlitz) 사뿐만 아니라 모든 맥주회사가 맥주병을 증기로 세척하고 있었다.

홉킨스는 경쟁사의 제품을 언급하거나 가격을 비교하지 않았다. 오직 제품의 특성만을 강조했지만 대부분의 경우 이런 특성은 다른 회사의 제품에도 있는 것이었다. 단지 홉킨스는 이런 당연한 사실을 가장 먼저 제시함으로써 자사 제품만의 특성인 것처럼 각인시킨 것이었다. 홉킨스는 회전율이 빠른 소비재를 판매하는 방법에 대해 다음과 같은 견해를 밝히고 있다.

우리는 너무 보편적이기 때문에 아무도 말하지 않는 사실을 말한다. 우리가 말하는 사실은 우리 제품만의 장점이 아니다. 아마도 수천 개의 기업이 유사한 제품을 생산할 것이다. 너무 당연해서 말할 필요도 없다고 생각하는 제품정보나 특징을 말해보라. 그러면 그 특징이 당신 제품의 전유물로 여겨질 것이다. 만약 다른 사람들이 훗날 같은 주장을 한다면 당신의 제품을 광고해주는 결과를 초래할 것이다.[15]

선제주장 기법에서 가장 중요한 점은 광고에 결코 거짓말을 해서는 안 된다는 것이다. 진실을 말하되 특별한 방식으로 보여주어야 한다는 것이 홉킨스의 주장이다. 그의 광고전략이 잘 드러난 캠페인으로는 1920년대 펩소덴트 치약 광고가 있다. 펩소덴트는 명성이 높은 브랜드였지만 회사는 경영난에 처해 있었고 광고는 더욱이 형편없었다. 하지만 홉킨스가 펩소덴트 치약 광고를 담당하고 4년 뒤에는 가장 잘 팔리는 치약으로 급부상했으며 높은 매출은 1950년대까지 이어졌다. 홉킨스는 치약을 광고하기 위한 논리적인 설득법이 충치예방을 강조하는 것임을 알았지만 사실 치약이 충치를 예방하지 않는다는 것 또한 알고 있었다. 펩소덴트를 포함한 모든 치약은 튜브 속에 든 젤 형태의 마모제에 지나지 않았다. 홉킨스는 이미 진부해진 충치나 청결 같은 요소를 강조하는 대신 '치아를 덮는 미끈거리는 필름'에 주목했다. 치아에 혀나 음식 같은 부드러운 물질이 닿으면 미끈거린다는 느낌이 드는데, 이것은 치아가 펠리클 멤브레인(pellicle membrane)이라는 물질로 코팅되어 있기 때문이다. 홉킨스는 이 코팅필름에 수백만 마리의 세균이 살고 있다는 정보를 제공하고 펩소덴트 치약으로 양치를 하면

---

15) C. Hopkins, *My Life in Advertising and Scientific Advertising*(New York: McGraw Hill, 1966), pp.84~85.

나쁜 코팅필름을 제거할 수 있다는 메시지를 전달했다. 또 광고에 세균 제거뿐만 아니라 이성에게 더 매력적으로 어필할 수 있다는 의미까지 담았다. "마술은 아름다운 치아에 있습니다. 미끈거리는 필름을 제거하세요"라는 슬로건에서 '마술'은 광고모델로 등장한 남녀의 애정 관계를 암시한다. 또 여성의 환한 미소를 "펩소덴트 미소(pepsodent smile)"라고 명명했는데, 이 같은 조어를 통해 펩소덴트 치약을 사용하는 소비자는 이성의 매력을 끌 수 있는 마술 같은 미소를 지을 수 있음을 효과적으로 부각시켰다.

_어니스트 엘모 컬킨스와 감성적 접근

케네디나 홉킨스가 사실에 입각해서 광고의 핵심을 찾고자 했다면 어니스트 엘모 컬킨스(Ernest Elmo Calkins)는 감성적으로 광고에 접근한 인물이다. 20세기 초 카피라이터는 하나의 직업이 아니라 작가 지망생들이 생계를 유지하기 위해 부업 삼아 일하는 경우로 여겨졌다. 하지만 광고 카피가 문학성을 띠게 되자 이런 세태에 반발하는 사람들이 등장했다. 컬킨스가 그중 한 명이었다.

컬킨스는 카피란 단어를 나열하는 것이 아니라 디자인과 텍스트가 결합된 것이며, 이렇게 완성된 결과물이 설득력 있는 광고가 될 수 있다는 철학을 갖고 있었다. 그는 대부분의 기업이 브랜드에 승부를 거는 시장 환경에서 광고가 승패를 좌우하는 핵심요소라고 보았다. 컬킨스는 중간 영업사원이나 소매상이 아닌 실제 소비자를 대상으로 상품을 판매하는 시기가 도래했으며, 광고는 새롭고 신기한 상품보다는 꾸준히 소비될 수 있는 고품질의 일상제품을 판매하는 데 주력해야 한다고 강조했다. 또 광고인은 단순한 지면 중개상의 역할에서 벗어나야 한다고 했다. 이전의 광고인들이 업계에서 쌓은 인맥과 영향력을 동원해 지면을 저렴하게 살 수 있는 능력을 강조했다면 이제는 지면에 어떤 내용을 채워 넣을 것인가에 관심을 기울여야 한다고 생각했다. 컬킨스가 생각하는 광고의 첫 번째 임무는 소비자의 관심을 끄는 것이었다. 이를 위해서는 신문이나 잡지에서 외형 디자인의 비중을 높여야 한다고 강조했다. 컬킨스는 후일 말하길 자신이 광고계에 공헌한 바는 광고의 외형수준을 향상시킨 것이라고 했다. 평생토록 광고 카피뿐만 아니라 디자인과 레이아웃, 외적 표현에서 풍기는 독특한 분위기에 신경 썼던 컬킨스의 광고는 그의 진술을 입증해준다.

_분위기와 뉘앙스 : 맥마우스의 캐딜락 광고

소비자는 단도직입적인 메시지에 설득당하지만 약간의 힌트나 암시로도 충분히 심리적 변화를 일으킬 수 있다고 컬킨스는 생각했다. 이 생각은 제너럴모터스(General Motors, GM) 사의 카피라이터로 일한 시어도어 맥마우스(Theodore McMaus)의 캠페인에 의해 입증되었다. 1915년에 실시된 캐딜락의 "리더십에 따르는 고통(penalty of leadership)" 광고는 감성적인 분위기의 위력을 드러낸 대표 사례이다. 캐딜락은 아무나 소유할 수 없는 고가의 자동차였다. 그래서 맥마우스는 자동차의 구매를 유도하기보다는 소비자들에게 캐딜락이 신뢰할 수 있는 자동차라는 이미지를 심어주는 데 주안점을 두고 수년에 걸쳐 지속적인 노력을 꾀했다.[16]

맥마우스가 광고를 맡을 당시, 6기통 엔진 자동차로 명성을 쌓아온 캐딜락은 경쟁사인 패카드(Packard) 사를 누르기 위해 8기통 엔진을 개발했는데, 신형 엔진

---

16) Stephen Fox, *The Mirror Makers: A History of American Advertising & Its Creators.*

에서 몇 가지 결함이 드러났다. 패카드 사는 이 상황을 캐딜락을 공격하기 위한 절호의 기회로 삼았지만 맥마우스는 사람들의 보편적인 정서에 어필하는 잔잔한 에세이 한 편을 잡지에 게재해서 캐딜락 브랜드 전체가 불신에 빠질 수 있던 상황을 슬기롭게 잠재웠다. 이 광고는 중산층이 주된 독자였던 ≪세터데이 이브닝 포스트(Saturday Evening Post)≫에 1915년 1월 2일 단 한 차례 게재되었다. 페이지 오른쪽 가장 위에 위치한 캐딜락 로고를 제외하고는 어디에도 캐딜락 브랜드명이 등장하지

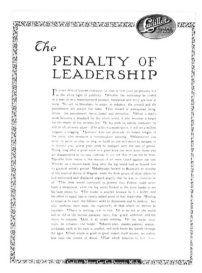

〈사진 2.9〉 페널티 오브 리더십 광고 전문. 탁월한 품격을 발휘해 제품에 대해 한마디도 언급하지 않고 실추될 뻔한 캐딜락의 이미지를 지켜냈다.

않는다. 그뿐 아니라 문제의 8기통 엔진에 대한 이야기도 전혀 없었다. 세상을 살다 보면, 특히 누군가를 이끄는 지도자의 입장에 서 있다 보면 상처받을 때가 있다는 평범한 이야기를 아름다운 문체로 적은 에세이가 전부였다. 그러나 이 에세이는 다른 자동차보다 캐딜락이 우월하다는 분위기를 만드는 데 성공했고, 전국에서 광고 복사본을 얻고 싶다는 요청이 쇄도했다. 캐딜락의 품격과 브랜드 신뢰도에 중점을 둔 '페널티 오브 리더십' 광고는 직설적인 메시지보다 우회적인 암시가 훨씬 설득력을 발휘할 수 있다는 사례로 광고 역사에 남아 있다.

1880년대에서 제1차 세계대전에 이르기까지 광고 카피는 발전과 성숙을 거듭하면서 두 가지 상이한 접근 방식을 만들어냈다. 예술성이 강조된 컬킨스 식 광고와 이성적이고 사무적인 케네디와 홉킨스 식 광고이다. 이 같은 상이한

광고 설득방식은 순환하듯 우열을 겨루며 공존했는데, 이것은 흄(T. E. Hume)이 말한 추의 원리와 같다. 즉 모든 사회현상은 마치 시계추와 같아서 한쪽으로 치우치면 반대쪽으로 돌아가려고 하기 마련인데 광고 역시 그런 양상을 보여준다. 감성적 접근이 정점에 달하면 이성적이고 합리적인 접근이 정점의 자리를 빼앗는다. 그렇게 뺏고 뺏기는 과정이 반복되면서 끊임없이 광고의 매력이 지속되는 것이다. 이렇게 주기적으로 달라지는 광고 표현전략은 21세기에도 꾸준히 이어질 것으로 보인다.

카피를 중심으로 광고가 발전했지만 디자인 영역에서도 정교한 이미지와 예술성이 강조되는 양상을 관찰할 수 있다. 신고전주의와 근대주의의 가교 역할을 하는 아르누보 표현방식을 적극적으로 도입했기 때문이다. 아르누보(art nouveau)는 1890년경에 가시화되어 1905년경 정점에 달한 예술 표현양식이다. 누보(nouveau)는 프랑스어로 '새롭다'는 의미인데 이는 아르누보가 산업혁명에 대한 예술계의 반응으로 등장했기 때문에 붙여진 이름이다. 기술적인 진보를 심미적 예술성과 결합시키고자 한 것이 아르누보 정신의 핵심이며 공장에서 대량생산되는 상품들에 고전적 미술 양식을 가미해 예술의 경지로 끌어올리려는 열망이 내재되어 있었다. 고전예술과 응용예술의 경계를 허물어 생활 속 모든 일상품에 예술성을 부여하고자 한 아르누보 정신은 강한 장식성, 고전풍이 가미된 디자인 등에 잘 나타난다. 광고는 아르누보 스타일을 도입해 장식성이 강하고 아름다운 시각 이미지를 표현하고 있다. 아르누보가 한풀 꺾인 1920년대부터는 모던한 생활방식을 촉진시키기 위해 아르데코가 적극 도입되었다. 이집트와 아스텍의 건축 양식에서 분위기를 따온 아르데코는 기하학적인 선과 길게 왜곡된 인체 모양, 단순한 도형 형태를 사용해 사물을 표현하는 미술 사조이다. 광고계는

〈사진 2.10〉 아르누보 광고들. 아르누보의 특징은 광고의 글씨체나 배경에서 나타나듯이 일상적인 것에도 예술성을 가미하려는 것이다. 앉아 있는 남성의 뒤로 보이는 장식성이 강한 문양(왼쪽)에 아르누보의 특징이 잘 드러나 있다.

근대성을 띤 신상품 이미지를 나타내는 데 가장 적절하다고 여겼기 때문에 아르데코 식으로 표현된 상품 이미지들을 대거 생산했다. 이처럼 광고는 정치, 경제, 사회, 문화, 미술, 건축 등을 망라하며 발 빠르게 사회를 반영해간다.

광고개혁운동: 소비자 운동의 등장과 허위광고에 대한 규제

1890~1890년대 특허약품 광고에 사용된 기법 중에 대표적인 것은 뉴스 머리기사를 모방한 형태였다. 특허약품 제조업자들은 종종 사설 형태의 뉴스를 모방해서 광고와 뉴스를 구별하기 모호하도록 만들었다. 뉴스형태 광고의 한 사례를

들어보면, "길거리에서 남자가 쓰러져 죽다" 같은 주목할 만한 머리기사를 먼저 제시한다. 그리고 길에 쓰러진 사람을 발견한 행인이 근처 약국에서 구입한 약품을 먹였더니 그 사람이 다시 살아났다는 이야기가 전개된다. 사람들이 이런 허무맹랑한 이야기를 전적으로 사실이라고 받아들이지는 않았지만 이 광고를 실시한 약품은 1800년대 후반에 다른 제품들보다 높은 매출을 올렸다. 특허약품들은 20세기 초, 약품의 성분과 효능에 대한 조사가 이루어져 마약이나 알코올 등의 위험 물질이 다량으로 함유되어 있다는 사실이 밝혀지기 전까지 꾸준한 판매량을 보였다.

의회는 1906년에 법안을 통과시켜 특허약품의 모든 성분을 레이블에 정확하게 명기하도록 의무화한다. 이러한 결정에는 개혁을 추구하고자 한 당시의 사회 분위기가 그대로 반영되어 있다. 1880~1920년대는 이른바 사회개혁의 시대이다. 이때 산업화의 부작용을 경험해온 미국사회는 정치적·경제적·사회적·도덕적인 개혁과 진보를 이룩하고자 힘썼다. 사회 전반에 걸쳐 사회복지의 강화, 공교육 확산, 아동노동의 금지 등 다양한 사회문제가 제기되었고 동시에 개선되었는데, 개혁 대상에는 광고도 포함되어 있었다.

광고개혁의 일차 대상은 과장되거나 검증되지 않은 정보를 대거 제시했던 특허약품광고였다. 특히 잡지들은 특허약품광고의 진정성에 대해 강도 높은 의문을 제기하고 허위사실의 게재를 폭로했다. 마약이나 알코올 성분 등이 들어 있는데도 이를 명시하지 않고 만병통치약인 것처럼 광고했던 약품에 대한 고발이 이어지면서 과장광고는 대중의 분노를 유발시켰다. 여성전용 약품을 개발해 큰 성공을 거둔 리디아 핑컴도 공격의 대상이 될 만큼 광고개혁운동은 강도 높게 진행되었다.

잡지와 광고

신문은 널리 읽히지만 지역 매체인 탓에[17] 전국의 소비자에게 도달하는 데 한계가 있었다. 그래서 광범위한 지역을 대상으로 소비재를 생산하는 기업 입장에서는 전국적으로 유통되는 잡지를 더 매력적인 매체로 여겼다. 내용의 특성상 잡지는 광고를 게재하는 데 소극적인 입장을 취했으나, 잡지의 수가 늘어나면서 잡지의 원래 정체성인 사회문제 폭로만으로는 경쟁에서 살아남기가 힘들어지자 점차 광고를 허용하고 기사내용도 다양해지게 된다.

1883년 발간된 ≪레이디스 홈 저널(Ladies' Home Journal)≫ 잡지는 주로 여성들의 관심사를 다뤘는데, 발간 초기부터 광고 게재를 적극적으로 허용해서 잡지 단가를 파격적으로 낮추는 전략을 채택했다. 소수 엘리트층을 독자로 삼은 다른 잡지와 달리 ≪레이디스 홈 저널≫은 평범한 주부들을 대상으로 요리, 육아, 패션, 가족생활 등 일상의 관심사를 다루었다. 이 잡지의 발행부수는 급격히 늘어났고 신제품을 출시하려는 광고주들에게 매우 매력적인 매체로 비춰졌다. 여성이 가정 소비의 80% 정도를 결정한다고 추정한 1900년경의 광고 전문가들은 ≪레이디스 홈 저널≫에 광고를 게재하면 광고주들에게 가장 영향력 있는 소비자 집단인 여성과 소통할 수 있다고 생각한 것이다.

≪레이디스 홈 저널≫의 발행인인 사이러스 커티스(Cyrus Curtis)는 이 잡지가 ≪트리뷴 앤 파머스(Tribune & Famers)≫의 별책부록[18]이라고 말했는데, 애초에

---

17) 신문이 전국적 매체인 국가는 한국·일본·영국 등이며, 미국에서 전국지는 ≪워싱턴 포스트(The Washington Post)≫, ≪크리스천 사이언스 모니터(The Christian Science Monitor)≫ 등 극소수에 불과하다. 대다수 신문은 특정 도시, 심지어 더 작은 행정 단위를 영역으로 한다.

광고주를 염두에 두고 기획되었음을 알 수 있다.[19] ≪레이디스 홈 저널≫의 성공은 다른 간행물들이 권당 가격을 낮추고 대규모 광고를 허용하는 노선으로 선회하는 기폭제 역할을 했으며 잡지 역시 신문과 마찬가지로 광고를 주된 수입 원으로 삼게 만들었다.

주요 광고상품: 자동차

20세기에 등장한 소비상품 중에 최고를 꼽으라면 역시 자동차이다. 그러나 자동차가 처음 등장했을 무렵에, 공간의 장애를 극복할 수 있게 해준 이 놀라운 발명품에 대한 심리적 거부감도 만만치 않았다. 특히 전차나 말을 이용해 수송 일을 하던 사람들의 반발이 거셌다. 루스벨트 대통령을 비롯한 지도층 인사들도 자동차를 타고 마차를 뒤따르게 하는 등 자동차를 수용하는 데 다소 조심스러운 태도를 보였다.[20]

최초의 자동차 광고는 홍보성 기사 형태였다. 자동차 경주 대회를 열어 기자 들의 취재를 유도했는데 기사를 보고 관심이 생긴 사람들이 경주장에 몰려들기 시작했다. 구경꾼이 늘어나면서 직접 자동차를 운전해보고 싶어 하는 사람도 많아졌다. 이처럼 홍보성을 띤 행사와 신문, 잡지를 통한 광고를 병행하면서

---

18) ≪레이디스 홈 저널≫은 발간 초기에 여성잡지인 ≪트리뷴 앤 파머스≫ 구독자에게 무료로 배포되었다.

19) H. Dammon-Moore, *Magazines for Millions Gender and Commerce in the Ladies' Home Journal and the Saturday Evening Post 1880~1910*(Buffalo: State University of New York, 1994).

20) Charles Goodrum and Helen Dalrymple, *Advertising in America: the First 200 Years*(New York: Harry N. Abrams, Inc., 1990).

자동차기업들은 새로운 발명품을 생활의 일부로 정착시키고자 노력했다. 초기의 자동차 광고는 안전성과 내구성, 작동의 용이성을 알리는 데 중점을 두었다. 비용부담이 적다는 사실을 알리고 안전성을 드러내는 것은 자동차뿐만 아니라 신기술로 만들어진 모든 기기가 등장할 때 강조하는 부분이다.

1903년 사회경제적으로 지위가 높은 사람들이 주로 구독한 ≪세터데이 이브닝 포스트≫에 "너무 간단해서 열다섯 살 소년도 운전할 수 있습니다"라는 광고가 등장했다. 이 광고는 자동차는 기차가 가지 못하는 곳까지 갈 수 있고, 말보다 관리하기가 쉬우며, 중간에 쉬지 않고도 목적지에 갈 수 있다고 강조했다. 당시 주요 교통수단인 열차나 마차의 단점을 보완해줄 수 있는 강점을 집중적으로 부각시킨 것이다. 또 자동차가 가져다줄 수 있는 부가적 가치도 진술하고 있는데, 시골 사람들은 자동차를 이용해서 단조로운 농장 생활에서 벗어날 수 있고 도시 사람들은 탁 트인 야외로 나가는 기쁨을 누릴 수 있다는 것이다. 한마디로 광고 속 자동차는 모든 사람에게 혜택을 주는 신기술로 제시되는 양상을 보인다.

1899년경 미국 전역에는 8개의 자동차 생산기업이 경쟁하고 있었다. 대다수 회사는 오랜 시간이 걸리고 장인 정신이 필요한 수작업 공정을 통해 차량을 소규모로 생산했다. 당연히 자동차는 고가의 상품으로 분류되었고 상류층만이 소유할 수 있는 희귀한 소비재였다. 이런 상황에서 헨리 포드(Henry Ford)는 소수 특권층이 아닌 일반대중도 자동차를 소유할 수 있도록 하겠다고 생각하는데, 1908년 불필요한 기능을 제거한 T-카를 개발해 약 850달러의 가격에 출시한다. 당시 다른 자동차 가격이 약 1,500달러에서 2,750달러에 이른다는 점을 감안한다면 파격적인 가격의 자동차가 등장한 셈이다. 포드가 이처럼 저렴한 가격으로 자동차를 생산할 수 있었던 이유는 기계화된 생산공정을 도입했기 때문이다.

'포디즘(Fordism)'이라는 용어까지 탄생시킨 포드 식 생산방법은 세분화된 공정을 통해 노동자가 자신이 맡은 업무만 반복적으로 수행하는 컨베이어 벨트 (conveyor belt) 식 생산법이다. 1915년 포드(Ford) 사는 자동차 조립라인 공정을 이용해 1시간 반 만에 T-카 한 대를 조립하게 되었다. 그 결과 하루에 자동차를 1,000대나 생산할 수 있었고 T-카의 가격은 절반으로 떨어졌다. 그리고 1924년에 다시 그 절반 가격으로 내릴 수 있었다. 이때 포드 자동차의 광고 카피는 "가장 저렴한 가격의 2인승 자동차(The Lowest Price Two-Passenger Car)"였다. 포드 자동차의 대중적인 보급에 가격이 가장 큰 역할을 했음을 알 수 있다.

헨리 포드는 광고에 그다지 우호적이지 않았다. 광고를 하기는 했지만 T-카의 안전성이나 내구성, 간편한 작동 방식, 저렴한 가격 등 기계적인 정보를 전달하는 것만 허용했을 뿐 자동차의 외관이나 자동차를 소유해서 누릴 수 있는 부가적인 가치에 대해서는 아무런 언급도 하지 않았다. 반면 포드 사의 경쟁사인 제너럴 모터스, 링컨, 패커드 사는 자동차의 색상이나 끝마무리 선 같은 스타일을 강조한 광고를 만들어 대조를 보였다. 운송수단에 지나지 않았던 자동차가 자기만족감을 충족시키고 타인에게 과시할 수 있는 도구로 제시되기 시작한 것이다.21) 점차 광고 이미지도 사회경제적 지위에 소구할 수 있는 형태를 띠게 된다. 기사가 운전해주는 리무진에 탑승한 세련된 신사의 이미지를 통해 사회적인 능력을 시사하고, 도로를 따라 달리며 행복한 휴가를 만끽하는 세단 속의 가족은 중산층의 작지만 안정된 성취를 상징한다. 또 젊은 연인들이 탄 무개차는 앞으로 펼쳐질 아름다운 로맨스를 보장하면서 자동차의 구매를 권유한다.

21) Charles Goodrum and Helen Dalrymple, *Advertising in America: the First 200 Years.*

1910년경에는 자동차 광고가 제품 사양을 설명하는 방식에서 탈피해, 진보한 스타일이 자동차를 선택하는 데 중요한 요소임을 강조한다. 자동차 광고가 주목한 스타일에 대한 강조는 수명주기의 도입으로 이어져 자동차에 인위적인 수명을 부여하는 전략을 낳았다. 자동차를 생산하는 기업들은 매년 자동차의 디자인을 바꾸면서 이전에 출시된 자동차가 유행에 뒤떨어지는 구식 상품, '쓸모없는' 것으로 인식되게 했다. 엔진이나 주요 내부 부품의 변화가 아닌 외관 변화에 치중하는 자동차업계의 전략은 소비주의를 확산시키는 데 크게 기여했다. 광고는 자동차의 개선된 외양을 강조하면서 자동차를 구매하는 고객에게 가장 새롭고, 가장 크며, 가장 세련된 자동차를 구매하도록 설득했고 그 결과 차를 두 대 이상 소유한 가구가 급증하게 된다.

자동차 수가 증가하자 운전자의 관심을 끌기 위한 옥외광고 역시 성장했다. 또 자동차 생산기업이나 자동차 관련 기업의 옥외광고도 지속적으로 성장해 1915년경에는 옥외광고가 광고의 중요한 영역으로 정착했다. 자동차 광고가 증가하면서 굿이어 타이어, 코카 콜라, 카네이션 밀크 등 자동차 여행에 필요한 부품과 먹을거리와 관련한 옥외광고들이 도로변에 대거 등장했다.

제3장
전쟁 전후의 경제성장 그리고 대공황

전쟁과 광고
전후사회의 변화
광고 크리에이티브 전략
_객관적 정보전달에서 일상적 공감대의 형성으로
_소비사회에 적응하는 가이드라인 제시
_여성의 소비자화
광고와 여성 흡연의 사회적 정당화
광고대행사의 변화
대표적인 대행사들
대공황과 광고 : 1930년대
_사회적 배경
_광고 메시지 전략 : 하드셀과 선정성
_광고조사의 발전
_라디오와 광고

*

전쟁과 광고

전쟁은 파괴와 죽음을 동반하는 가장 비극적이고 우울한 상황이다. 반면 광고는 새로운 상품으로 가득하며 소유의 기쁨과 즐거움이 과장되게 그려지는 공간이다. 이런 광고가 전쟁을 만나면 어떤 양상을 보일 것인가? 전쟁기의 광고는 소비의 기쁨은 잠시 미루어두고 전쟁을 효율적으로 수행하기 위해 사회적인 노력과 협력을 독려하는 프로파간다적 성격을 보여준다. 평화로운 시기와는 사뭇 다른 광고의 모습은 제1차 세계대전과 제2차 세계대전, 이후 다른 대규모 전쟁을 통해 공통적으로 관찰할 수 있다. 정부기관이나 적십자 등과 같이 광고활동과 관계없는 기관들이 대형 광고주로 등장하며, 일반 기업은 국민의 정서를 고려해 상품광고를 최소화하고 대신에 주로 애국적인 광고 메시지를 전달해서 긍정적인 기업 이미지를 쌓고자 한다.

제1차 세계대전은 광고업계가 그동안 축적해온 저력을 발휘하고 광고와 홍보를 넘나드는 유연성을 발휘할 수 있는 기회를 제공했다. 광고대행사 중에 선두주자들이 만든 전쟁자문위원회(National War Advisory Board)는 정부가 전쟁자금을 조달하고 병사들을 징집하는 데 일조했으며, 이후에는 정부 홍보기관의 일부로 편입되어 전쟁의 대의명분을 정당화하고 전쟁 수행에 필요한 기금을 모으는 데 크게 기여했다. 또 광고주의 상품이 전쟁을 수행하는 데 어떻게 기여하는가를 알리는 데도 주력했다. 이렇듯 기업이 제품광고 대신 전쟁의 성공적 수행을 지원하는 방향으로 광고의 주제를 잡은 까닭은 국가가 위기에 처한 사태에서 소비재를 광고하는 것이 기업 이미지에 손상을 줄 수 있다는 판단을 내렸기 때문이다. 실제로 많은 제조기업이 소비재 생산에서 군수물자 생산으로 전환을 시도해 군산복합체의 일부로 편입되었다. 전쟁채권 판매, 육군과 해군 모집, 군수산업 종사자의 사기 증진, 식량과 자원의 절약 촉진 등 전쟁을 수행하는 데 광고가 일조한 영역은 다양하다.

미국을 상징하는 엉클 샘(Uncle Sam)이 광고 수용자에게 손가락을 겨누면서 "미국 육군은 당신을 원합니다(I want YOU for US army)"라고 말하는 포스터, 상처 입은 병사를 안고 있는 성녀 이미지의 간호사가 종군 간호사에 지원할 것을 촉구하는 적십자의 포스터, 전시안보 강화를 강조하며 스파이 활동의 감시를 장려하는 포스터 등이 대표적인 사례이다. 많은 젊은이에게 군대 입대의 의무감을 심어준 엉클 샘 포스터의 제작자 제임스 몽고메리 플래그(James Montgomery Flagg)는 전쟁이 끝난 후에 "우리는 전쟁에 나가서 싸우기에는 너무나 겁이 많았거나 나이가 들어서 (광고) 재능을 이용해 젊은이들을 전장으로 내몰아 총알받이가 되게 했다. 그것으로 위안을 얻었다. …… 우리는 젊은이들에게 전쟁을 팔았다"라며 회한을 표현했다.[1] 마음만 먹으면 광고는 전쟁까지 팔 수 있었던 것이다.

---

[1] Mark Tungate, *Ad Land: A Global History of Advertising.*

〈사진 3.1〉 젊은이들에게 군대에 지원할 것을 촉구하는 엉클 샘 광고(왼쪽)와 성녀 이미지의 간호사를 등장시킨 적십자 광고(오른쪽).

광고대행사의 프로파간다 활동은 대중의 감정을 자극했고, 전쟁채권 구입 캠페인 역시 대중에게 큰 공감대를 형성했다. 전쟁은 광고인이 국가를 위해 애국 충정을 바칠 수 있는 기회를 제공했을 뿐만 아니라 정·재계의 영향력 있는 인사들에게도 광고의 힘과 역할에 대해 강한 인상을 심어주는 데 이바지했다. 제1차 세계대전 중에 광고인들이 전쟁 수행에 적극적으로 기여하는 모습을 본 사람들은 그간 형성되어 있던 기업에 대한 불신을 상당 부분 해소하게 되었다. 전쟁채권 판매, 전투참여 인력동원 등으로 나타난 광고인들의 활동은 광고가 사람들에게 영감을 불어넣어 애국적인 행위를 유발시킬 수 있다는 인식을 불러일으켰고 광고인에 대한 시각도 긍정적으로 바꾸어놓았다. 전쟁을 거치면서 광고인들은 전문적인 직업인으로 사회적 승인을 받게 되었다.

전쟁의 경험은 광고가 사람들의 마음을 움직이고 생활습관을 변화시키며 특정 정책노선이나 주의에 대한 신념과 가치관을 창조하는 것도 가능하다는 것을 입증해주었다. 전시광고활동에서 얻은 교훈은 후일 술이나 담배 같은 각종 기호식품에 대한 사회적 인식을 바꾸기 위한 캠페인에 적극 도입되었다.

전쟁 중에는 세제법안이 적용되어 광고비용이 면세대상으로 처리되었다. 이러한 세제혜택은 기업의 광고예산 확대로 이어지면서 지면을 사용하는 관행에 적잖은 변화를 가져왔다. 1918년 전쟁이 끝나자 광고비 지출에 소극적이었던 기업들도 전면광고를 도입하는 등 과감한 투자를 시작했고, 기업들은 광고예산을 증가시켜 소비자 경제성장에 박차를 가했다. 1919년에서 1920년에 걸쳐 전후 경기가 되살아나면서 대다수 미국인의 실제수입이 증가했고 할부판매가 전성기를 누리게 되었다. 이에 병행해 광고량은 과거 어느 시기보다 방대해졌다.

전후사회의 변화

대부분의 전쟁은 승전국에게 경제발전의 기회를 제공한다. 미국도 전쟁을 통해 거대 산업국가로 거듭났다. 생산성을 향상하기 위한 기업의 대대적인 노력으로 상품이 넘쳐났고, 노동자의 임금이 인상되었으며, 여성의 사회진출이 증가함에 따라 가계소득이 늘어나면서 사회 전반에 소비를 추구하는 분위기가 확산됐다. 또 전쟁 기간에 증가한 전기 보급률은 다양한 전기제품의 구입을 촉진시키면서 일상생활을 편리하게 만들었다. 특히 냉장고의 개발로 음식을 보관할 수 있는 시간이 늘어나 가사노동의 부담이 대폭 줄었다. 덕분에 여가와 취미활동에 할애할 수 있는 시간이 늘어났고 이는 자동차 구입을 촉진시키는 주요 요인이 되었다. 또 전화가 보급되자 원거리 통신이 가능해졌으며, 많은 사람들이 라디오를 통해 뉴스와 오락을 즐기게 되었다. 1922년 약 60만 대가 팔린 라디오는 1929년에 들어서는 판매량이 무려 850만 대까지 급증했고, 자동차 역시 전후 10년 동안 600만 대에서 2,300만 대로 판매량이 4배가량 늘어났다.[2]

1920년대부터는 필요보다 욕구에 의한 소비유형이 두드러지기 시작한다. 전시에 남성 인력을 대치하면서 여성이 경제력을 획득하게 되자 화장품, 실크 스타킹 등 여성을 대상으로 한 상품이 등장했으며 패션의 유행이 주기적으로 변하는 등 소비취향이 사회적으로 만들어지는 사례를 목격할 수 있다. 특히 이전까지 금지되었던 여성 흡연을 유행 현상으로 장려하는 담배 광고 캠페인을 통해서는 필요가 아닌 사회적 욕구에 의해 소비가 창출될 수 있다는 사실이 잘 드러난다. 마찬가지로 일상에서 가장 사적인 위생 부분을 다룬 구강청정제, 악취제거제, 가정용 티슈 등이 가정의 필수품목으로 추가된 것 역시 소비욕구의 사회적 창출을 입증하는 사례들이다. 전쟁 같은 위기상황은 단시일 내에 기술을 발전시키며, 전쟁 때 개발된 기술은 전쟁이 끝나면 민간 영역으로 확산되어 신상품과 새로운 수요를 창출해낸다. 낙하산을 만들기 위해 개발된 나일론이 여성 스타킹으로 제품화된 사례나, 레이더 기술이 음식을 데우는 전자레인지로 상용화된 사례가 대표적이다.

제1차 세계대전은 전기화 · 자동화처럼 생산방식을 근본적으로 변화시켰다.

---

2) J. Kilbourne, *Can't Buy My Love: How Advertising Change the Way We Think and Feel*(New York: Touch Stone Book, 1996).

게다가 변화된 생산방식에 과학적인 경영원칙이 더해지고 생산성 향상에 대한 관심이 고조되면서 혁신을 가져오게 된다. 대표적인 사례는 포드 사의 생산방식에서 이름을 따온 포디즘이다. 포드 사는 최초로 전동화된 조립라인을 도입해 1914년 1대당 14시간이 걸리던 자동차 조립시간을 1925년에 1시간 30분으로 단축시켰다. 획기적으로 생산성이 향상되자 자동차 가격이 떨어지면서 더 많은 사람들이 자동차를 소유하게 되었다. 또 운전을 할 줄 알고 자동차를 소유하고자 했던 젊은 소비자층을 대상으로 자동차 시장을 확장시킨 결과, 1929년 자동차 보급률은 가정당 한 대꼴에 이르게 된다.

자동차 산업의 성장은 철강, 유리, 고무, 석유 산업 등 관련 업계의 발전에 영향을 미쳤으며 직접적·간접적으로 수많은 고용 기회를 창출시켰다. 또 자동차의 보급은 생활 정경도 바꾸었다. 도로량이 증가하자 교외에 주거하는 인구가 확산되고 경제적·행정적 자치 능력을 갖춘 교외 주거지인 서버브(suburb)가 형성되었다. 도심 외곽을 지칭하는 서버브가 산업화 이전에는 일자리가 밀집된 도심에서 가장 멀리 떨어진 빈민들의 거주지였다면 1920년대 이후 등장한 서버브는 교통발달과 위생개선으로 쾌적한 환경을 누릴 수 있는 중·상류층의 거주지로 탈바꿈했다. 서버브로 모여든 거주 인구를 따라 백화점, 체인점 등이 유입되면서 자연스럽게 지역소비의 중심지가 되었다.

한편 1910년경에는 더 많은 소비를 촉진시키기 위해 할부판매가 도입되었다. "지금 즐기고 나중에 지불하라"는 모토 아래 최소 계약금만 지불하면 바로 제품을 소유할 수 있는 할부판매가 처음부터 환영받은 것은 아니었다. 오히려 이 제도는 낭비나 사치의 개념으로 인식되어 비난의 눈길을 받기도 하고 기피 대상이 되기도 했다. 1900년대 이전만 해도 집이나 땅 등 아주 값비싼 자산을 제외하면 신용구매나 할부구매를 생각할 수 없는 분위기였다.[3] 그러나 자동차나 재봉틀 같은 고가의 소비재가 대량생산되면서 신용구매가 권장되었고 기업의 생산활동이 활발해지면서 할부구매가 확산되기 시작했다. "매장에 가서 묻기만 하세요. 그러면 할부구매 방법에 대해 친절하게 설명해드릴 것입니다"라고 거듭 반복하는 광고 메시지에서 볼 수 있듯이 1920년대 말에는 자동차, 가전제품, 모피 코트, 가구 등 거의 모든 고가품이 할부로 판매되었다. 원하는 물건을 사기 위해 돈을 모으며 기다릴 필요가 없어진 것이었다.

이 무렵 광고계는 경제성장, 기업규제 완화, 소비에 대한 관용적인 사회 분위기 등이 어우러져 광고가 성장하기에 최적의 사회환경을 이루고 있었다. 광고예산은 1919년 22억 달러에서 1929년 34억 달러로 10년 동안 150%나 증가했다. JWT나 BBDO 같은 광고대행사가 거둔 눈부신 성공은 제1차 세계대전 후 광고의 전성기가 도래했다는 사실을 잘 보여준다. 특히 음료, 약품, 욕실제품, 자동차가 광고시장을 주도했으며, 대행사들은 이전 시기와 달리 인간 본성에 대한 탐구와 광고효과를 측정하는 데 많은 비용을 투자했다.

광고 크리에이티브 전략

_객관적 정보전달에서 일상적 공감대의 형성으로

20세기 초, 대다수 광고는 제품 중심적이었다. 1920년대 중반까지도 객관적

---

3) Christina Mierau, *Accepting No Substitutes!: The HIstory of American Advertising*(Minneapolis: Lerner Publications, 2000).

정보전달을 위주로 공지 형태를 띠는 광고가 많았다. 어린이나 동물의 삽화를 곁들여 흥미를 유발시키는 경우가 더러 있었지만 이는 예외적인 경우였다. 마찬가지로 사람들이 음악에 맞춰 춤을 추거나 자동차를 타는 등 제품을 즐기는 방식을 보여주지 않은 건 아니지만 제품에 대한 객관적인 정보를 전달하는 데 더 주력했기 때문에 소비자들의 정서나 감정 같은 주관적 요소는 상대적으로 주변으로 밀려나 있었다. 그러나 1920년대 중·후반의 광고는 가족 활동, 사회적 성취, 굴욕적인 순간 등 소비자들이 일상에서 공감대를 형성할 만한 정서적인 내용을 주로 다루었다. 프록토 앤드 갬블(Proctor & Gamble, P & G) 사의 아이보리 비누 광고를 제1차 세계대전 이전과 이후로 나누어 비교한다면 1920년대 중반을 기점으로 광고 소구전략이 변하는 양상을 뚜렷하게 발견할 수 있다. 제1차 세계대전 이전에는 프록토 앤드 갬블이 주로 제품 위주의 광고를 선보였다면, 제1차 세계대전 이후에는 소비자 개인의 일상에 초점을 맞춘 형태가 더 지배적이다. 전쟁 전에는 "P & G 흰색 나프타 비누"라는 레이블이 붙은 비누를 클로즈업시켜 보여주고 "나프타 비누를 단순한 세탁 비누라고 생각하지 마세요. 빨래해주는 하녀라고 생각하세요"라는 슬로건을 내보내 때를 말끔하게 제거하는 제품의 효능에 집중했다. 그러나 전쟁 후에는 말괄량이 여자아이의 일러스트레이션을 광고 중심에 놓고 제품은 오른쪽 아래에 작게 배치해서 제품보다 모델의 행동과 표정에 집중했다. "토요일은 반바지를 입은 말괄량이, 하지만 일요일에 이 소녀가 달라집니다"라는 카피로, 평소에는 옷이 더러워지는 것을 신경 쓰지 않고 자유롭게 뛰놀던 소녀가 일요일 날 교회에 갈 때는 몰라보게 말쑥해진 옷차림을 하고 있다는 내용이다. 이 소녀가 말괄량이에서 숙녀로 변신할 수 있는 것은 P & G 세탁 비누 때문이다. 이처럼 제품에 큰 비중을 두던 광고가 제품을 소유하는 데 따르는 심리적 만족감에 집중하게 된 이유는 전쟁의 경험과 무관하지 않다. 제2차 세계대전 동안 히틀러는 영화를 통해 대중을 설득하는 작업을 벌였는데, 여류 감독 레니 리펜슈탈(Leni Riefenstahl)을 기용해 아리아인의 우월성을 찬양하고 히틀러를 신격화하는 영화를 제작했다. 특히 1934년에 완성된 <의지의 승리(Triump of the Will)>는 역동적인 카메라 샷과 화려한 편집 기법, 바그너의 음악 등을 적절히 배합해 히틀러의 명분을 미화시키는 데 크게 기여했다. 이 영화가 대중에게 미친 힘을 목격한 광고인들은 광고 메시지의 정서적인 측면에 지대한 관심을 보이게 되었고 감성적 설득에 상당한 관심을 할애하게 되었다.

_소비사회에 적응하는 가이드라인 제시

산업화는 사업 기회와 대량생산 기회를 제공했지만 제품 생산이 반드시 소비 시장의 존재를 보장하는 것은 아니라는 것을 경험하면서 기업들은 대량생산뿐만 아니라 대량소비가 이루어지는 시장의 중요성을 인식하게 되었다. 1920년대 이후부터 생산량의 부족이 아니라 소비의 부족이 시장의 문제로 제기되었고, 그 결과 소비자를 만들어내는 것이 광고인의 주요 역할이 되었다. 이 부분과 관련해 마천드(Roland Marchand)는 매우 흥미로운 사실을 제시한다. 그에 의하면 1920년대부터 광고는 대중에게 소비방식 및 사회관계 맺기의 교육자 역할을 자처한다. 광고가 제품의 특징을 알려주는 범위를 넘어서서 소비에 대한 취향을 배양하고 특정 상품을 사회적으로 적절하게 사용하는 방식, 심리적 만족을 얻는 방법까지 안내하기 시작한다는 것이다.[4] 그는 익명성과 상품이 대치하는 사회에서 젊은 여성들이 가정에서 자신의 역할과 가족 및 사회구성원 간의 관계를 설정하는 데 혼란을 겪고 있다고 말한다. 여성들은 구혼자나 남편과 관계를 어떻게 유지해야 하는지, 아이들을 어떻게 양육해야 하는지 누군가가 말해주기를 바랐다. 어머니 세대와는 판이하게 달라진 생활방식 앞에 이 같은 혼란을 겪는 것은 충분히 있을 수 있는 상황이다. 마찬가지로 여성들은 연일 쏟아져 나오는 로션이나 비누가 구체적으로 어떤 역할을 하는지도 알고 싶어 했다.

한마디로 사람들은 어떻게 해야 삶을 잘 향유할 수 있는지 누군가 말해주기를 원한다고 마천드는 말한다. 여기서 근대성에 대한 당시 사람들의 태도를 살펴볼 필요가 있다. 기록에 의하면 사람들은 근대성을 대체로 환영한 것으로 보인다.[5] 풍부한 물자를 생산해주는 신기술, 편리함, 안락함, 이전보다 훨씬 바쁘게 돌아가는 일상 등 산업혁명과 도시화가 가져다준 근대사회에 대해 긍정적이었다. 그러나 다른 한편으로는 많은 사람들이 기술발전으로 야기된 사회적·경제적 변화를 불안해했던 것도 사실이다. 사람들은 새로운 형태의 운송수단이나 커뮤니케이션 수단이 작은 시골 마을까지 도달할 수 있다는 사실을 반가워하면서도 한편으로는 의심하는 모순된 감정에 빠져 있었다. 삶의 질이 향상되는 데 대한 반가움과 전통사회가 해체되는 데 대한 불안감이 공존했던 것이다. 이러한 불안감을 제거하고 해소해줄 수 있는 치료책이 마땅히 확립되어 있지 않던 시점에 광고는 근대적 삶을 살아가는 지침서 역할을 수행했다. 광고가 제안하는 새로운

---

4) Roland Marchand, *Advertising the American Dream: Making Way for Modernity, 1920~ 1940*(Berkerly: University of California Press, 1985).

5) Daniel Pope, *The Making of Modern Advertising*(New York: Basic Books, 1983). Jackson Lears, *Fables of Abundance: A Cultural History of Advertising in America*(New York: Harper Collins, 1995).

PEARLS IN THE MOUTH

BEAUTY AND FRAGRANCE

Are communicated to the mouth by

SOZODONT,

which renders the teeth pearly white, the gums rosy, and the breath sweet. By those who have used it, it is regarded as an indispensable adjunct of the toilet. It thoroughly removes tartar from the teeth, without injuring the enamel.

SOLD BY DRUGGISTS
AND FANCY GOODS DEALERS.
[1884]

〈사진 3.2〉 아름다운 치아를 가진 여성이 매력 적이라는 의미를 전달하는 소조돈트 치약 광 고. 슬로건을 통해 치약이 여성의 아름다움과 향기를 보장한다고 약속하고 있다. "입안의 진 주"라는 상단의 슬로건은 미소 짓는 여성의 치 아와 그녀가 착용하고 있는 진주 목걸이를 동 일시하면서 아름다운 치아에 대한 사회적 정 의를 내리고 있다.

삶에 대한 해답은 '소비'로 귀결된다. 광고는 사람들이 열망하는 이상적인 인간관계나 삶 의 행복을 제품 사용과 연결시켜 설명했다. 예를 들어 로션이나 비누는 위생을 위해서도 필요하지만 성적 매력, 강화된 남성성, 사회 적 소속감 등 주관적이고 부가적인 만족을 위해서도 필요하다고 강조했다. 1880년대 소 조돈트(Sozodont) 치약 광고가 보여주듯이 산 업사회 초입에서 이미 광고는 진주처럼 희고 가지런한 여성의 치아가 이성에게 매력적으 로 어필할 수 있는 요소이며 사랑을 가져다 준다는 가이드라인을 제시했다. 이 광고를 통해 당시 여성들은 청결 유지라는 개인적 용도 외에도 치약의 사회적 용도에 대한 정 보를 얻게 되었다. 로맨스와 사랑 같은 부가 적 가치는 제품 자체에 내재된 것이 아니라 광고가 창조해낸 것이다.

근대 산업사회에 적응하는 방식의 가이드라인에서 눈에 띄는 것은 위생습관 의 재형성이다. 제2장에서 살펴보았듯이 20세기 초 콜게이트 치약이나 질레트 면도기 등의 광고를 통해 새로운 생활습관이 형성되고 있었다. 그러나 제1차 세계대전을 거치면서 광고가 제시하는 새로운 습관은 좀 더 은밀하고 사적이며 개인적인 영역까지 스며들었다. 빅토리아 시대에만 해도 구취, 무좀, 방향제,

변비약, 화장실 휴지 등을 공공연하게 언급하는 것은 사회적 금기였다. 화장실 휴지를 최초로 개발한 스콧(Scott) 사는 "토일렛 페이퍼(toilet paper)라고 말하지 말고 스콧이라고 말하세요"라는 슬로건을 도입했다. 그만큼 개인 위생용품은 언급하기 곤란한 대상이었다. 그러나 1920년대 광고주들은 사적인 위생을 공적 담론의 영역으로 끌어들여 깨끗한 몸, 의복, 집을 바람직한 규범으로 제시하기 시작했다.6) 동시에 위생을 개선하면 사회적으로 존경받고 이성에게 인기를 얻을 수 있다고 보장했다. 매일 샤워를 하고, 입 냄새를 비롯해 기타 신체 부위에서 악취를 풍겨서는 안 된다는 이른바 '악취의 발견'은 사회적 수치, 죄책감 등을 강조한 광고 메시지를 통해 극적인 모습으로 재현되었다. 개인의 위생을 강조하기 위해 광고에서 암시한 것은 좁은 공동 작업공간이었다. 개인주의적인 가치관을 존중하는 미국인들에

〈사진 3.3〉 개인 위생용품을 판매하기 위해 수치심과 공포를 자극하는 광고 사례. "종종 신부 들러리를 서지만 결코 신부는 될 수 없었네(Often a Bridesmaid, But Never a Bride). 이다이나는 다른 여성들처럼 결혼이 가장 큰 꿈이었습니다. 비극적인 서른 살 생일이 다가오지만 결혼은 그녀에게서 점점 멀어져 가는 것 같습니다"라는 카피는 광고사에 오래도록 남을 명카피로 평가된다. 이 카피를 쓴 밀턴 피즐리(Milton Feasley)는 1925년 여성들에게 당연하게 여겨지던 보편타당한 진실 - 여성의 행복은 결혼에 있다 - 을 활용하고 있다. 직접적인 언급은 없지만 카피 아래에 놓인 구강 청정제 리스테린은 노처녀의 비극이 구취에서 비롯되었다는 공포감을 조성하고 있다.

게 위생에 소홀하면 타인에게 불쾌감이나 혐오감을 줄 수 있다는 자각은 몹시

---

6) Roland Marchand, *Advertising the American Dream: Making Way for Modernity, 1920~1940*, pp.7~13.

당황스러운 발견이었다. 그리하여 많은 소비자들은 순순히 악취 제거에 동참했다. 악취의 사회적 발견은 비누, 구강청정제, 생리대, 화장실 휴지, 데오드란트 제품의 판매를 증가시키는 데 크게 기여했으며, 사회적 예법(decorum)에 대한 새로운 기준을 만들었다.

_여성의 소비자화

산업사회의 구성원을 소비자로 적응시키는 과정에서 드러나는 흥미로운 점은 '소비자는 남성이 아니라 여성'이라는 인식이 사회적으로 확대된 것이다. 소비자는 곧 여성이라는 생각은 광고주와 마케터, 여성잡지 발행인들에 의해 널리 퍼졌다. 상품판매를 촉진시켜야 하는 마케터는 남성보다 여성에게 어필하는 것이 소비를 창출하는 데 더 용이하다고 생각했는데, 이들의 생각은 광고 수입을 극대화하려는 여성잡지의 이해와 맞아떨어졌다. 또 여성의 마음은 '분홍색 거품 같은 비합리성으로 가득 잔 통'이라고 생각한 광고인들의 근거 없는 인식과도 일치했다.7)

여성의 소비자화 과정과 불가분의 관계를 맺고 있는 여성잡지는 기사와 사설을 통해 여성성과 소비자주의를 연결시키는 데 지대한 역할을 했다.8) 특히 ≪레이디스 홈 저널≫은 전국의 수용자에게 소비의 젠더화를 논의·재현하고 여론화한 최초의 잡지이다. ≪레이디스 홈 저널≫은 주된 쇼핑객은 여성이며 남성이

---

7) Juliann Sivulka, *Soap, Sex, and Cigarettes: A Cultural History of American Advertising.*

8) Lawrence Glickman(ed.), *Consumer Society in American History A Reader*(Ithaca: Cornell University Press, 1999).

쇼핑을 한다면 집을 사거나 하인을 고용할 때 정도라고 주장하면서 쇼핑은 비남성적인 행위라고 선언했다. 잡지는 이러한 논쟁에 걸맞게 광고 속의 소비자로 여성을 등장시켰으며 여성의 일은 각종 생활용품이나 가구, 전기제품 등을 소비함으로써 이루어진다는 글을 게재해서, "여성은 가정을 위한 주된 소비자이며 문화적으로도 소비는 여성의 영역이다. 그러므로 여성은 곧 소비자"9)라는 등식을 성립하는 데 주도적인 역할을 했다.

〈사진 3.4〉 여성을 소비자로 인식시키는 데 중요한 역할을 했던 《레이디스 홈 저널》의 표지. 분홍색 드레스와 로맨스라는 단어 등을 통해 당시 사회가 여성을 어떻게 인식했는지 알 수 있다.

그러나 역사적 자료를 살펴보면 여가나 오락과 관련된 소비에서 남성이 여성보다 훨씬 더 많은 가계소득을 할애하고 있으며 소비에 있어 남성이 결코 주변적인 존재가 아니라는 것을 보여준다.10) 남성 소비의 주된 항목인 유흥이나 오락, 여가활동 등은 대대적으로 광고할 필요가 없는 영역이어서 남성 소비가 비가시화된 것뿐이다. 여성이 가정용품과 가족용품을 소비하는 데는 주된 소비자이지만 이 소비는 여성의 개인적 욕구를 충족하기보다는 가정 전체를 위한 소비이다. 반면 남성 소비는

---

9) H. Dammon-Moore, *Magazines for Millions Gender and Commerce in the Ladies' Home Journal and the Saturday Evening Post 1880~1910*, p.98.

10) Lawrence Glickman(ed.) *Consumer Society in American History a Reader*.

개인적 욕구를 충족시키기 위한 성격이 강하다. 그런데도 남성 소비에 대한 공적인 담론이 드물었기 때문에 소비는 여성적인 활동이라는 인식이 강해졌고 그 결과 은연중에 남성을 생산과 주로 연결시키는 사회적 결과를 낳은 것이다.[11]

광고와 여성 흡연의 사회적 정당화

1920년대 담배 광고는 광고가 사회적 가치관과 생활방식의 변화에 미치는 위력을 극명하게 보여준다. 모든 사회는 바람직한 것과 그렇지 않은 것, 적절한 것과 그렇지 않은 것에 대해 암묵적인 동의를 구축하고 있기 마련이다. 이 동의는 오랜 세월에 걸쳐 형성된 것이므로 변화나 소멸을 유도하려면 오랜 시간에 걸쳐 노력과 대가를 지불해야 한다. 그러나 1920년대 담배 광고는 종전에 바람직하지 않은 것으로 여겨지던 흡연에 대한 인식을 짧은 캠페인 기간에 자연스러운 것, 심지어는 바람직한 것으로 바꾸어놓았다.

콜럼버스가 아메리카 대륙을 발견한 이래 장구한 세월이 흐른 1900년대까지만 해도 흡연은 인디언들에게서 유래한 바람직하지 않은 행위로 간주되었으며 흡연자들은 범죄자나 마약 중독자와 마찬가지로 따가운 사회적 눈총을 견뎌야 했다. 자동차 왕 헨리 포드가 경영하는 포드 사는 흡연자를 고용하지 않는다는 방침까지 있을 만큼 흡연에 대한 사회적 인식은 부정적이었다. 그러나 제1차 세계대전을 치르면서 흡연은 사회적 승인을 받았고, 전후에 실시된 수백만 달러짜리 광고 캠페인들은 흡연에 대한 사회적 인식을 완전히 바꾸어놓았다. 대표적

---

11) 양정혜, 「자유와 죄책감 간의 갈등: 근대 광고에 나타난 여성 대상 메시지 소구전략 사례들」, 157~189쪽.

담배기업의 하나인 알 제이 레이놀즈(R. J. Reynolds) 사에서 카멜(Camel) 담배를 출시한 것을 계기로, 담배는 초콜릿이나 사탕을 대체할 수 있는 편리하고 값싸며 위생적인 기호품으로 정착되었다. 카멜은 기존의 담배 향과는 차별된 터키산 담배 향으로 담배시장에 도전장을 던졌고 큰 성공을 거두었다. 브랜드 명으로 카멜(낙타)을 채택한 이유는 단어가 짧아 발음하기 좋고 사막의 정취와 함께 이국적인 분위기를 풍겼기 때문이었다. 알 제이 레이놀즈 사는 카멜의 출시를 앞두고 오하이오 주 클리브랜드 시에서 신문 티저광고를 게재해 사람들의 궁금 증을 유발시켰다. 이후 오랜 세월 동안 담배기업들은 천문학적인 광고비용을 집행하는 기업에 속하게 되었고, 담배기업의 광고 캠페인은 많은 사람들을 흡연 인구로 끌어들이는 데 크게 기여했다.

남성의 전유물로 인식되었던 담배시장을 확대시키기 위해 1920년대에는 여 성을 대상으로 한 담배 캠페인이 등장했다. 이로 인해 여성 흡연에 대해 부정적 이고 보수적이던 사회 분위기가 반전되었다. 당시 많은 대학이 여학생의 흡연을 금지했고 기차역이나 선박의 흡연실에 여성은 들어갈 수 없었다. 러키 스트라이 크(Lucky Strike) 캠페인은 여성 흡연에 대한 비우호적인 태도를 약화시켰을 뿐만 아니라 여성 흡연을 당연하고 심지어는 바람직한 것으로 권장해 여성 흡연인구 를 증가시키는 데 큰 역할을 했다. 러키 스트라이크 캠페인은 소비자의 태도를 변화시키는 데 활용할 수 있는 다양한 광고전략을 제시해주었다는 점에서 의의 가 크며, 광고의 문화적인 힘이 얼마나 큰지 가늠하게 해주었다는 점에서도 중요하다.

미국 담배협회 회장이자 러키 스트라이크 담배를 제조하는 아메리칸 타바코 컴퍼니(American Tabaco Company)의 회장인 조지 워싱턴 힐(George Washsington

To keep a slender figure
No one can deny...

Reach
for a
LUCKY
instead of a
sweet

LUCKY
STRIKE
CIGARETTES

"It's toasted"

〈사진 3.5〉 젊은 여성을 흡연인구로 편입시키는 데 지대한 공헌을 했던 러키 스트라이크 담배 광고. 사탕을 먹는 대신 담배를 피우라고 권유하며 몸매에 민감한 여성들의 자의식을 자극하고 있다.

Hill)은 홍보의 아버지라고 불리는 에드워드 버네이스(Edward Bernays)를 고용해 여성 흡연을 촉진시켜줄 광고를 의뢰했다. 여성을 흡연인구로 편입시키는 것이 집 앞마당에서 금광을 개발하는 것과 같다고 말했다는 후문이 있을 만큼 힐은 여성 흡연인구의 증대를 중요하게 생각했고 버네이스는 힐 회장의 주문대로 주어진 역할을 훌륭하게 수행했다.12) 버네이스는 부활절 날 뉴욕 시내에서 벌어진 퍼레이드에 참가한 유명 여성들에게 담배는 자유의 상징이라고 설득해 러키 스트라이크를 피우게 했다. 이 이벤트는 뉴스를 통해 사람들에게 알려졌고 광고 캠페인에 필적할 만한 효과를 창출했다. 흡연과 여성해방 사이의 고리를 버네이스가 만들어낸 것은 아니지만 그는 이를 충분히 활용했다. 1920년대 여성의 권익을 향상하기 위한 목소리가 드높던 시절, 남성의 전유물로 여겨졌던 담배를 소비한다는 것은 보는 시각에 따라서는 여성해방과 독립의 상징으로 비춰질 수 있었다. 버네이스는 이러한 정치적·문화적 분위기를 잘 이용한 셈이다.

힐은 여성 흡연에 대한 홍보 캠페인 외에도 러키 스트라이크 담배를 광고하기 위해서 하드셀 기법의 대가 앨버트 래스커를 고용했다. 1925년에 실시된 캠페인

---

12) J. Kilbourne, *Can't Buy My Love: How Advertising Change the Way We Think and Feel.*

은 아름다움에 대한 여성의 열망을 다각도
로 이용하는 전략을 채택했으며, 1929년
의 캠페인에서는 여성 흡연에 대해 좀 더
강도 높고 정치적인 목소리를 냈다.

1925년 집행된 광고 캠페인은 흡연이
체중을 감소하는 데 도움이 된다는 메시지
에 중점을 두고 러키 스트라이크를 선택하
는 여성은 유행에 앞서가는 여성이라는 것
을 강조했다. 구체적인 캠페인 전략을 살
펴보면, 유행에 민감한 여성들의 성향에
맞추기 위해 담뱃갑의 포장 색깔을 유행하
는 색으로 만들었다. 미국 여성들은 색상
의 조화에 매우 민감한데, 눈동자 색이나
머리카락 색에 맞춰 옷이나 장신구를 선택

〈사진 3.6〉 초록색 포장의 러키 스트라이크 판매
를 촉진시키기 위해 초록색을 패션 유행 색상으로
만들었다. 초록색 옷을 입은 여성이 초록색 포장
의 러키 스트라이크 담배를 들고 초록색 크리스마
스 장식품 앞에 서 있는 모습의 광고. 의상과 소품
선택에서 색상을 일치시키는 데 유난히 신경을 쓰
는 여성들에게 러키 스트라이크 담배는 최신 패션
유행과 잘 어울린다는 의미를 전달하고 있다.

했고 의상을 고를 때도 소품이나 장신구 색상을 조화시키려고 했다. 당시 러키
스트라이크의 포장은 녹색이었다. 하지만 녹색이 의상과 잘 어울리지 않아 여성
들이 달가워하지 않는다는 사실을 파악한 대행사는 녹색 의상을 유행시켜서
러키 스트라이크를 장신구로 선택하게 만들었다. 또 영화배우나 가수 등 유명
연예인들을 광고모델로 기용해서 상류층 여성들이 흡연을 한다고 해도 우아함
을 유지하는 데 문제가 없고 사회적으로 인정받을 수 있다는 메시지를 전달했다.
흡연의 부작용을 염려하는 여성들을 겨냥해 담배를 피우고 나서 목소리가 더
맑아졌다는 소프라노 가수나 여배우의 증언을 광고에 싣는가 하면, 체중에 민감

한 여성들의 성향을 파악하고 "사탕 대신 러키를 집으세요(Reach for a Lucky instead of a sweet)"라는 슬로건을 내걸기도 했다. 이 슬로건을 통해 러키 스트라이크는 많은 여성들에게 효과적으로 어필할 수 있었다. 하지만 초콜릿업계가 시위를 벌이는 에피소드도 있었다. 이처럼 담배는 기존에 형성된 여성 기호품시장에 위협을 가하며 강력한 경쟁자로 급부상했다.

　반면 1929년 캠페인에서는 담배를 여성해방과 자유의 상징으로 제시하는 전략을 썼다. 이것은 1928년에 이루어진 여성의 참정권 획득에 광고계가 기민하게 반응한 결과이다. 전통적으로 여성에게 참정권을 주지 않았던 미국사회에서 1878년 여성 참정권 청원이 제기되었으나 의회가 거부해서 차일피일 통과가 미루어지고 있는 상황이었다. 여성은 감성적이고 비이성적인 존재이므로 선거에서 합리적인 선택을 하기가 어려울 것이라는 시대적 고정관념이 작용했기 때문이다. 하지만 제1차 세계대전을 거치면서 여성의 사회진출이 증가했고 더이상 여성의 사회적 역할을 무시할 수 없었다. 마침내 1920년에 30세 이상의 미국 여성에게 참정권이 주어졌고, 이어 1928년에는 여성이 참정권을 행사할수 있는 나이가 21세로 낮추어져 남성과 동등한 조건이 성립되면서 정치적으로 남녀평등이 이루어졌다. 그러나 이때의 참정권 획득은 상징적 의미가 강했으며 본격적인 남녀평등은 1960년대에 들어서야 시작된다. 광고업계는 남녀평등을 요구하는 사회적 정서를 신속하게 포착했고, 특히 담배업계는 담배가 여성해방과 자유의 상징물이라는 담론을 생산하기 시작했다. 광고 머리기사에 "여성에 대한 케케묵은 편견은 사라졌습니다. 담배에 대한 옛적 편견도 사라졌습니다"라고 진술함으로써 여성 흡연에 대한 편견은 곧 여성에 대한 편견이라는 등식을 성립시켰다.

1949년부터 러키 스트라이크는 소구점을 변화시켰다. 광고인들은 여성들이 감정기복을 극복하기 위해 담배를 이용한다는 사실을 알고 이를 캠페인에 도입했다. 1949년 러키 스트라이크는 "러키 스트라이크는 당신이 축 처져 있을 때 활기를 불어넣고, 긴장감에 시달릴 때 안식을 줍니다(Luckies fine tobacco picks you up when you are low and calms you down when you're tense)"라는 카피를 내놓았다. 1950년 올드 골드(Old Gold) 담배는 극도로 화가 난 부인에게 남편이 담배를 건네는 장면과 함께 "애가 야단맞을 짓을 했더라도 화낼 것 뭐 있어요? 올드 골드나 피우세요"라는 카피를 사용해서 담배가 여성의 정서적 기복을 조절하는 역할을 한다는 검증되지 않은 속설을 강화시키기도 했다. 비슷한 맥락으로 직장에서 일에 파묻혀 힘들어하는 여성들에게 노조에 가입하거나 상사에 항의하기보다는 흡연을 통해 마음의 평화를 찾고 개인적 차원에서 문제를 해결하라고 부추겼다. 이렇듯 오랜 세월을 두고 반복적으로 사용된 광고 아이디어는 여성은 감정기복이 심하기 때문에 변덕스럽고 예측하기 힘들며, 그러므로 비합리적이라는 사회적 편견을 확대·재생산하는 결과를 낳았다.

광고대행사의 변화

광고는 제1차 세계대전을 거친 후 한층 더 과학화·전문화된 모습을 보여준다. 종전의 광고가 소비자들에게 무엇을 하라고 지시하는 경향이 강했다면, 제1차 세계대전 후의 광고는 인간의 본성을 탐구하고 광고효과를 측정하는 데 관심을 기울이며 많은 예산을 투자하기 시작했다. 인간 본성의 탐구는 좀 더 부유하고 교육 수준이 높은 소비자를 대상으로 광고효과를 배가시키려는 의도에서 비롯되었다. 대행사는 광고가 기대한 만큼의 마케팅 효과를 불러일으켰는지 확인하기 위해 광고효과를 측정하는 데 주력했고, 심리학자와 사회과학자 등을 고용해서 마케팅 조사를 발전시켜나갔다.

　품격과 창의성을 겸비한 광고를 만들어내기로 유명한 영 앤드 루비캠 사는 설득력이 높은 아이디어를 얻기 위해서는 조사가 필수적이라고 믿었고, 조사결과를 토대로 한 크리에이티브가 성공적 캠페인의 열쇠라는 것을 여러 차례 입증했다. 영 앤드 루비캠 사는 조지 갤럽 교수를 영입해 마케팅 조사 부서를 신설하고 전국 수십 개의 지역에 400명에 달하는 조사원들을 고용해 어떤 광고가 성공적이었는지, 그 이유는 무엇인지를 조사했다. 영 앤드 루비캠 사는 갤럽과 함께 잡지 수용자 조사, 라디오 프로그램 수용자 반응 조사 등 매체 수용자를 조사하는 데 많은 관심을 기울였다. 광고조사에 대한 관심은 곧이어 닥쳐오는 경제공황기에 이르러 더욱 증가한다.

　기업의 광고예산이 증가하면서 일부 대행사는 대기업의 반열에 올라서게 된다. 거대해진 대행사는 더 효율적으로 업부를 수행하기 위해 조직을 정비하고 대행사별로 독특한 문화를 정착시키는 등 광고산업화에 박차를 가한다. JWT 사는 근대적 광고환경을 가장 잘 반영하는 대행사 문화를 형성하고 있는데, 위계 서열에 구애받지 않고 평사원도 최고 경영자와 쉽게 대화할 수 있는 환경을 조성했으며, 당시로서는 세계 최대의 근무 빌딩인 아르데코풍 사옥을 지어 랜드마크(landmark) 건물로 만듦으로써 광고대행사의 위상을 높이는 데 기여했다.

대표적인 대행사들

　던게이트(Mark Turngate)는 제1차 세계대전 이후 최대의 활약을 보인 대행사로 JWT와 영 앤드 루비캠을 들고 있다. JWT의 창립자 제임스 월터 톰슨(J. Walter

Thompson)은 1847년 매사추세츠에서 태어났으며, 뉴욕의 작은 대행사에서 신문과 잡지 지면을 중개하는 일을 맡고 있었다. 톰슨은 사람들이 신문보다 잡지를 더 오래 보관한다는 사실을 깨닫고 잡지 광고에 주력한다. 이 과정에서 고객들에게 더 안정된 지면을 제공할 수 있는 간행물의 목록을 축적하게 되었고, 이후 매체와 쌓은 친밀한 관계와 고객의 신뢰를 토대로 자신의 대행사를 설립하게 된다. 1916년에 톰슨은 건강상의 이유로 은퇴하면서 스탠리 레조(Stanley Resor)에게 회사를 넘겨주는데, 레조는 JWT의 획기적인 발전을 불러일으킨 인물이다. 레조는 당시로서는 파격적으로 헬렌 랜스던(Helen Lansdowne)이라는 여성 카피라이터를 고용한다. 헬렌 랜스던은 남성 위주의 광고계에서 빼어난 능력을 인정받은 최초의 전문 여성 광고인일 것이다. 그녀는 여성 관련 제품을 생산하는 기업을 주로 담당하면서 소비자에 대한 날카로운 통찰력과 탁월한 카피로 JWT를 성장시키는 데 크게 기여했다. 예를 들어 1910년 JWT의 고객이 된 우드버리(Woodbury) 비누의 매출은 8년에 걸쳐 10배나 신장된다.

JWT는 여러 면에서 근대적인 환경을 갖춘 대행사라고 할 만하다. 예일 대학 출신의 레조는 학사 학위를 가진 최초의 경영자였으며, 당시 널리 퍼져 있던 광고가 '소비자보다 우위에서 말해야 한다'는 교육적이고 계몽적인 시각을 받아들이지 않았다. 레조는 주로 고학력층의 부유한 수용자를 염두에 두고 소비자의 눈높이에서 광고에 임했으며, JWT가 과학적 정밀성을 토대로 판매 소구점을 찾아낸다는 점을 입증하기 위해서 조사자와 심리학자 들을 고용했다. JWT가 기획한 캠페인에는 영화배우 외에도 의사나 과학자 같은 전문인들이 등장해 제품의 효능을 증언했다. 이처럼 레조의 탁월한 경영 능력과 헬렌 랜스던의 크리에이티브적 천재성이 결합해 JWT는 제1차 세계대전 이후 가장 성공적인 대행사로 부상했으며 경제공황기에도 제너럴 모터스 사의 핵심 광고를 담당하면서 큰 어려움 없이 회사를 유지했다.

　대공황 시기에 오히려 전성기를 누린 대행사도 있었는데, 1923년 만들어진 영 앤드 루비캠(Young & Rubicam) 대행사이다. 레이먼드 루비캠(Raymond Rubicam)은 어려서 학교를 중퇴하고 열다섯 살부터 호텔 짐꾼, 영업사원 등 여러 일자리를 전전하다가 친척들의 도움으로 신문에 글 쓰는 일을 하면서 광고계에 입문했다. 그가 들어간 최초의 대행사는 영세한 곳이었으며 경영주의 간섭과 제재가 심했다. 한동안 힘든 시간을 보낸 루비캠은 유명한 에이어 앤드 선으로 자리를 옮겼고 피아노를 "불멸의(거장들이 소유하는) 악기"[13]로 묘사하는 스타인웨이 피아노 카피로 재능을 인정받게 된다. 이후 그는 제약기업인 스키브(E. R. Squibb) 사의 "약에 들어가는 가장 귀중한 성분은 만드는 이의 신용과 정직입니다"라는 카피로 카피라이터로서 확고한 위치를 차지하게 된다. 영 앤드 루비캠이 기획한 최초의 캠페인은 포스텀(Postum)이라는 커피 대체재였다. 카페인의 대체재로서 사용되던 이 제품은 영 앤드 루비캠에서 광고 대행을 맡기 전까지는 의약품적인 접근법을 채택하고 있었다. 제품이 전달하던 주된 내용은 커피가 건강에 미치는 영향력을 부정적으로 묘사하면서, 포스텀을 마시면 불안감이나 불면증, 소화불량에서 자유로울 수 있다는 것이었다. 그러나 이 광고는 전혀 호응을 얻지 못했다. 영 앤드 루비캠 사는 소비자들이 실제로 포스텀을 어떻게

---

13) 루비캠의 카피는 "The Instrument of Immortals"이다. Immortals는 신화에 등장하는 죽지 않는 신들이라는 의미인데 단어 자체의 뜻보다는 명장들, 거장들로 해석하는 것이 더 적절하다.

생각하는지 알아보기 위한 조사 작업에 착수했다. 조사결과에 의하면 사람들이 포스텀을 마시는 이유는 예상과는 전혀 다른 것이었다. 사람들은 향 때문에 포스텀을 마셨다. 이에 따라 영 앤드 루비캠 사는 새로운 잡지 캠페인에 "마음에 안정을 줍니다. 자기 전에 마시는 맛있는 음료"로 포스텀을 제시했다. 그 후 포스텀의 판매는 증가하기 시작했고 이 브랜드를 소유한 제너럴 푸드(General Foods) 사는 영 앤드 루비캠 사에 더 많은 일을 맡겼다. 루비캠은 탁월한 창의성으로 명성을 얻었으나 항상 조사를 강조했다. 그는 경쟁자보다 시장에 대해 더 정확한 지식을 획득하고 그 지식을 상상력과 인간미로 무장한 카피라이터나 디자이너에게 전달하는 것이 광고인의 목표라고 말했다. 루비캠의 '사실에 근거한 창의성'은 이후 크리에이티브 혁명기를 선도한 데이비드 오길비에 이르러 다시 강조된다.

대공황과 광고: 1930년대

_사회적 배경

1929년 10월 주식시장의 붕괴와 더불어 미국경제는 급속도로 하강 곡선을 보였다. 사업체들은 파산했고 급기야 은행들도 문을 닫았다. 1933년에는 실업률이 25%에 달해 1,400만 명에 이르는 실업자가 쏟아졌다. 제1차 세계대전 이후 미국경제는 붐을 일으켰지만 보이지 않는 이면에는 과잉생산과 실업문제가 숨어 있었다. 1939년까지 지속된 대공황은 실업과 빈곤 이외에 사회적으로 다양한 변화를 야기했다. 결혼 적령기 인구의 결혼율·출산율 감소, 부모와 거주하는 신혼부부의 증가, 가계 운영의 긴축화 등 불황의 면모는 다양했다. 이러한 경제공황은 광고시장에도 큰 타격을 가져다주었다. 광고주들은 캠페인 예산을 최대한 줄여나갔고, 심하게는 기존의 광고주들이 대행사를 떠나는 사례도 속출했다. 주식시장이 붕괴하기 직전인 1929년까지만 해도 광고비로 연 34억 달러를 지출하던 기업들이 1933년에는 광고예산을 절반으로 삭감하기에 이른다. 적극 권장되던 신용구매에 대한 추심이 사회 전반에 걸쳐 발생하면서 소비지출도 크게 둔화되었다. 전쟁과는 다르지만 불황 역시 광고형태나 내용에 변화를 가져온다. 소구법에서는 가격, 기능, 가격대비 가치 등을 부각시키는 경제적 소구와 정보전달을 위주로 하는 하드셀이 강세를 보였다.

_광고 메시지 전략 : 하드셀과 선정성

전쟁 시기의 광고가 평화로운 시기의 광고와는 뚜렷하게 구분되는 주제를 다루는 것과 마찬가지로 경제가 극도로 어려울 때의 광고는 번영기의 광고와는 사뭇 양상이 다르다. 소비자의 심리는 극도로 위축되고 기업은 가장 먼저 광고예산을 삭감한다. 광고비를 투입한 만큼 효과가 나타나는지에 대해 광고주들이 실증적인 증거를 끊임없이 요구하기 때문에 광고 크리에이티브도 소비자와 기업을 설득하기 위한 방향으로 흐른다. 역사적 사례를 보면 불황기 광고는 경제 불안정에 대한 사람들의 공포나 불안감을 자극하는 선정적인 내용을 도입하는 양상을 띤다.

1920년대 광고는 풍요로운 경제성장과 더불어 최고의 전성기를 맞이했다. 당시 광고인들은 산업화 붐을 일으킨 공로는 광고의 몫이라는 자부심을 공유하며 사기로 충만해 있었다. 그래서 1929년 주식시장의 붕괴와 함께 대공황이 닥쳤을 때도 심각한 반응을 보이지 않았다. 광고를 통해 사람들에게 자신감을 불어넣어 주면 경기침체의 불안감에서 벗어날 수 있다고 생각한 것이다. 그러나 공황이 심각해지면서 대부분의 광고대행사는 공황 이전에 대비해 12~15% 정도의 매출 감소에 직면했고, 감원과 급여 삭감, 자신감 위축 등 공황의 현실적인 여파를 몸으로 경험하게 되었다.[14]

경제공황과 고용불안은 광고 스타일과 내용에도 영향력을 행사한다. 우울하거나 실망스러운 메시지는 광고가 피해가려는 내용이다. 광고의 세계는 행복한 사람들로 가득 차 있고, 고통스러운 문제는 존재하지 않으며, 아름답고 이상적인 생활방식이 지배적이다. 이런 맥락에서 불경기의 광고는 딜레마에 봉착한다. 지금까지 해왔던 것처럼 장밋빛 미래를 제공하는 것이 정서적 반발을 일으킬 수 있다는 우려와, 그러면서 제품의 매력적인 부분을 부각시켜야 한다는 임무 사이의 갈등이다. 어려운 시기라고 해도 광고를 하는 제품을 가격이나 기능 혹은 상징적인 면에서 차별화시켜야 한다는 사명감은 광고인들을 하드셀(hardsell) 기법에 의존하게 만들었다. 특히 경제적인 측면에서 소구점을 찾는 시도가 일어나는데, 평상시 광고인들이 꺼려온 상품가격에 대한 강조가 눈에 띈다. 광고인들은 환상적인 인물 대신 소비자가 공감대를 형성할 수 있는 인물을 설정해 대중의 불안과 관심사를 대변해야 했다.

예를 들면 리스트린 치약 광고는 저렴한 가격을 부각시켜 공황기를 살아가는 대중의 절약정신을 광고에 녹여냈다. 치약 광고이지만 사진에 등장하는 가족은 치약과는 전혀 상관없는 대화를 나누고 있다. "새 신발이 필요하구나, 그렇지?"라고 묻는 아버지에게 아들은 "네. 저는 신발을 사려고 이미 3달러를 저축했어

---

14) Stephen Fox, *The Mirror Makers: A History of American Advertising & Its Creators.*

〈사진 3.7〉 리스트린 치약을 구매하면 얻을 수 있는
금전적 혜택으로 무엇을 할 수 있는지 강조한 광고.
경제적 소구 방식을 도입한 대표 사례이다.

요"라고 대답한다. 이어지는 내용에서는 덕용 포장된 리스트린 치약을 구입하면 25센트가 절약되고 1년이면 3달러를 절약할 수 있다고 강조한다. 그리고 절약한 3달러로 신발, 넥타이, 스카프 등 다른 소비재를 구매하라고 제안한다. 리스트린 광고는 경제적 소구의 효시로, 불황이 길어지면서 여러 모방작을 낳아 불황기 소구의 전형적인 유형 중 하나가 되었다.

초기에는 대공황에 대해 가능한 한 언급하지 않으려 하던 광고들도 시간이 지나자 점차 경제적인 측면에서 소구점을 찾고 평소라면 멀리했을 가격강조를 도입하기 시작했다. 1920년대와 달리 1930년대 공황기의 자동차 광고는 가격을 가장 부각시킨다. 예를 들어 눈에 확 띄는 달러($) 기호를 표시한 광고나, 이전의 높은 가격과 새롭게 조정된 낮은 가격을 나란히 표기하고 높은 가격에 엑스(×) 표를 그은 광고인데, 이 같은 광고들은 대기업의 광고를 마치 소매 대리점의 특별세일 광고처럼 보이게 만들어 품위를 손상시키는 듯한 인상을 만들어내고 있다. 그러나 공황기 소비자들은 이처럼 적나라한 가격표기를 오히려 반겼다.

불황기 광고의 크리에이티브가 보여주는 또 다른 특징은 소비자의 불안한 심리에 착안해 강한 감정적 자극을 주는 기법이 대거 등장했다는 점이다. 주머니를 열지 않으려는 소비자들을 설득하기 위해 죄책감, 공포, 사회적 수치심 등을 불러일으키는 선정적이고 과장된 카피들을 적극 활용했다. 남성의류 브랜드인 하트, 샤프너, 막스는 경기불황으로 사기가 떨어진 사람들에게 첫인상이 많은 것을 좌우한다고 강조한다. 이 회사의 광고는 주부를 대상으로 기획되었는데, "불황기에도 성공적인 외모를 유지하는 남편이 기죽지 않고 직장생활을 해나갈 수 있고, 남편의 외모를 관리하는 것은 아내의 책임이다"는 내용을 담고 있다. 대다수 사람들이 자신감을 잃고 불안전한 일자리 문제로 고민할 때, 최소한 의식 있는 아내라면 남편이 성공적으로 보이도록 외관을 유지해야 할 의무가 있다는 광고구성은 소비자들의 불안 심리를 제대로 건드렸고 상당한 성공을 거두었다. 이 밖에도 질레트 면도기 역시 면도를 깨끗이 하지 않으면 회사 동료에게 경원을 당할 수 있다고 강조했다. 그뿐 아니라 아침식사용 시리얼을 생산하는 켈로그 사의 "아픈 사람은 직장에서 설 곳이 없습니다"라는 슬로건이나, 양말 등 소품을 생산하는 업체인 패리스 가터(Paris Garter) 사의 "단정한 양말을 신지 않으면 비즈니스에서 낭패를 볼 수 있습니다"라는 슬로건 등은 사회적 수치심을 자극하는 광고들이 범람했음을 잘 드러내고 있다.

특히 연약하고 불쌍한 어린이를 내세워 모성애를 자극하고, 상품을 구매하면 좋은 어머니가 될 수 있다고 약속하는 메시지는 불황기에 등장한 전략 중에서 가장 강력한 소구력을 보인다. 1930년대 시리즈로 집행된 코코몰트(Cocomalt) 우유 첨가제 광고는 "어린이가 약한 것은 엄마 탓입니다", "아이가 우유를 먹지 않으면 엄마가 코코몰트를 넣은 초콜릿 우유를 만들어주어야 합니다", "아들이 너무 말라서 사람들이 불쌍하게 여깁니다" 등의 메시지를 강렬한 이미지와 함께 제시해 어머니들의 무관심을 꾸짖었다. 코코몰트는 경제공황이라는 상황에서도 어머니들에게 죄책감과 사회적 수치심을 유발시켜 판매 신장을 달성했고, 코코

〈사진 3.8〉 경제난국 때 보험을 해지해야 할지 고민하는 가입자들에게 공포감을 유발시킨 푸르덴셜 광고. 아버지가 보험료를 납부하지 않아 학교를 떠나야 하는 아이들을 보여준다.

몰트 광고를 모방해 많은 식품회사, 보험회사 등이 연약하고 불쌍한 어린이를 모델로 내세워 광고를 만들었다.15)

예를 들어 1929~1930년 푸르덴셜(Prudential) 그룹이 집행한 보험광고는 보험을 해지하지 않았다면 아이들이 무사히 학교에 다닐 수 있었을 것이라며, 부모가 보험을 계속 들지 않아 배울 "권리가 소멸된 아이들"의 참담한 표정을 보여주었다. 불황기에는 신상품 가입을 권유하기보다는 기존에 가입한 보험을 해지하지 않도록 하는 데 중점을 두었는데, 보험을 중단한 대가로 아이들의 미래가 어두워질 수 있다고 말해 부모들의 공포를 심화시켰다.

한편 경제공황은 비교광고를 범람시켰다. 여기에서 비교광고는 타사 제품의 명성에 흠집을 낼 목적으로 이루어지는 직·간접 비교를 모두 포함한다. 이런 흠집찾기 광고는 광고계에서 관습적으로 금지되어 있었지만 불황기의 광고는 윤리적인 경계선을 무시할 만큼 필사적이었다. 크라이슬러 자동차는 자사 제품을 경쟁 브랜드인 포드 제품, 제너럴 모터스 제품과 은연중에 비교하면서 비교광

---

15) 양정혜, 「자유와 죄책감 간의 갈등: 근대 광고에 나타난 여성 대상 메시지 소구전략 사례들」, 157~189쪽.

고의 막을 올렸다. 사장인 월터 크라이슬러(Walter P. Chrysler)가 팔짱을 끼고 자사 자동차에 기대어 "세 자동차를 모두 보세요(Look at All Three)"라고 말하는 카피와 사진을 사용했다. 구매 전에 자동차 3사에 대한 정확한 사실을 숙지하고 결정을 내리라는 충고는 자동차 3사에 대해 무엇을 어떻게 비교해야 하는지 구체적인 근거가 전혀 제시되지 않았음에도 최고 경영자가 말했기 때문에 권위가 있는 것처럼 받아들여졌다. 그뿐 아니라 크라이슬러 자동차가 세 자동차 중에 가장 훌륭하

〈사진 3.9〉크라이슬러 광고는 경쟁사 자동차와 직설적인 비교를 통해 큰 화제를 불러일으켰다. 그리고 큰 광고효과를 거두어 불황기에 비교광고가 범람하는 계기가 되었다.

다는 인상을 주기에도 충분했다. 1932년 16%였던 크라이슬러 자동차의 시장점유율이 광고를 집행한 지 1년 후인 1933년에 24%로 증가한 사실은 비교광고의 놀라운 효과를 입증한다. 또 크라이슬러 자동차는 이른바 '뉴스 어필'이라고 알려진 타블로이드 광고도 시도했다.[16] 광고지면을 타블로이드 신문처럼 구성해 찌그러진 차체와 선혈 등 선정적인 자동차 사고현장을 황색신문 뉴스처럼 생생하게 보여주고 있다. 자사 자동차의 안전성을 강조한 뉴스형태의 광고는 크라이슬러 자동차의 판매량을 드라마틱하게 증가시켰다.

16) Charles Goodrum and Helen Dalrymple, *Advertising in America: the First 200 Years.*

　공황기 광고인들은 타사 제품과 비교뿐만 아니라 품위를 떨어뜨리는 방법도 마다하지 않았다. 만화형태의 광고를 도입한 것이 대표적인 사례이다. 진지한 주제를 다루는 잡지와 가벼운 재미를 추구하는 만화는 서로 어울리지 않는데도 연재물 형태의 만화광고가 많은 잡지에 등장하기 시작했다. 1924년에서 1929년까지 거의 찾아볼 수 없었던 만화광고가 1933년에는 전체 광고구성의 10%를 차지하며 이후에는 더 증가하는 추세를 보인다. 이는 갤럽 연구소 등이 실시한 신문 수용자 조사에서 사람들이 만화지면을 가장 선호한다는 발견에 근거해 광고를 기획한 결과이다. 광고 역사가인 랠프 하우어(Ralph Hauer)는 공황기 광고 크리에이티브의 쇠락을 다음과 같이 묘사하고 있다.

　　자극적인 머리기사와 천박한 과장, 심지어 노골적인 거짓말은 19세기 특허약품광고를 방불케 했다. 감정을 자극하고 구미를 당기게 하기 위한 사이비 과학적인 논쟁과 호소는…… 이전까지 시켜오던 광고의 품위를 떨어뜨렸다.[17]

　그러나 1933년경에 이르러 광고계 내부에서 공황기 동안 사용해오던 딱딱하고 자극적인 설득방식을 거부하는 분위기가 등장한다. 광고대행사 임원진과 카피라이터들은 다른 기업과 경쟁에만 몰두해 저속하고 우스꽝스러운 광고를 고집하는 광고주의 압력에 강한 회의감을 보이기 시작한 것이다. 특히 보수적인 성향의 대행사들은 인간 심리의 가장 취약한 부분을 이용해 즉각적인 구매를 유발시켜온 일부 대행사들의 파렴치한 메시지 전략을 공공연하게 비난하기 시

---

17) Stephen Fox, *The Mirror Makers: A History of American Advertising & Its Creators.*

작했다. 선정적인 기법이나 전략이 단기
간에 판매를 촉진시킬지는 모르나 궁극적
으로 광고에 대한 대중의 불신을 조장할
것이라고 우려했기 때문이다. 일부 비평
가들은 과장되고 요란스러운 공황기 광고
스타일 때문에 지난 20여 년에 걸쳐 어렵
사리 씻어낸 1800년대 말 특허약품광고의
이미지가 되살아날지 모른다고 경고했다.

다수 광고가 극적이고 선정적인 메시지
를 생산하는 데만 주력하던 시절, 수적으
로 열세하긴 해도 창의성 면에서 우수하
고 품위 있는 광고도 있었는데 특히 영 앤
드 루비캠 사가 품격 있는 광고를 고수했

〈사진 3.10〉 불황기에도 높은 예술성과 품격을 유
지했던 애로 셔츠 광고.

다는 평가를 받는다. 낙농업 조합 광고, 유머 어필을 사용한 애로(Arrow) 셔츠
광고, 예술적으로 탁월한 포 로지스(Four Roses) 위스키 광고 등이 공황과는 무관
하게 작품성을 고수한 사례이다.

_광고조사의 발전

역설적일 수 있지만 경제공황은 광고조사 영역에 오히려 발전을 가져다주었
다. 크리에이티비티가 쇠퇴하고 광고예산도 줄어든 시기에 광고조사가 활발히
진행된 배경에는 광고효과를 확인하려고 하는 광고주들의 요구가 크게 작용했
다. 과연 예산을 투입해 광고를 할 가치가 있는지, 광고가 실제로 구매를 유발시

키는지, 그렇다면 어떤 부분이 구매를 유도하는지, 왜 그런지 등 광고주들의
의문은 끊임없이 이어졌다. 대행사들은 의문을 해결해서 기존 광고주를 유지하
기 위해 조사영역에 많은 인력과 예산을 투입했다. 영 앤드 루비캠 사는 언론학
교수였던 조지 갤럽을 영입해 이 같은 의문에 대답할 수 있는 연구를 실시했
다.18) 조지 갤럽(George Gallup)은 시카고에 소재한 노스웨스턴 대학(Northwestern
University)의 광고언론학부 교수였는데 잡지의 열독률과 수용유형에 대한 조사
를 실시해서 광고계에서 큰 주목을 받았다. 그는 잡지 광고의 대다수가 경제적
이익과 상품의 효용성에 초점을 맞추고 있지만 정작 수용자들의 관심을 유발시
키는 것은 가격보다는 제품품질이라는 것을 발견했다. 그리고 그 다음으로 중요
한 요소는 상품으로 충족될 수 있는 허영심과 섹스 어필임이 드러났다. 1935년
영 앤드 루비캠 사와 갤럽은 미국 여론연구소(American Institute of Public Opinion)
를 설립하기에 이르고 오늘날까지 갤럽은 여론과 같은 각종 사회조사를 상징하
는 인물로 남아 있다. 공황 당시 이루어진 갤럽 연구소의 수용자 연구 결과는
상당히 사소한 발견이었다. 예를 들면 수용자들은 긴 카피보다는 짧게 나눈
카피를 더 선호하며, 글씨체는 이탤릭체와 볼드를 선호한다는 것 등이다. 이
같은 결과를 근거로 광고인들은 이탤릭체의 짧은 카피광고를 만들어 광고주의

18) 조지 갤럽은 여론을 비교적 정확하게 예측할 수 있는 표본 추출법을 개발해 조사
분야의 전문가로서 입지를 확고히 했다. 1932년 미국 대선에서 루스벨트가 이길 것을
정확히 예측해 일약 스타가 되었는데, 갤럽이 성공할 수 있었던 것은 대표성을 강화한
할당 표집(Quoata Sampling) 방법을 사용했기 때문이다. 할당 표집에는 설문 응답자들
의 성별, 인종, 거주지 등 여러 측면의 특성이 반영된다. 갤럽은 미국 여론연구소를
설립해 광고와 정치 등 여러 영역에서 다양한 사회조사를 수행했다.

승인을 얻었다. 또 매체 조사영역에서는 신문 독자들이 만화지면을 가장 선호한다는 것을 밝혀, 광고를 게재할 지면으로 만화지면이 선호되었고 만화 양식이 빈번하게 도입되는 결과를 낳았다. 이 시기에 조사회사인 닐슨(A. C. Nielson)사는 특정 상품군에 대한 소비자들의 구매동향집을 발간해 오늘날 광고에서 가장 기초적인 자료로 쓰이는 생활방식 조사의 초석을 마련했다. 비슷한 맥락으로 또 다른 조사회사인 스타치(Starch) 사는 정기 간행물 광고에 대한 소비자들의 반응과 광고 인지도를 조사했으며, 이 밖에도 쇼핑몰 인터뷰, 테스트 시티(test city) 조사법,[19] 광고를 접했을 때 소비자의 눈동자가 움직이는 방향을 기계로 추적하는 아이트래킹(eye tracking) 조사법[20] 등 현재까지 광범위하게 사용되는 방법들이 고안되었다. 갤럽 연구소 등의 조사를 비롯한 많은 조사결과는 소비자가 이른바 "타블로이드 수용자", 즉 선정적이고 하잘것없는 것을 선호하는 집단임을 확인시켜주었으며 이러한 결과는 공황기에 신체 노출이나 성, 만화형태 등의 사용을 증가시키는 결과를 낳았다.

_라디오와 광고

공황은 가족매체로서 라디오의 중요성을 증가시키는 데 이바지했다. 불황의

---

19) 테스트 시티 조사법은 광고효과를 측정하기 위해 개발된 조사기법으로 인구 통계학적 특성과 매체 사용형태, 광고하려는 제품의 시장 점유율 등이 유사한 두 도시를 선정해 광고에 대한 소비자 반응을 다각도로 살펴보는 방법이다.
20) 아이트래킹 조사법은 광고 메시지에 대한 소비자 반응을 측정하는 조사기법으로 물리적인 도구를 사용해 눈동자의 움직임을 추적하고 광고 수용자가 광고의 어떤 부분을 가장 먼저 보는지, 유심히 보는지 등을 조사한다.

여파로 영화계도 타격을 입어 극장 역시 관객을 잃은 상황에서, 오락거리로서 사람들에게 각광을 받은 것은 다름 아닌 라디오였다. 1937년경에 미국 가정의 75%가 보유하게 된 라디오는 사람들에게 차마 직면하고 싶지 않은 현실을 떠나 도피할 수 있는 안주처를 제공해주었다. 폭스(Stephan Fox)의 표현을 빌자면 라디오 청취자들은 굳이 일어나서 채널을 돌리고 싶은 마음이 들지 않는 한 라디오 앞에 포로처럼 잡혀 있는 존재였다. 이탈리아의 귀족 마르코니가 1901년 최초로 대서양을 횡단하는 무선통신에 성공한 이후, 1906년에 진공관이 발명되자 음악을 전송하는 것도 가능해졌다. 이 같은 기술을 토대로 1920년에는 최초의 상업방송이 시작되었고, 1933년에는 고품격 음질을 보장하는 FM방송이 출범했다. 라디오는 현장에서 벌어지는 일을 실시간으로 전달했기 때문에 뉴스를 얻기 위해서 신문처럼 다음 날 아침까지 기다릴 필요가 없었다. 또 정치나 경제 등 미리 결정된 지면 제약이 없었으므로 다양한 내용을 전달할 수 있어서 가족오락의 새로운 장을 열게 해주었다. 무엇보다 라디오는 동시에 수백만 명의 사람들에게 도달할 수 있는 강력한 커뮤니케이션 도구여서 광고주들에게 지대한 관심을 받았다. 그러나 최초의 라디오는 광고를 허용하지 않았다. "광고는 초대받지 않은 한 개인의 사생활을 침입할 수 없다"는 믿음과 전파는 공중의 재산이라는 인식 때문이었다. 초기의 라디오 스튜디오 사진을 보면 턱시도를 차려입은 사회자가 마이크 앞에서 프로그램을 진행하는 모습을 심심찮게 볼 수 있다. 스튜디오는 중산층의 거실처럼 화려한 가구로 꾸며져 있는데, 이는 라디오가 표방하는 '가정으로 방문하는 게스트' 역할이 단순한 수사학이 아니라는 사실을 짐작하게 해준다. 초기의 라디오 내용은 단말기를 판매하기 위한 목적으로 개발되었기 때문에 특별한 수익 모델이 만들어지지 않은 상태였다. 그러나 방송국 수가 증가하면서 경영 압박을 겪는 곳이 많아지고 꾸준히 러브콜을 보내는 광고주의 압력이 가세하면서 마침내 라디오는 상업적 메시지를 허용하게 된다. 1922년 뉴욕 라디오방송국 WEAF에서 허용한 최초의 광고는 10분짜리 부동산회사 광고로 주택구매를 권유하는 내용이었다.[21) 광고가 나가자 사람들의 구매가 즉각적으로 이루어져서 광고효과가 입증되었다. 그로부터 1년 이내에 라디오는 콜게이트 치약, 메이시 백화점, 메트로폴리탄 보험회사 등 25개의 광고주를 확보하게 되었다. 하지만 광고주가 증가하는데도 광고에 대한 비판적 정서는 계속되었다. 이것은 방송국 경영자들이 광고 때문에 라디오의 권위가 손상될까 두려워한 결과이기도 했고 사회 비판가들도 라디오의 상업화에 반발했기 때문이었다. 그 결과 1927년까지 전체 프로그램의 20% 정도만이 광고주가 있었고 나머지 프로그램은 광고 없이 진행되었다.

라디오 광고방식을 살펴보면 광고주들, 예를 들어 코닥이나 프록토 앤드 갬블 같은 대기업이 프로그램 하나를 제작하는 데 필요한 비용 전체를 부담하고 프로그램 서두와 말미에 자사 제품의 명칭을 언급하는 형태가 일반적이었다. 예로 치즈와 유제품을 생산하는 크래프트 푸드(Kraft Foods) 사의 <크래프트 뮤직 홀(Kraft Music Hall)> 같은 프로그램은 대중에게 큰 인기를 얻었다. 흥미로운 것은 광고주는 자신이 후원자 역할을 하는 시간대의 프로그램 내용까지 제공해야 했기 때문에 방송사가 아니라 광고대행사에서 프로그램 내용 제작을 전담했다는 것이다. 초기 광고주나 대행사는 '무엇으로 방송시간을 채울 것인가'에 대해 아이디어를 거의 내지 못했는데, 당시까지는 인쇄매체만 존재했기 때문에 참고

---

21) *Printer's Ink*, August, 1922.

로 삼거나 모방할 만한 내용이 거의 없었던 탓이다. 질레트 사는 유행했던 수염 패션에 대해 토크쇼를 기획해 자사의 상품과 밀접하게 연결된 내용을 제공했고, 만담이나 문예극장 같은 오락내용으로 시간을 채우기도 했다.[22]

　가장 인기 있고 청취율이 높은 프로그램은 광고대행사에서 제작한 것이 많았다. 반면 방송사가 자체 제작한 프로그램은 상대적으로 사회경제적 지위가 높은 대상을 위한 문화적인 내용 위주였다. 그러나 세계 명작을 라디오 드라마로 각색한 <아메리칸 머큐리 극장(American Mercury Theater)> 같은 프로그램은 제작자 오손 웰스(Oson Wells)의 <화성으로부터의 침공>이 큰 화제를 일으키자 캠벨 수프 같은 대광고주를 확보하기도 했다.[23]

　매주 정규적으로 방송되던 프로그램들이 청취자 사이에 정착하면서 광고주들은 라디오 방송내용과 광고 방향을 자연스럽게 결정할 수 있게 되었다. 가장 보편적인 형태는 광고주의 브랜드명을 타이틀로 하는 노래와 오락 중심의 버라이어티쇼를 진행하는 것이었다. 하지만 광고와 관련해서 라디오방송국이 제시

---

22) Adams Rusell, *King Gillette: The Man and His Wonderful Shaving Device*(Boston: Little, Brown,1978).
23) 영화배우이자 감독인 오손 웰스는 공상과학소설 『화성으로부터의 침공』을 라디오로 드라마화하는 과정에서 대본이 원작의 의미를 충분히 살리지 못하자 극적인 방법을 시도하기도 했다. 실제로 화성인들이 지구에 쳐들어온 것처럼 대본을 작성한 것이다. 프로그램 도입부에서 앞으로 전개될 상황은 허구라는 것을 밝혔음에도 미처 이를 듣지 못한 청취자들은 화성인들이 정말로 지구를 습격했다고 생각하고 피난을 가기도 하고, 맞서 싸우기 위해 무기가 될 만한 연장을 들고 거리로 뛰쳐나오는 등 엄청난 혼란을 야기했다. 웰스의 엉뚱한 시도에 대해서는 여러 평가가 있었지만 라디오의 엄청난 위력에 대해서는 누구도 반론을 제기하지 않았다.

한 가이드라인에 의하면 프로그램 서두와 말미에 회사나 브랜드에 대한 언급은 하되 구체적으로 상품을 소개할 수는 없었다. 이 같은 제약에 대처하기 위해 광고주들은 기발한 방법을 고안해냈다. 예를 들어 시리얼을 생산하는 제너럴 밀스 사는 어린이를 대상으로 하는 모험극을 제공할 때 자사 제품인 휘티스의 이름을 드라마의 일부에 포함시키는 전략을 썼다.

"아침식사의 황제 '휘티스'가 여러분에게 잭 암스트롱의 모험 이야기를 들려 드리겠습니다. 오늘 처음으로 이 프로그램을 듣는 어린이 여러분을 환영합니다. 잭 암스트롱의 모험을 즐기면서 휘티스 시리얼과도 친해지기 바랍니다"[24] 방송 내용을 내보내는 동안 진행자가 사이사이에 교묘하게 제품명을 끼워넣거나 제 품 사용을 권고하는 관행은 오늘날까지도 계속되고 있다.

내용 문제로 고민하던 라디오는 네트워크화를 추진하면서 새로운 내용과 더욱 다양한 오락거리를 제공할 수 있게 되었다. 네트워크의 등장은 주로 경제적인 동기에서 이루어졌는데, 지역적 매체인 라디오가 타 지역의 방송사와 프로그램을 공유하면 적은 제작비로 많은 방송 분량을 확보할 수 있다는 발견을 통해 급속도로 진행되었다. 최초의 라디오 네트워크는 NBC로, 라디오 수신기를 생산하던 RCA(Radio Corporation of America)의 자회사였다. 이어 CBS가 탄생했으며 1937년에 이르러서 NBC는 전국 가맹 방송사 111개, CBS는 105개를 거느린 대기업으로 자리 잡았다.[25]

불황이 가져다준 하드셀의 강세는 라디오 광고에도 영향을 미쳐 오랫동안

---

24) Christina Mierau, *Accepting No Substitutes!: The HIstory of American Advertising*, p.59.

25) Irving Fang, *A History of Mass Communication: Six Information Revolutions*.

금지되어왔던 가격 언급에 대해 융통성을 부여하는 듯한 조짐을 보였다. 라디오 네트워크의 임원진들은 스스로를 청취자의 거실을 찾는 손님이라고 자처했기 때문에 라디오는 품격을 지켜야 하며, 물건 값을 언급하는 것은 매체의 위상과 맞지 않다고 생각했다. 그러나 1932년 공황의 여파로 역사상 최초로 광고매출 감소를 경험하자 다음 해인 1933년에는 라디오도 상품가격의 언급을 허용하기 시작했다. 공공성과 품격을 표방하는 매체라도 광고가 주된 재정원이 되면 광고계의 영향력에서 자유롭기 힘들다는 것을 보여주는 사례이다. 광고주를 확보하기 위한 매체의 부단한 노력은 라디오 연속극이라는 새로운 프로그램 장르를 만들어내기에 이른다. 낮 시간대인 아침 10시에서 오후 4시 30분까지 라디오는 후원사를 별로 확보하지 못했는데, 광고주들이 주된 청취자인 주부들이 집안일로 바쁠 것이라고 추측했기 때문이다. 그러나 1932년에 블래컷-샘플-휴머트 (Blackett-Sample-Hummert) 대행사가 주부들에게 어필하기 위해 기존의 단막극과 달리 이야기가 연속해서 이어지는 드라마를 고안해내면서 광고주를 지속적으로 확보할 수 있었다. 비누나 세제를 생산하는 기업들이 주된 광고주여서 솝 오페라 (soap opera)라고 부른 이 드라마들은 큰 성공을 거두었다. 이로써 1930년대 불황기에도 라디오는 가족오락 매체로 성숙기를 맞이하고 1938년에는 잡지 광고예산을 능가하는 광고비 지출 1위 매체가 된다.

제4장
제2차 세계대전과 전후 소비사회의 발전 :
1945~1960년대

제2차 세계대전과 광고

전후사회의 변화

광고 메시지 전략

_성(sex)의 도입

_섹스 어필의 이면 : 전통적 가치의 옹호

_새로운 것은 곧 좋은 것

_분화된 소비자에 대한 인식 : 자동차 광고의 사례

_베이비붐 세대, 유스 마케팅

광고대행사의 변화

심리학과 광고의 만남 : 동기조사

1950년대 광고인에 대한 인식

*

제2차 세계대전과 광고

제2차 세계대전은 광고의 모양과 형태에 큰 변화를 불러왔으나 내용이나 방식에서는 제1차 세계대전과 별다른 차이를 보이지 않는다. 광고 메시지의 주된 내용은 '전쟁에서 승리를 거두기 위해 기업은 무엇을 하고 있으며, 시민들은 어떻게 기여할 것인가'였다. 1941년 12월에 미국이 제2차 세계대전에 참전하기로 결정했을 때, 공황으로 긴 불황에 빠져 있던 기업과 대중은 참전을 반겼다. 가전제품이나 자동차 공장들은 조업을 중단하고 전투기와 탱크를 비롯해 군대에 필요한 각종 무기를 생산하기 시작했고, 1942년 광고계 역시 제1차 세계대전 때와 마찬가지로 전시광고자문위원회(War Advertising Council)를 만들어 광고로 축적해온 설득 비결과 인적 자원을 정부에 제공하기로 결정했다. 이 시기에는 제1차 세계대전 때와 유사하게 상품광고가 거의 자취를 감춘 대신 기업의 이미지 광고가 지배적인 양상을 띤다. 승전을 위해 기업이 열심히 보이지 않는 역할을 수행하고 있다는 것을 보여줌으로써 대중에게 호감을 얻고자 했다.

자동차를 생산하는 기업인 캐딜락은 '공격의 선봉대'라는 슬로건 아래 미국 국기가 붙은 탱크나 힘차게 날아가는 전투기 군단을 보여주면서 첨단 무기에

〈사진 4.1〉 자동차 메이커인 캐딜락은 제2차 세계대전 동안 자사의 부품이 항공기에 사용된 것을 강조하는 광고(왼쪽)를 게재했다. 전쟁 수행에 동참할 것을 촉구하는 메시지는 전시광고에서는 매우 흔한 사례이다. 후방에서 군수산업에 참여함으로써 전방에 나가 있는 연인을 도울 수 있다는 내용을 담고 있는 텍사코 광고(오른쪽).

캐딜락의 부품이 사용되었음을 강조했다. 거대 정유기업인 텍사코(Texaco) 사역시 자사에서 가공한 원유가 전투기용 연료로 사용된다는 사실을 알리고 있다. 또 여성 항공기 조립공을 광고에 등장시켜 여성들이 군수산업에 참여하기를 권장하고 있다. "앨리스에서 애디에게, 그리고 아돌프에게"라는 슬로건에는 전쟁에 참여한 남편 애디에게 아내 앨리스의 노력이 전달되어 마침내 아돌프 히틀러를 굴복시킬 것이라는 의미가 내포되어 있다. 광고 아랫단에는 연료와 타이어를 절약하기 위해서 운전 속도를 늦추고, 전쟁채권을 구입하도록 독려하는 메시지를 첨가해 남녀노소 구별 없이 온 국민이 힘을 모아 전쟁을 성공적으로 수행할 것을 촉구하고 있다. 채소 통조림을 생산하는 기업들은 병사들에게 보낼 채소를

〈사진 4.2〉 전시광고의 주요 테마 중 하나는 안보에 대한 강조이다. 1940년에 발행된 일련의 포스터들은 '부주의한 잡담이 생명을 앗아간다(CARELESS TALK COSTS LIVES)'는 공통의 슬로건을 사용해서 시민들에게 일상생활 도처에 적군의 스파이가 존재한다는 사실을 일깨우고 있다.

확보해야 하므로 후방에 있는 대중은 각자 집 뒷마당에 '승리의 정원'을 만들어 텃밭에서 가정용 채소를 키우라고 장려하기도 했다. 또 다른 예로, 전화회사 벨(Bell)은 병사들이 사랑하는 이에게 전화를 걸 수 있도록 가능하면 국제전화를 자제해달라고 광고를 내보냈으며, 한 보험회사는 죽어가는 군인을 살리기 위해 헌혈에 동참하라고 호소했다. 이처럼 전쟁의 대의명분을 칭송하고 국민에게 동참을 호소하는 전시광고는 애국심을 고취시킬 뿐만 아니라 전시광고를 집행한 기업에 대중이 호감을 갖게 만든다. 이로써 광고주들은 전쟁이 끝난 후에도 대중의 우호적인 태도가 지속될 것이라고 믿었다.

전시광고자문위원회도 전쟁의 승리를 위해 다양한 광고를 실시했는데, 대부분 에너지 절약, 안보, 근검 등을 강조하는 내용이었다. "자동차를 혼자 타고 간다면 히틀러를 태워주는 것이나 마찬가지이다", "부주의한 잡담이 생명을 앗아간다" 같은 위협적인 내용은 사람들에게 전쟁에 대한 경각심을 일깨우는 데 중요한 역할을 했다.

제2차 세계대전 동안 광고에 비춰진 여성의 모습에 주목할 필요가 있다. 전시광고는 씩씩하고 의지가 넘치는 여성의 모습을 제시해 후방에 남아 있는 여성들이 전쟁을 위한 활동에 동참해줄 것을 권유하고 있다. 빠르게 돌아가는 군수물품의 수요를 충족시키기에 노동력이 부족했는데 이를 해결하기 위한 가장 현실적인 방법은 여성을 가정에서 나오게 하는 것이었다. 그러나 당시

〈사진 4.3〉 여성들에게 가정에서 나와 군수산업에 합류할 것을 설득하는 전쟁 포스터.

에는 여전히 가부장적인 가치관이 널리 퍼져 있었고, 여성이 경제활동을 할 수 있는 직업은 비서나 타이피스트 정도가 전부였다. 그 때문에 남성의 전유물로 인식되던 생산공장에 여성을 모집하는 것은 결코 쉽지 않았다. 여성의 노동참여를 유도하기 위해 정부와 기업이 모색한 다양한 방안 중에 가장 대표적인 것은 대중문화영역을 통한 설득이었다. 예를 들어 영화 <나사공 로지(Rosie the Rivetter)>는 여자도 훌륭한 항공기 조립공이 될 수 있다는 내용을 담고 있었다. 이후 JWT가 집행한 광고에 다시 등장한 로지는 근육이 발달된 중성적인 모습을 보여주고 있다. 전쟁 이전까지만 해도 성적인 매력이 넘치고 가정에 머무르면서 가족에게 헌신하던 여성에서, 남성처럼 힘든 육체적 노동도 거뜬히 소화할 수 있는 여성으로 변모한 것이다.

그러나 전쟁이 종결될 무렵에는 여성은 가정에 머물러야 한다는 메시지가 대중문화 전반에 걸쳐 다시 확산되기 시작한다. 전쟁에 참전했던 남성들에게

일자리가 필요해졌기 때문이다. 사회로 나온 여성을 다시 가정으로 돌려보내기 위해 사용된 전략은 '죄책감에 의존하기'였다. 육아와 일이라는 상충된 의무 속에서 갈등해온 여성들에게 '아이에게는 엄마가 필요하다'는 메시지를 강조해서 일을 포기하도록 만드는 것이었다. 러키 스트라이크 캠페인과 마찬가지로 <나사공 로지>를 통해서도 광고나 대중문화가 여성에 대한 사회적 인식을 얼마든지 바꿔놓을 수 있음을 알 수 있다.

전후사회의 변화

제2차 세계대전은 미국사회가 1930년대 불황의 그늘에서 완전히 벗어나 정치적·경제적으로 비약적인 성장을 할 수 있는 기회를 제공해주었다. 미국 본토에서 전투가 벌어지지 않았기 때문에 전쟁의 피해를 전혀 입지 않았던 미국은 전쟁에 필요한 무기를 서유럽 참전국에게 판매하는 방법으로 막대한 부를 축적했다. 그 덕분에 전쟁 말기에는 전 세계 금의 60%가 군수물자 대금으로 미국에 흘러들었고 미국 달러는 금과 함께 국제통화의 중심이 되었다. 미국은 전쟁에서 승리를 거두어 국제정치적 차원에서도 유리한 고지를 점령했고 브레튼우즈 체제 아래 IMF, GATT 같은 국제기구 출범에서도 중심적인 역할을 맡아 경제적 우위도 공고히 했다. 또 전후 유럽사회의 복구를 지원하기 위한 마셜 플랜과 라틴아메리카의 ECLA[1] 등과 같이 세계 전역에 분포된 신생독립국의 경제발전

---

1) UN Economic Commission for Latin America(ECLA)의 약자. 미국이 중심이 되어 UN 내부에서 조직한 모델로, 라틴아메리카의 경제개발을 목적으로 한다. ECLA는 라틴아메리카 국가들에게 원료 수출자 역할에서 벗어나 공업화도 병행해야 한다고 강력히 권고했다. 공업화의 추진을 돕기 위해 미국자본과 기업 들이 라틴아메리카로 진출했고 이때 일부

을 지원하는 각종 프로그램을 통해 전 세계적으로 정치적·경제적 헤게모니를
쥐게 되었다.

전후 경기가 안정되자 인구 대다수의 관심이 가정으로 집중되면서 흔히 말하
는 베이비붐 시대가 도래한다. 베이비붐 세대는 1946~1966년에 태어나 복지
국가의 풍요로움 속에서 역사상 유례가 없는 경제적 안정을 누린 세대를 지칭한
다. 베이비붐 세대는 광고발전과도 밀접한 관계가 있는데 이들은 높은 교육수준
을 바탕으로 물질주의를 과도하게 조장하는 광고 메시지의 신뢰도에 회의적인
입장을 표시했고 그 결과 1960년대 크리에이티브 혁명을 유발하는 원동력을
제공했다.

소비생활 측면에서 본다면 노동자의 평균 임금이 전쟁 전과 비교해 두 배가량
상승하면서 블루칼라 노동자들도 전쟁 전에는 생각할 수조차 없었던 안락한
교외주택이나 자동차 같은 고가 상품을 구매할 수 있게 되었다. 1960년경에는
인구 전반에 걸쳐 주택 소유가 당연한 사실로 받아들여진다. 여기에는 할부구매
와 새롭게 등장한 신용카드가 지대한 영향을 미쳤다. 전후 산업화와 도시화의
가파른 성장이 이루어지면서 도시 인구는 급증하는 반면 농업 인구는 25%에서
7%로 급감한다.[2] 도시 인구가 증가하자 자동차, 가구, 가전제품 등의 대량생산
이 더욱 촉진되어 경제를 부양시키고 소비가 활성화되었다.

기업들은 제품 생산의 초점을 "우연히 만들게 된 것들"에서 "사람들이 구매하

기업들은 라틴아메리카 시장을 점유하기 위해 자신들이 거래하는 광고대행사와 동반
진출했다.

2) American Social History Project, *Who Built America? Working People and the Nation's History Vol. 2: 1877 to the Present*(Bedford: St. Martin's Press, 2007).

도록 기대되는 것들"로 변화시켜가는 모습을 보여준다. 기술적으로 영상 이미지를 전송할 수 있게 되면서 텔레비전이 등장하고, 냉동기술의 개발로 냉장고가 등장하게 된 것과는 달리, 전쟁을 치르며 개발된 기술과 신소재 등을 토대로 사람들이 필요성을 크게 느끼지 못한 비필수재도 많이 만들어졌다. 남태평양 전투에서 벌레를 퇴치하기 위해 사용했던 에어로졸 용기 기술을 응용해 가구 광택제, 휘핑 크림, 헤어 스프레이, 향수, 데오드란트 등 누구도 생각하지 못했던 상품이 생산되는가 하면, 역시 군사용으로 개발된 플라스틱을 이용해 다양한 신상품(그릇, 스티로폼, 단추, 칫솔 등)이 만들어졌다. 또 이미 보편화된 상품의 외양을 끊임없이 바꾸고 기능을 추가함으로써 신상품을 출시하는 듯한 인상을 주었다. 하지만 이 같은 노력 이면에는 '매체를 통해 긴밀히 결합된 거대시장'으로 소비자를 인식하는 기업의 시각이 깔려 있었다. 기업은 도시화와 교외 거주 등으로 인해 물리적으로는 분산되어 있을지 몰라도 텔레비전, 잡지 등을 통해서 그 어느 때보다 탄탄하게 연결된 소비자를 광고로 쉽게 설득할 수 있는 존재로 판단하고 '광고포화' 전략을 도입했다. 기업은 소비자의 발길이 매장으로 향하도록 유혹하고 행복은 상품을 소비하는 데 달려 있다고 확신시키기 위해 진지하거나, 유머러스하거나, 성적인 자극을 주는 광고 등 다양한 유형의 광고에 집중적으로 투자했다. 그리하여 1959년 《포춘(Fortune)》은 "광고업계의 최대 전성기가 도래했으며 여전히 진행 중이다"라고 진술했다. 광고예산은 종전기인 1945년 29억 달러에서 1950년 57억 달러로 크게 급증한다.

광고예산 규모가 비약적으로 증가했음에도 광고 크리에이티브는 하드셀과 분위기 위주의 광고가 공존하는 답보 상태에 머무른다. 물론 1950년대에는 로저 리브스가 하드셀을 강조한 광고로 큰 성공과 명성을 얻었지만 일부 광고인들은 합리적인 하드셀은 경제번영기에 적절치 않다고 판단하고 무의식적이거나 잠재의식 차원에서 구매동기를 유발할 수 있는 요인을 찾고자 했다. 그리하여 동기조사를 통해 성과 안전에 대한 욕구가 인간 행동을 유발시키거나 억제하는 가장 기본적인 요소임을 발견했다.

광고 메시지 전략

_성(sex)의 도입

제2차 세계대전 이후 광고들은 보수적인 가치관을 추구하면서도 다른 한편으로는 그 어느 때보다 빈번하게 성(sex)을 광고 도구로 사용한다. 1953년 ≪플레이보이(Playboy)≫의 탄생이 시사하듯, 사회적 풍요로움으로 인해 사회 전반에 물질주의가 팽배하고 성의 개방이 (남성에게만) 허용되기 시작하면서 광고도 이같은 사회 분위기를 반영했다고 해석할 수 있다. 성과 유머를 결합시킨 소재를 일관성 있게 활용한 스프링 밀스(Spring Mills) 사의 광고는 많은 사회적 관심을 끌고 언론보도를 유발시키면서 널리 회자되었고, 10년에 걸친 성적 소구 캠페인의 결과로 성을 광고 담론에 정착시키는 데 크게 기여했다.

광고인들은 두 가지 이유로 성을 사용한다. 첫째, "성을 사용하면 판매가 미친 듯이 증가한다"고 믿기 때문이다. 둘째, "어쨌거나 광고는 상품을 판매하지 못하므로 어차피 하수구로 흘려보낼 돈이면 약간의 재미를 첨가하는 것도 나쁘지 않다"고 생각하기 때문이다.3) 두 가지 생각 중에서 어떤 생각이 더 정확한지는

---

3) John Trytten, "Sex in Advertising: the Easy Way Out," *Sales Management*, Vol. 110(1973), p.37.

향후에 규명되어야겠지만 근대 광고의 태동기부터 나타난 여성의 이미지를 되
돌아보면 성은 광고와 불가분의 관계를 맺고 있음을 알 수 있다. 1900년대에
이미 크라운 코르셋, 소조돈트 치약, 코카 콜라 등의 기업이 아름다운 여성의
이미지를 광고에 적극 사용했다. 그러나 단순히 여성의 아름다움을 넘어 성적
매력을 광고 소구점으로 삼으려는 시도는 제2차 세계대전 이후에 본격적으로
이루어졌다. 이 같은 시도의 최전선에는 기업인 엘리어트 스프링스(Elliott Sp-
rings)가 있었다. 스프링스는 침대 시트 등의 섬유제품을 생산하는 스프링 밀스
사의 사장으로, 섬유와 관련된 기업 7개, 은행 3개, 철도회사를 소유한 거부였다.
제2차 세계대전 후 스프링 밀스 사는 전국 3위의 섬유 생산기업에 올라섰고,
5만 5,000대의 방적기를 돌리는 전국 1위의 생산공장으로 자리 잡았다. 스프링
스는 자사 브랜드인 스프링 메이드(spring maid) 광고 카피를 항상 직접 만들었는
데, 제2차 세계대전 후에는 좀 더 과감한 시도를 해보기로 결심한다. 스프링스의
새로운 광고 아이디어는 1946년 뉴욕 사무소로 보낸 한 통의 메모에 잘 드러나
고 있다.

　　우스꽝스러운(ridiculous) 것과 숭고한(sublime) 것4)을 결합시켜 의미 있는 광고를
만들어낼 수 없는가? 섹시한 광고를 만화로 만든다거나, 만화를 섹시한 광고로 만들
어보도록.5)

4) 나폴레옹 1세는 "숭고함과 우스꽝스러움은 종이 한 장 차이이다(There is but one step
　from the sublime to the ridiculous)"라는 말을 남겼는데 스프링스는 이를 염두에 두고
　메모를 작성하고 있다.
5) Charles Goodrum and Helen Dalrymple, *Advertising in America:the First 200 Years*, p.74.

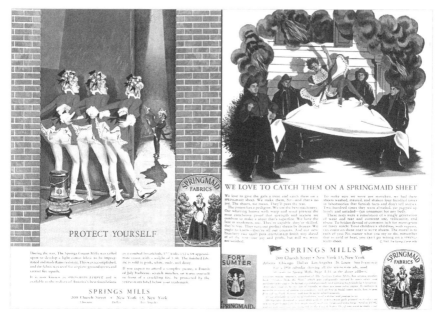

〈사진 4.4〉 스프링 메이드의 광고들. 무대 뒤에서 차례를 기다리는 쇼걸들이 추위를 이기기 위해 스커트를 들추고 난로를 쬐고 있는 장면(왼쪽)은 유머가 가미되어 노출에 대한 거부감을 중화시켜준다. 화재가 나서 2층에서 뛰어내린 여성을 소방관들이 스프링 메이드 침대 시트를 사용해 구조하는 장면(오른쪽)에서는 여성의 속옷과 엉덩이가 드러나지만 화재라는 심각한 상황 때문에 노출의 의미가 많이 희석되고 오히려 재미있다는 느낌을 준다.

　　스프링스는 익살스러우면서도 저속하지 않은 가벼운 분위기의 노출을 시도하라고 주문했을 뿐만 아니라 직접적으로 노출하기보다는 약간의 힌트나 뉘앙스만 풍겨야 한다는 어려운 요청을 했다. 스프링스는 한 일러스트레이터가 바람 때문에 치마가 머리 위로 뒤집어진 여성을 그려서 보내자 "마치 수용소 입구의 공기 살균 장치 앞에 서 있는 것 같다"고 지적하며 캉캉 춤을 추는 것처럼 아주 미묘한 노출을 표현하라고 지시했다. 이후에도 스프링스는 광고물 디자인 과정에서 '모델이 노출을 하더라도 브래지어와 속치마를 입고 있다는 것은 반드시

〈사진 4.5〉 스프링 메이드의 또 다른 광고. 스케이트를 타다가 미끄러지는 순간과 이를 쳐다보며 놀라는 노부부 이미지를 결합시켜 보는 이에게 웃음을 유발시키고, 노출에 관대하게 반응하도록 했다.

드러나야 한다'고 말할 만큼 절제된 노출을 고집한다. 스프링스는 시각적인 이미지뿐만 아니라 카피에서도 성적 내용을 허용하되 보수성을 유지했다. 예를 들어 악당이 아가씨를 유혹해 호텔로 데려가는 꽤나 자극적인 이미지에 "멈춰. 집에 가야겠어. 스프링 메이드의 침대 시트 위에서 나쁜 짓을 할 수는 없으니까"라는 카피를 사용한 것이 그렇다. 그는 성적인 자극을 주되 수위를 유지했으며 해학적인 유머를 첨가해 한 편의 희극 같은 이미지를 만들어내려고 했다. 하지만 자신이 생각한 그림과 카피를 이용해서 광고를 제작해줄 대행사를 찾기는 쉽지 않았다. 어떤 대행사도 성을 도입하려는 그의 아이디어를 받아들이려 하지 않았고 그림이나 카피의 수정을 요구했다. 심하게는 아예 거래조차 하지 않으려고 했다. 광고대행사가 전국 3위의 섬유기업과 철도회사를 소유한 거대기업의 제의를 거절하려면 큰 결단이 필요했을 것이다.

그만큼 당시는 섹스 어필 광고에 대한 인식이 전무했으며 정서적으로도 매우 생소했음을 짐작할 수 있다. 스프링스의 광고는 대행사에게 계속 거절당했지만 우여곡절 끝에 광고업계의 출판물인 ≪애드버타이징 에이지≫에 단 한 차례 게재할 수 있는 기회를 얻었었다. 하지만 광고의 전체적인 질을 떨어트리는 저질 광고라는 비난만 받았다. 스프링스는 이에 굴하지 않고 꾸준히 광고를 만들었다. 그리고 1949년 ≪리버티 앤드 룩(Liberty and Look)≫이라는 잡지에 두 번째 광고를 게재했을 때 전국의 소비자에게 광고 복사본을 보내달라는 요청이 쇄도한다. 더불어 광고를 게재한 잡지는 발행부수도 18만 부나 증가했으며 가판대에서도 완판을 기록했다. 스프링스의 광고는 회를 거듭할수록 점차 많은 잡지에 실렸고, 나중에는 캐딜락 자동차가 페널티 오브 리더십 광고 게재를 요청했던 품격 있는 엘리트 잡지 ≪세터데이 이브닝 포스트≫도 스프링 밀스의 광고를 일부 받아들이게 되었다.6) 이처럼 10년간 일관성 있게 진행된 섹스 어필 광고 캠페인 덕분에 스프링 메이드는 당대의 상품 중에서 브랜드 회상도가 가장 높은 제품이 되었고 판매율 역시 가파르게 성장했다.

그 나름대로 소신을 가지고 광고를 기획하고 제작했던 엘리어트 스프링스는 섹스 어필 광고에 대한 원칙까지 만들었다. 그것은 첫째, 광고 수용자를 지성적인 동료로 상정해야 한다. 둘째, 수용자의 관심을 끌게 되면 유용한 제품정보를 발견할 수 있게 해주어야 한다(그렇지 않으면 수용자는 광고가 몰염치하다고 여길 것이다). 셋째, 성적인 이미지는 가벼운 분위기에서 표현되어야 하며 유머뿐만 아니라 소비자에 대한 존경심도 포함해야 한다.7)

스프링스 이전의 광고가 경건하게 품위를 지키는 맥락에서 성을 다루었다면 스프링스가 다룬 성은 전혀 심각하지 않고 일회적인 상황에 불과한, 세상 물정을 아는 성인들이 한 번 웃고 지나갈 수 있을 정도로 가벼운 것이었다. 스프링스에

---

6) 그러나 ≪뉴요커≫나 ≪라이프≫ 같은 잡지들은 여전히 게재를 거부했으며, 이 같은 광고를 실어 대중에게 보여주는 것 자체를 비판하는 사설을 실었다.

7) Charles Goodrum and Helen Dalrymple, *Advertising in America: the First 200 Years.*

〈사진 4.6〉 1952년 홈코의 잔디 깎는 기계 광고. 여성 소비자를 염두에 두고 노출 수위를 조정해 최종에는 오른쪽 광고를 사용했다.

대해서는 다양한 평가가 공존하지만 그의 광고를 통해 성이 광고의 주요 소재로 자리를 굳힐 수 있었던 것은 명백한 사실이다. 성의 사용이 점차 증가했지만 광고주들은 수용자의 반응을 의식해 매우 조심스러운 접근법을 택했으며 여러 번 고심한 후 최종 광고안을 선택했다. 홈코(Homko)의 잔디 깎는 기계 광고는 과감한 노출을 결정했다가 수용자의 부정적 반응을 우려해서 노출 수위를 낮춘 사례이다.

_섹스 어필의 이면 : 전통적 가치 옹호

광고 속 여성은 성적 매력의 대상이기도 하지만 가족을 돌보기 위해 노력하는 대상이기도 하다. 1950년대 기술발전과 경제성장의 소용돌이에서 대중은 정서적으로 안정을 취할 수 있는 전통적 가치관으로 회귀하려는 성향을 보인다. 특히 전쟁 경험은 가정과 가족의 소중함을 다시 한 번 대중에게 일깨워주었다. 1950년대에 혼인율과 출산율이 증가하고 교회에 다니는 인구가 급증한 사례는 보수적인 가치관이 강화되었음을 드러낸다.[8] 광고는 전후 미국사회가 바람직하다고 생각하는 일상을 충실히 그려내어 전통적인 가치관을 강화하는 데 일조했다. 다양한 상품광고는 이상적인 아버지·어머니·자녀상을 제시했다. 아버지는 강인하고 결단력이 있으며 가정에서든 직장에서든 능력 있는 존재로 묘사되었다. 반면에 여성은 경제적인 생산력이나 사회적 능력을 갖춘 존재가 아니라 아내, 엄마, 주부라는 전통적인 역할을 수행하는 범주에서 만족을 찾는 존재로 그려졌다. 이는 제2차 세계대전 후 여성들에게 가정으로 복귀할 것을 종용한 사회담론과도 밀접한 관계가 있다. 당시 사회는 여성들이 경제적으로 생산적 지위를 획득하는 것을 달가워하지 않았다. 여성이 있을 곳은 가정이라는 전제 아래, 광고는 '새로운 기술이나 제품이 고단한 가사노동을 덜어줄 수 있으며 여성을 하루하루 여왕같이 만들어줄 수 있다'는 주제를 공통적으로 다루었다. 1945년 광고는 성 역할분담이 잘 이루어진 이상적인 가족의 모습을 보여주고 있다. 아내, 엄마, 주부로서 헌신하는 여성의 일과를 아름답게 제시한다. 1950년에 등장한 프리지데일(Frigidaire) 냉장고 광고는 부엌에서 행복해하는 전형적인

---

8) Juliann Sivulka, *Soap, Sex, and Cigarettes: A Cultural History of American Advertising.*

〈사진 4.7〉여성을 가정의 여왕으로 그리고 있는 프리지데일 냉장고 광고(왼쪽). 여왕의 지위를 누리지만 그녀가 통치하는 영역은 부엌이다. 아내, 엄마, 주부의 역할에 행복해하는 여성의 모습을 나타낸 광고(오른쪽).

여성의 이미지를 만들어냈다. 프리지데일 냉장고를 소유함으로써 여성의 행복이 한 단계 상승되고 여왕의 경지에 오를 수 있다는 메시지를 전달하는 것이다.

여성의 성적 매력을 강조하거나 여성에게 제한된 역할만을 부여하는 광고는 1950년대에서 1960년대 초까지는 별다른 저항 없이 받아들여졌으나, 1960년대에 접어들어 반전운동과 페미니즘의 조류 속에서 사회적으로 비판 대상이 된다.

_새로운 것은 곧 좋은 것

전후 대중의 소비태도는 그 어느 때보다 적극적이었다. 여러 요인들이 공존했는데 소득이 증가한 덕분에 생활이 점점 나아진다는 낙관적인 믿음이 팽배했고 전쟁 동안 주춤했던 각종 소비재에 대한 소유욕구가 증가했으며 냉장고, 세탁기, 텔레비전 등 놀라운 신상품이 새롭게 시장에 출시되었기 때문이다. 또한 할부구매나 신용카드 구매를 통해서 현금이 없어도 즉시 상품을 소유할 수 있게 된 점도 소비성향이 증가하는 데 크게 일조했다. 28개의 가맹점을 확보한 다이너스 클럽(Diners Club) 카드를 필두로 1950년에 신용카드가 등장했고 1958년 말에는 50만 명의 사용자를 확보하게 된다.

할부구매가 가구, 가전제품, 자동차 등 비교적 고가의 제품 위주로 이루어졌다면 신용카드는 식당이나 할인점 등에서 소액 상품을 구매할 때 사용되었다. 원금을 상환하는 대신에 이자만 매달 지불하면 사용할 수 있다는 점 때문에 신용카드 사용은 급속하게 증가했다. 신용카드는 소비를 진작시켰을 뿐만 아니라 소비지향적인 생활방식을 확산시키는 데도 큰 기여를 했다. 돈이 없어 물건을 구매하지 못하는 일은 드물었다고 해도 과언이 아니었기 때문이다.

구매에서 가장 중요한 것은 소비욕구이다. 소비욕구를 창출하기 위해 광고주들은 '새롭다'는 개념을 재정립하기 시작한다. 한 번이라도 사용한 것은 새것이 아니며 새것이 아니면 최고가 아니라는 인식을 확산시킨 것이다. 사용한 지 1년밖에 안 된 자동차도, 지은 지 3년밖에 안 된 주택도 일단 사용했으면 중고가 되며, 그렇기 때문에 새것보다는 가치가 떨어진다는 논리를 광고 속에서 반복했다. 소비자에게 최고라는 인상을 주기 위해서는 시장에서 가장 새롭다는 것을 입증해야 했으며, 이를 입증하기 위해 새로움은 가시적 형태로 드러나야 했다. 그 결과 상품 외양이 자주 바뀌게 된다. 토머스 하인(Thomas Hein)은 "1950년도 상품은 무지개처럼 다양하고 선명한 색상으로 출시되었고 지속적으로 스타일을 바꿔나갔다. 평범한 상품은 색다른 디자인을 도입했으며 독특하고 이국적인 형태가 평범함을 압도했다"고 진술한다.9) 우스꽝스러울 만큼 긴 길이 때문에 주차할 때 차체가 손상되는 자동차가 대표적인 사례이다.

새로움에 대한 재정의는 외양의 강조에서 한 걸음 더 나아가 "계획된 구식화 (panned obsolance)" 전략으로 이어진다. 이것은 오늘날의 수명주기와 유사한 개념 인데, "익숙해진 제품의 외양에 변화를 주고 새로운 기능을 추가해서 모든 상품 이 마치 패션의류처럼 유행을 타게 만드는 전략"이었다. 잡지기사, 텔레비전 프로그램, 광고 이미지에서 향산된 상품을 통해 양질의 삶을 얻을 수 있다는 담론이 반복되면서 소비자는 '계획된 구식화'를 자연스러운 것으로 수용하게 되었다. 사회 전반에 new = good = upgrading이라는 등식이 자리 잡게 된 것이다.

_분화된 소비자에 대한 인식 : 자동차 광고의 사례

제2차 세계대전 후 가장 많이 판매된 고가의 상품은 아마도 자동차일 것이다. 전후 10년 동안 자동차 할부구매는 무려 800%가 증가했으며, 1955년에는 하위 25%의 소득 집단 중에 3분의 1가량이 자동차를 소유했다. 1958년에는 약 600만 명에 달하는 10대가 운전면허를 소지했고 그중 150만 명이 자동차를 가지고 있었다. 전후 10년간 사람들은 전쟁 전보다 더 부유해졌고 삶의 질이 향상되었다 는 인식을 공유했다. 이 같은 변화의 상징이 바로 자동차였다.10) 당연히 자동차

---

9) Thomas Hine, *Populuxe*(Bel Air, CA: Overlook TP, 2007), p.20.
10) H. F. Moorehouse, "The Work Ethic and Leisure Activity: the Hot Rod in Post-War America," in P. Joyce(ed.), *The Historical Meanings of Work*(Cambridge University Press, 1987).

업계는 제2차 세계대전 후 가장 큰 광고주로 급부상했다. 자동차 광고예산은 GNP가 증가하는 속도보다 더 빠르게 증가했다. 1950년대 후반에 접어들어서 광고비 예산 10위권 안에 드는 기업 명단에 샤볼레(Chevolait), 포드, 뷰익(Buick), 크라이슬러 등 자동차기업이 대거 포진해 있었다. 자동차와 어깨를 견줄 만한 상품에는 코카 콜라가 유일했다. 전후 자동차 광고는 1920년대에 들어 시도된 시장의 세분화를 더욱 진전시켰고 대상 소비자 집단별로 차별화된 메시지 전략을 구사했다.

자동차 광고의 흐름을 간단히 살펴보면 1920년대 광고는 자동차를 운송수단에서 진일보시켜 소유자의 생활방식을 암시하는 상품으로 만든다. 1920년대 T-카가 출시된 이후에 포드 사는 자동차 시장에서 부동의 1위를 유지했기 때문에 자사 자동차가 계속 지배적인 위치에 머무를 것이라고 믿고 마케팅이나 광고에 상대적으로 소홀했다. 그러나 제너럴 모터스 같은 경쟁사는 다양한 마케팅 기법을 동원해 포드 자동차의 지위를 위협했다. 제너럴 모터스 사는 모든 계층을 대상으로 한 자동차에서 탈피해 다양한 사회경제적 지위를 가진 집단의 욕구와 생활방식에 부응하는 제품의 차별화를 시도했는데, 듀퐁(Dupont) 사 등과 손잡고 차체의 색상을 다르게 하거나 호사스러운 내부 마감재를 사용해 차이를 주는 방식으로 자동차가 사회적 지위를 상징한다는 인식을 확산시켜나갔다.

또한 자사에서 생산하는 브랜드인 뷰익, 샤볼레, 올스모빌(Oldsmobile), 폰티악(Pontiac), 캐딜락(Cadillac)에 서열을 부여했다. 샤볼레는 '생애 처음으로 소유하는 자동차'로, 폰티악, 올스모빌, 뷰익은 '사회적인 성취를 이루어감에 따라 이웃들에게 향상된 사회적 지위를 단계적으로 보여주는 자동차들'[11]로, 캐딜락은 '소수만이 소유할 수 있는 제품'으로 제시했다. 이런 방식으로 별다른 심리적 반발

〈사진 4.8〉 경제성을 강조해서 상류층보다는 사회
초년생이나 중산층 이하의 소비자에게 어필하도록
제작된 샤볼레 자동차 광고.

없이 자동차를 계층화하는 데 성공하면
서 자동차는 시장을 분화시키고 대상 소
비자를 정해 상품을 생산한 최초의 제품
이 되었다. 광고전략 면에서는 어떤 집단
을 염두에 두고 메시지를 기획하느냐에
따라 차별화된 소구법을 도입했다.

1928년 샤볼레 광고를 보면 브랜드 로고
위에 '경제적인 운송을 위한(For Economi-
cal Transportation)'이라는 문구를 넣어 샤
볼레의 매력 포인트가 가격이라는 점을
분명히 하고 있다. 메인 카피에서도 가격
이 낮은 자동차(Low-priced Automobile)라
는 점을 재부각시켜 브랜드 정체성을 일
관성 있게 강조했다.

1930년대 대공황은 향후 자동차 산업이 발전할 수 있는 발판을 마련했는데,
다름 아닌 공공근로 프로그램을 통한 양질의 고속도로를 건설한 것이다. 공황을
극복하기 위해 공적자금을 투입해서 창출된 인력으로 수천 킬로미터에 달하는
고속도로와 국도를 건설했으며, 1930년대 말에는 전국을 잇는 도로망이 완성되
었다. 이 시기에 건설된 도로는 자동차 여행을 즐기기에 더없이 훌륭했다. 자동
차 여행은 운송수단 중에서 가장 저렴했고, 사람들은 자동차를 새로 구매하지

---

11) 캐딜락을 제외한 브랜드 고급도는 올스모빌, 뷰익, 폰티악 순이다.

앉더라도 이미 소유한 차량으로 꾸준히 운행함에 따라[2] 자동차 문화와 일상은 불가분의 관계를 맺게 된다.

10년간의 공황과 5년에 걸친 전쟁이 끝나자 그동안 억압되어온 구매욕구가 터져 나오면서 자동차에 대한 수요가 불같이 번져나갔다.[13] 일반 노동자는 물론이고 전쟁에서 돌아온 많은 군인들도 제대 수당을 털거나, 의무적으로 구매했던 전쟁채권을 팔아 자동차를 구매했다. 그뿐 아니라 아르바이트 등을 통해 돈을 모은 10대들도 중고

〈사진 4.9〉 상류층을 대상으로 화려한 생활방식과 함께 제시된 캐딜락 광고.

자동차를 구입해 운전자 대열에 합류했다. 1950년대 자동차는 그 어느 때보다 새로운 외양을 추구했다. 날개 모양의 긴 꼬리와 번쩍거리는 크롬 도금 등 크고, 길고, 화려한 외관이 전후 자동차가 보여주는 특징이다. 전후의 승리감, 보상심리, 자신감 등에 어필하기 위해서는 대형화와 사치스러움이 적절한 것으로 여겨졌기 때문이다.

자동차 광고의 주된 주제는 스타일을 강조하고 수용자를 분화하는 것이었다. 광고내용은 풍요롭고 향상된 삶의 모습과 고급스러운 외양의 자동차를 중심으

---

12) 공황이 시작되자 자동차 생산량은 70% 감소했으나 가솔린 소비는 불과 4% 감소하는 데 그쳐 불황과 자동차 운행은 상관이 없다는 것을 보여주었다(Gutman, 2007).

13) 전쟁 기간에는 탱크와 군용 트럭 조립 등을 위해 자동차기업들의 조립라인이 동원되었으며 민간용 자동차 생산은 잠시 중단되었다.

로 구성된다. 하지만 그 이미지 너머에 누가, 무엇이 포함되는가는 브랜드별로 미세한 차이가 있다. 특정한 사회경제적 지위나 이해관계를 공유하는 집단을 염두에 두고 의도적으로 설정한 드레스 코드나 여가활동 유형, 주거환경 등을 제시하는 성향은 가능한 최대 공통분모를 향해 '민주적'인 메시지를 전달하고자 했던 제2차 세계대전 이전의 광고와는 뚜렷한 차이가 있다. 이처럼 훨씬 더 차별화된 광고는 수용자에게 "이 자동차는 높은 사회경제적 지위를 가진 사람에게 적절합니다", "화려한 삶을 원한다면 이 자동차를 소유해야 합니다" 같은 메시지를 암묵적으로 전달했다. 사회경제적인 지위를 기준으로 대상을 분명하게 구분 짓고 특정 브랜드와 생활방식을 연관시키는 시도는 광고주가 원하는 소비자 그룹에게 강력하게 어필하는 데 매우 효율적이었으며 동시에 자동차를 사회적 지위의 상징물로 만드는 데도 기여했다. "그들은 오늘 밤 캐딜락을 살 겁니다. 차 중의 차를 몰고 나갔을 때, 자신이 모든 사람이 선망하는 대상이 되었다는 사실을 알면 얼마나 자랑스러울까요?"라는 1955년 캐딜락의 광고 카피는 사회적 지위와 자동차 소유의 상관관계를 성공적으로 연결시킨 사례이다. 1955년 캐딜락 광고와 1956년 플리머스(Plymouth) 광고는 차체의 화려한 외관을 제시한다는 점에서는 공통점을 보여주지만 차의 소유자가 누구이고, 어떤 사회경제적 집단에 속해 있는지에 대한 차이는 분명하다.

시장의 세분화 전략 외에 관찰할 수 있는 또 다른 자동차 광고 마케팅 전략은 수명주기를 단축하는 것이다. 현재 자동차 시장에는 4년 단위로 디자인이나 기능이 바뀌는 관행이 정착되어 있다. 이런 시도는 1950년에 더욱 적극적으로 이루어졌다. 제너럴 모터스 사의 자동차 디자인 책임자인 할리 얼(Harley Earl)은 "우리가 해야 할 일은 수명을 단축시키는 작업이다. 1934년에는 한 모델의 수명

Here's the Jet Age *on wheels!*   Aerodynamic Plymouth '56

〈사진 4.10〉 플리머스 광고. 긴 차체와 과장되게 강조된 날개 장식은 1950년대 자동차의 전형적 모습이다.

이 5년이었지만 지금(1950년)은 2년이다. 수명이 1년이 될 때 우리는 완벽에
도달하는 것이다"[14]라고 말했다. 이는 앞서 논의한 '계획된 구식화' 경향이 사회
전반에 걸쳐 시도되었으며 자동차 산업도 이런 경향을 잘 반영하고 있음을 드러
낸다.

_베이비붐 세대, 유스 마케팅

제2차 세계대전 후 태어난 베이비붐 세대는 전후사회에서 한층 강화된 가족
중심적 가치관의 영향을 고스란히 받고 자란 풍요로운 세대이다. 이들은 산업화,
대공황, 전쟁 등을 겪은 부모 세대에 비해 질적으로 훨씬 향상된 경제·교육

---

14) Stephen Bayley, *Harley Earl(Design Hero Series)*(New York: Taplinger Publishing, 1991),
    p.93.

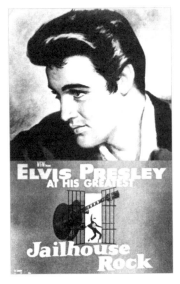

〈사진 4.11〉엘비스 프레슬리의 트레이드 마크가 된 헤어스타일.

환경을 누렸다. 소비할 수 있는 자원도 풍부했으며 생활을 즐길 수 있는 여유도 많았던 베이비붐 세대는 기존 세대와 자신들 사이에 존재하는 차이를 인식하고 부모 세대와 차별화를 통해 스스로의 정체성을 규정하고자 했다. 기성세대와 자신을 구분 짓는 도구는 패션이나 헤어스타일, 음악 등 주로 외양이나 대중문화와 관련된 취향이었다. 10대들은 로큰롤 같은 새로운 대중음악 장르를 자신들의 전유물로 여겼고 로큰롤을 듣기 위해 새롭게 발명된 휴대용 트랜지스터 라디오를 사는 데 돈을 아끼지 않았다. 1955년 10만 대가 팔렸던 트랜지스터 라디오는 불과 3년 뒤인 1958년에 50만 대나 팔렸다.

10대들은 로큰롤의 창시자인 엘비스 프레슬리를 해방의 상징으로 추앙하고 문화 아이콘으로 삼았다. 엘비스 프레슬리의 음악은 물론 외양까지도 흠모와 모방의 대상이 되었다. 그의 덕테일(ducktail) 헤어스타일[15]이 유행했고, 앞가슴이 보일 만큼 깊게 파인 셔츠, 검정색 바지 등이 불티나게 팔려나갔으며, 10대 여성들은 그의 음반을 샀다. 이는 스스로를 성인으로 인식하며 자유와 독립을 갈망한 청소년들의 욕구가 기존 음악장르를 파괴하고 파격적인 스타일을 지향

15) 오리꼬리 헤어스타일이라고도 한다. 긴 양쪽 옆머리를 머리 뒤로 빗어 넘겨 합친 모양으로 10대 소년들에게 주로 어필했다.

한 엘비스 프레슬리의 표현방식과 적절하게 맞아떨어진 결과이다. 물론 모든 베이비붐 세대가 이 같은 현상에 동참한 것은 아니다. 베이비붐 세대는 동질적인 집단은 아니었으며 그중에는 소비 중심의 물질주의적 정체성에 거부감을 표시하는 집단도 있었다. 이른바 비트 제너레이션(Beat Generation)이라고 부르는 이 집단은 '히피족'으로 더 잘 알려져 있다.

미국 소비자 시장에서 나타난 엘비스 프레슬리 효과는 1956년 12월에 발행된 ≪월스트리트 저널(Wall Street Journal)≫의 전면

〈사진 4.12〉 젊은이들의 유행어 "사귀다(go steady)"를 슬로건으로 택해 유스 마케팅에 주력한 세븐 업 광고(1950).

칼럼에 잘 요약되어 있다. 칼럼을 기고한 콜마이어(Lous M. Kohnmeier)는 엘비스 프레슬리와 관련된 각종 판매자료를 제공하면서 '엘비스 프레슬리는 그 자체가 기업이다'라는 요지의 이야기를 했다. 엘비스 프레슬리의 예상치 못한 성공은 광고주들에게 청소년 시장의 잠재력을 일깨워주었다. 이른바 유스 마케팅(youth marketing) 개념이 탄생한 것이다. 광고는 10대를 대상으로 한 독립적인 시장을 형성하기 위해 각종 음반, 음반을 재생할 수 있는 오디오, 화장품, 최신유행 의류 등을 청소년의 필수품으로 제시했다.

한번 습관을 들이면 좀처럼 선호도를 바꾸기 힘든 음료 시장은 지속적인 소비자층을 형성하기 위해 유스 마케팅 전략을 가장 잘 이용했다. 코카 콜라, 펩시 등 음료 브랜드는 10대 소비자를 확보하기 위해 각축전을 벌였다. 이 두 브랜드

〈사진 4.13〉 젊은이들의 취미생활과 로맨스를 소재로 삼아 10대들에게 친근감을 주고자 했던 펩시 콜라 광고들.
음반을 듣고, 이성과 개방적으로 교제하는 등의 이미지는 많은 10대들의 일상을 반영하기도 했지만 동시에 이상적
인 생활방식을 제시하기도 했다.

의 공통점은 자사 브랜드와 10대 사이에 동료의식과 공감대를 만들기 위해 노력
한 것이다. 예를 들어 세븐 업(Seven up)은 10대들이 이성교제에 관심이 많다는
점에 착안해 당시의 유행어인 '사귀다(go steady)'를 주제로 지속적인 캠페인을
실시했다. 잠깐 만나는 것이 아니라 오랫동안 남들이 모두 알 정도로 공공연하게
만나는 관계인 go steady는 많은 10대들에게 선망의 대상이었다. 세븐 업은 "시
원하고 깨끗한 맛과 사귀는 건 멋집니다(It's great to go steady with this cool, clean
taste)"라는 슬로건을 만들어 자사 제품이 10대들의 관심사를 잘 알고, 충족시켜
줄 수 있는 음료라는 점을 부각시키려고 노력했다.

펩시도 마찬가지였다. "젊게 생각하는 사람들을 위한 펩시(Pepsi for those who think young)"라는 슬로건을 사용해 경쟁 브랜드이자 시장에서는 우위를 점하고 있던 코카 콜라보다 먼저 콜라에 대한 10대들의 브랜드 태도를 형성하고자 했다. 패션과 여가에 민감한 10대의 성향을 파악해 10대가 바라는 이상적인 일상의 모습 속에 펩시가 함께 등장하는 광고를 만들어 펩시를 마시는 것이 곧 멋있는 생활방식이라는 의미를 전달했다.

광고대행사의 변화

1950년대 광고업계는 새로운 회사의 탄생보다 인수합병이 더 눈에 띄었고 덩치가 커진 광고기업이 국제적으로 진출하는 양상도 나타났다. 대행사 간에 인수합병이 활발히 일어난 이유는 통합과 거대화가 사업의 안정성을 가져다주고 업계에서 영향력을 강화시켜준다는 인식 때문이었다. 광고규모가 커지면서 광고대행사는 단순히 광고물을 제작하는 데 그치지 않고 더 폭넓고 다양한 서비스, 이를테면 합병효과 조사, 시장분석, 포장디자인, 홍보대행 등 광범위한 서비스를 제공했다. 또 미국 기업의 해외진출이 활발해지면서 광고기업들도 캐나다, 유럽, 라틴아메리카 등지로 동반 진출해 미국 기업의 해외광고 활동을 담당했다. 제2차 세계대전 이전에 이미 주도적인 위치를 차지한 대행사들이 여전히 활발하게 활동하고 있었는데, 그 당시 대표적인 광고대행사는 국제광고로 특히 유명했던 JWT, 매캔 에릭슨, BBDO, 영 앤드 루비캠 등이 있다.

광고대행사 내부를 살펴보면 광고조사 부분, 상품기획, 홍보 분야가 강화되었으며 많은 인원이 충원됐다. 영 앤드 루비캠 사는 홍보전담 지사를 설치했고, 매캔 에릭슨, 콤프턴(Compton), 벤턴 앤드 볼스(Benton & Bowles) 등의 대행사도

1950년대 중반 홍보전담 부서를 설치했다. 대행사 내부에서는 업무를 분담하고 조직체계를 재정비하는 작업이 이루어졌다. 상품기획 부서는 고객을 위해 상품 개발과 포장, 유통 등에 참여했으며, 대상 소비자에 대한 분석을 토대로 판매 소구점에 대한 자문을 제공했다. 미디어 부서에서는 주요 간행물의 발행부수나 광고료 및 게재 조건 등을 고려해 광고를 게재하는 데 적절한 매체를 선정했다. 매체 담당자는 예상비용을 산출하고, 광고 예정일에 맞춰 지면을 계약한 후 원안대로 광고가 게재되었는지 점검한다. 또 매체비용을 결제한 매체 측 영업직원들과 다양한 네트워킹을 쌓는 등 대행사 내부에서 역할분담의 세분화가 뚜렷해진다.

광고예산이 증가하고 광고업무가 세분화되었지만 제2차 세계대전 이후 크리에이티비티는 오히려 하드셀에 가까운 직설적 메시지가 주를 이루며 퇴보하는 모습을 보인다. 경제번영, 신용판매 급증, 가계소득 증가 같은 요인 때문에 시장에는 별반 차이가 없는 비필수재 상품이 넘쳐났다. 기업이 신상품을 대거 출시했지만 참신성이나 차별성이 없을뿐더러 시장 자체의 포화도가 높기 때문에 소비자의 주목을 끌기 위해서는 빠르고 직설적인 광고가 필요했다. 그 결과 카피는 짧고 간단해지는 반면 시각적 요소는 더욱 강렬해졌다. 비슷한 광고 메시지가 난무하는 가운데 수용자가 제대로 읽고 생각할 수 있는 시간은 점점 줄어들었으므로 시각적 요소를 강조해 노출시간은 짧더라도 강한 여운을 남겨야 했던 것이다. 1960년대 크리에이티브 혁명이 일어나기 전까지만 해도 광고표현기법에 뚜렷한 진전이라고 내세울 만한 것을 찾기란 힘들다.

크리에이티비티가 제자리걸음을 하는 가운데 광고조사가 번성한 것은 1950년대 광고의 또 다른 특징이다. 1950년대 광고대행사 내부에서 일어난 조직

분화와 서비스 전문화가 광고조사의 확대를 불러일으킨 주요 요인이다. 그리고 광고에 대한 광고인 스스로의 시각이 변한 것도 조사 부분을 팽창시키는 데 일조했다. 광고인들은 카피라이터의 직관적인 감각에 의존하기보다는 구체적인 통계자료에 근거한 과학적인 정확성을 토대로 캠페인을 기획하고 마케팅 활동을 벌이기를 원했기 때문이다. 큰 대행사는 조사 부서를 확장시켰고 필요에 따라서는 전문적인 외부 컨설팅기관의 도움을 받기도 했다. 대행사들이 신설하거나 업무를 확대한 미디어 부서 역시 매체별로 다양하게 분포된 수용자에 대해 좀 더 정확한 인식을 키우기 시작했으며, 개별 광고의 설득력이나 소비자의 관심을 집중시키는 설득전략에 눈을 떴다. 1950년대 세분화된 시장과 라이프 스타일 마케팅이 가능했던 것은 광고조사를 통해 수집한 방대한 소비자 자료 덕분이다. 막연하게 다수의 소비자를 대상으로 광고 캠페인을 기획하는 것이 아니라 소득수준, 생활방식, 관심사, 소비유형 등에 따라 시장을 세분화하기 위해서는 소비자에 대한 각종 자료가 결정적인 역할을 한다. 1950년대와 1960년대 라이프 스타일 마케팅에서는 잡지가 중요한 매체로 부상했다.

심리학과 광고의 만남: 동기조사

1950년대에는 각종 통계에서 사용되는 계량적 조사와 함께 심리학에 근간을 둔 동기조사(motivation research)가 활발하게 진행되었다. 동기조사는 소비자가 무엇을 원하고 또 왜 원하는지를 인지할 수 있는 합리적·이성적 존재라는 전제를 부인했다. 대신에 인간 행동에 동기를 부여하는 무의식적·잠재의식적 수준을 탐구했으며 이런 탐구를 통해 광고가 어떤 방향을 지향해야 할지 사전에 알아내고자 했다. 동기조사는 기존에 강세를 보인 통계적 기법을 사용해서 조사

자료를 수집하는 대신 심리학과 정신분석에서 추출한 개념을 도입했다. 동기조사는 "사람은 자신도 의식하지 못하는 욕망에 의해 행동한다"는 프로이트의 명제에서 출발해 무의식·잠재의식 수준에서 사람들이 결정을 내리고 선택을 하는 동기가 무엇인지 알아내어 광고에 활용하고자 했다. 동기조사를 주창한 이들은 사람의 머릿속에 어떤 생각이 일어나는지에 대해 모른다면 사람에게 어필할 수 있는 광고를 만들 수 없을 것이라고 생각했다. 그리고 사람의 내면에는 표현되지 않는 생각과 신념이 있으며 이를 찾아내기 위해서는 설문지나 계산기보다 심층 인터뷰, 투사기법, 연상법 등 더 '선진화된' 방법을 사용해야 한다고 믿었다. 특히 많은 상품이 범람하는 경제적 번영기는 의식주 해결이 주된 관심사였던 시기와는 명백히 구분되며, 이때 광고는 reason why 방식에서 벗어나 좀 더 심층적인 차원의 소구점을 찾아낼 필요가 있다고 보았다. 우리에게 가장 큰 영향을 미치는 것은 무엇을 말하느냐가 아니라 어떻게 말하느냐이며 소비는 무의식중에 광고 속 단어 이면에 숨겨진 의미를 찾아내려는 시도를 하므로 의식 세계보다 더 깊은 내면세계에 영향력을 행사하는 주요 심리적 요소를 규명하는 것이 더 중요하다고 생각했다.

동기조사의 선구자이자 주창자인 어니스트 디히터(Ernest Dichter) 박사는 자동차 선택과 관련한 흥미로운 조사결과를 발표해 유명해졌다. 디히터는 크라이슬러 자동차의 구매동기를 조사했는데, 남자들은 지붕을 열고 닫을 수 있는 컨버터블이 매력적이라고 느끼지만 실제로 자동차를 구입할 때 세단을 구입했다. 세단을 선택하는 무의식적인 동기를 추적한 결과, 사람들은 세단의 친숙함과 실용성을 아내와 연관시키고 컨버터블의 화려함을 애인과 연관시키기 때문이라는 것을 알아냈다. 자동차를 구매할 때 결정권자는 주로 남성이다. 남성들은 애인은 로맨틱하고 화려하지만 신뢰하기는 힘들다고 무의식중에 인지하기 때문에 최종적으로 차량을 선택할 때는 신뢰할 수 있는 아내를 연상시키는 세단을 구매한다는 것이다. 레오 버넷, 바이스 앤드 켈러 등 대규모 대행사는 별도로 동기조사부서를 설립할 만큼 광고전략을 수립하는 데 있어 인간 본성에 대한 통찰력이 중요하다는 것을 인정했다. 동기조사 결과들은 소비자의 내면세계에 대해 흥미로운 사실을 다양하게 보여주는데, 예를 들면 여성은 남성의 관심을 끌기 위해서가 아니라 다른 여성에게 인정받기 위해서 아름다운 속옷을 구매한다든지, 남성과 여성은 집을 구매할 때의 동기가 서로 다르다든지 하는 것들이다. 광고인에드워드 바이스(Edward Weiss)는 "수년 동안 광고인들은 상품에만 관심을 가졌으며 상대적으로 사람에 대해서는 소홀했다. 제품에만 주목했지 왜 사람들이 특정 상품을 구매하거나 혹은 구매하지 않는지 별로 신경 쓰지 않았다"고 지적한다.

　동기조사는 소비자가 왜 특정 상품을 구매하지 않는지에 대해서도 해답을 제공했다. 제2차 세계대전을 치르며 인스턴트식 커피나 차, 음식 등이 여럿 개발되었지만 사람들은 여전히 전통적인 요리방식을 고수했다. 광고인들은 인스턴트 제품이 맛이 없기 때문에 소비자에게 외면받는다고 판단했지만 심층적인 동기를 분석한 결과에 의하면 소비자들은 '게으르다, 살림을 제대로 못한다' 같은 비난을 무의식적으로 두려워했기 때문에 인스턴트 제품에 기피반응을 보인 것으로 드러났다. 이 같은 동기조사 결과는 내면의 죄의식이나 공포를 제거하면 문제가 해결된다는 것을 의미한다. 예를 들어 네슬레(Nestle) 사는 인스턴트 커피에 대해 "100% 순수 커피. 자부심을 가지고 내놓으셔도 좋습니다"라는 광고 슬로건을 내놓아 게으름에 대한 비난을 두려워하는 소비자의 심리적 부담을 제거하는 데 상당한 성과를 거두었다. 인스턴트 케이크 가루 역시 주부들에게 외면을 당했는데, 심층적으로 동기를 분석했더니 케이크를 굽는 것이 여성에게 출산을 연상시킨다는 것을 발견했다. 번거로운 케이크 만들기 과정은 무의식중에 출산의 고통과 같은 것으로 여겨졌으며 간편한 인스턴트 제품을 사용해 만든 케이크는 진정한 노력의 산물이 아니라는 일종의 죄책감을 유발한 것이다. 이 문제를 해결하기 위해서는 비록 인스턴트 케이크 가루를 사용하지만 주부가 요리에서 여전히 중요하고도 창의적인 부분을 담당한다는 것을 확인시켜줄 메시지가 필요하다는 결론에 도달했다. 인스턴트 케이크 가루를 주로 생산하는 베티 크로커(Betty Crocker) 사는 "당신은 신선한 달걀을 넣어주세요"라는 카피를 개발했다. 그냥 달걀이 아니라 신선한 달걀을 넣어달라고 요청해서 주부가 케이크를 굽는 과정에서 중요한 역할을 하고 있다는 안도감을 느끼게 한 것이다. 그 결과 인스턴트 케이크 가루에 대한 심리적 장벽을 없앨 수 있었다. 인간의 심리 깊은 곳에 숨겨진 두려움이나 욕망을 이해해서 세품에 대한 무의식적인 저항을 제거하고 호감도를 높이고자 한 동기조사는 많은 사람들에게 관심을 끌었지만 동시에 비난도 받았다. 동기조사에서 얻은 결과를 전체 소비자에게 일반화할 수 있느냐의 문제가 그중 하나였다. 즉 주의 깊고 심층적인 정신분석을 통해 개인에게 얻어낸 숨은 동기를 다양한 배경과 경험, 사회경제적 지위를 지닌 대중 전체에 확대 적용할 수 있는가의 문제였다.

동기조사는 아니지만 숨겨진 내면세계를 읽어서 광고에 활용하려는 다른 시도도 활발하게 이루어졌다. 여성을 대상으로 실시한 심층 인터뷰 자료를 토대로 염색에 대한 심리적 거부감을 해소시킨 클레롤 염색약 광고는 심리학과 광고가 가장 성공적으로 결합한 사례이다. 광고인들이 메시지 전략을 수립하는 데 어려움을 겪는 전형적인 상품군은 두 가지 – 매우 신기한 상품이거나 아주 평범한 상품 – 로 구분할 수 있다. 이른바 필수품이 된 평범한 상품들은 더 이상 이야기할 거리가 남아 있지 않기 때문에 이전 제품과 차별성을 강조하는 것이 중요해지며 광고 메시지 전략은 "새롭게 개선되었다"는 점에 중점을 두게 된다. 그러나 생소한 제품에 새롭다는 인상은 오히려 장애물이 되며 예전부터 있던 친숙하고 낯익은 물건이라는 인상을 주는 것이 주안점이 된다. 텔레비전 수상기처럼 새롭게 등장해 대중화가 이루어지던 상품들은 가구 모양으로 설계되어 거실의 일부로 별다른 이질감 없이 편안하게 받아들여질 수 있도록 하는 디자인 전략을 도입했다. 전쟁 기간에 발명된 머리 염색약도 지금 여성들에게는 매우 자연스러운 생활의 일부이지만 1950년대에는 상황이 전혀 달랐다. 염색은 유명한 여배우나 거리의 여인들이나 하는 것이라는 인식이 지배적이었으며 일반 여성들이 염색을 한다는 것은 생각조차 하지 못하던 시기였다. 조금 다른 맥락이지만 20세기 초반 화류계 여성들은 화장품이 발전하는 데도 지대한 공헌을 했다고 볼 수 있다. 이 여성들에게는 성적인 매력을 표현하는 것이 필수였기 때문에 젊고, 화려하게 보일 수 있는 립스틱, 아이섀도, 마스카라 등의 화장품이 개발과 동시에 빠른 속도로 수용되었다.

제2차 세계대전 중에 소개된 염색약은 가격도 비쌌을 뿐만 아니라 염색 과정도 5단계에 걸쳐 이루어지기 때문에 부유한 소수층에게만 소비가 국한되어 있었고 보수적인 사회 분위기 때문에 대중적인 호응을 얻기는 어려웠다. 이런 환경에서 여성 카피라이터 셜리 폴리코프(Shirley Polykoff)는 "했을까요, 안 했을까요?(Does she … or doesn't she?) 그녀의 머리색은 너무나 자연스러워서 미용사도 확실히 구별하지 못합니다"라는 카피를 썼다. 심층 인터뷰를 통해 알게 된 사실에 따르

〈사진 4.14〉여성의 내면 심리를 카피에 활용해서 큰
성공을 거둔 클레롤 염색약 광고. 아무도 눈치 채지
못할 만큼 자연스럽게 염색한 엄마를 제시해서 여성
이라면 누구나 염색할 수 있다는 메시지를 전달한다.

면 여성은 친구들과 사소한 이야기를
많이 나누지만 중요한 비밀은 가장 가
까운 친구에게도 말하고 싶어 하지 않
는다는 것이었다. 폴리코프는 클레롤로
염색하면 아무도 알아차리지 못한다는
것을 강조했다.16) 남자 상사는 폴리코
프의 카피를 거부했지만 대행사의 여자
동료들은 '남성은 모르는 여성의 심리'
를 적극 지지했고 마침내 그녀의 카피
가 채택되었다. 그리고 클레롤은 캠페
인 6년 만에 판매 매출이 413% 신장되
어 성인 여성의 절반 정도가 염색제품
을 사용하기에 이르렀다. 클레롤 광고
는 염색에 대한 심리적 거부감을 제거해 로레알(Loreal)이나 레브론(Revlon) 등
경쟁사의 매출신장에도 기여했다.

여성의 내면적 공포를 섬세하게 읽어낸 카피에 덧붙여 클레롤 광고는 여성들
을 항상 아이들과 함께 제시해 어머니라는 정체성을 강하게 전달하고 있다.

---

16) S. Polykoff, *Does she … or doesn't she?: And How She Did It*(New York: Doubleday, 1971).
여성을 대상으로 하는 심층 인터뷰 결과 외에도 여성 카피라이터로서 소신도 크게
작용했다. "아무리 내 머리를 칭찬한다고 해도 그것이 염색 머리라는 것을 인정하느니
차라리 죽는 게 낫다고 생각한다. 내 생각이 평범한 다수 여성들과 다르지 않을 것이라
고 확신하기 때문에 자연스러움을 강조하는 카피를 썼다"고 회고하고 있다.

성적인 이미지로 어필해야 하는 거리의 여인이 아니라 육아에 전념하는 평범한 여성들도 머리 색깔을 바꿀 수 있다는 것이 자연스럽게 전달된다. 그뿐 아니라 어머니가 되기에는 훨씬 젊어 보이는 여성들을 등장시킴으로서 염색이 여성들에게 젊음을 가져다줄 수 있다고 약속하고 있다.

한편 인간 내면에 대한 탐구는 잠재의식 광고(subliminal advertising) 기법에 대한 관심으로 이어졌고 효과와 윤리성 부분에서 많은 논란을 일으켰다. 광고인 제임스 비커리(James Vicary)에 의해 처음 시도된 잠재의식 광고는 영화에 팝콘과 탄산음료를 먹도록 권유하는 메시지를 삽입시켜 효과를 알아보고자 했다. 1초의 몇 분의 일에 지나지 않는 찰나의 노출이었으므로 관객은 영화에 팝콘이나 콜라가 나왔는지 전혀 알지 못했지만 영화가 끝난 후에 두 제품의 매출이 증가했다. 이 실험은 사람은 잠재의식 차원에서 충분히 조종당할 수 있는 존재라는 점을 알려주었다. 실험 결과에 고무된 비커리는 LA 라디오방송국 광고 캠페인을 기획했지만 전국방송사업자연합(National Associaltion of Broadcasters)이 나서서 방송을 적극 저지했다. 자유에 민감한 미국인들은 보이지 않는 힘에 의해 조종당하는 것을 두려워했기 때문이다.

보이지 않는, 비합리적인 충동을 찾아내는 데 중점을 두었던 동기조사는 1950년대 많은 관심을 불러일으켰지만 당시의 지배적인 광고기법이라고는 할 수 없었다. 1950년대의 전형적인 광고는 단순한 주제를 자명한 시각적 요소와 함께 반복하는 것이었다. 아나신 광고를 집행했던 테드 베이츠(Ted Bates) 대행사는 동기조사기법이 아닌 계량적 방법과 전통적 인터뷰를 통해 베이츠 광고에 대한 소비자의 반응을 조사했다. 조사는 전국적으로 5,000명의 응답자를 확보하고 광고에 대한 기억 정도와 광고제품의 실제 사용 여부를 중심으로 실시되었다.

조사결과에 의하면 가장 높은 광고포화도를 보인 제품은 크리에이티브 측면에서 가장 뛰어나거나, 가장 많은 예산을 투입한 캠페인이 아니었다. 가장 효과적인 캠페인은 단일 소구점을 반복하는 캠페인이었다.

1950년대 광고인에 대한 인식

그 어느 때보다 광고가 번성기를 누렸지만 1950년대 광고는 이전 시기의 광고와 마찬가지로 광고계 내·외부의 비판과 검열에서 자유롭지 못했다. 비판은 주로 광고산업의 윤리와 신뢰도를 둘러싸고 일어났다. 여론조사결과에 따르면 광고가 사람들의 의식세계에 부정적인 영향을 미친다는 인식이 사회 전반에 걸쳐 증가하고 있었다. 1940년대에 이루어진 조사에서 응답자의 40% 정도가 광고가 소비자를 기만할 수 있다고 답했으며, 54%는 수용자의 정서에 지대한 영향력을 행사한다고 답했다. 그로부터 불과 5년 뒤인 1950년의 조사에서는 무려 80%에 달하는 응답자가 광고는 사람들에게 본인의 형편보다 과하거나 불필요한 물건을 구매하도록 조장한다는 불만을 토로했으며, 81%가 더 강력한 광고규제가 필요하다고 답했다. 그뿐 아니라 1952년에 이루어진 다른 조사에서는 응답자의 68%가 증언 광고가 진실하지 않다고 답했다. 리브스 등이 도입해 상품광고뿐만 아니라 정치광고 영역에서 큰 영향력을 행사한 USP의 윤리성 문제라든가 잠재의식 광고처럼 소비자가 스스로 인식하거나 통제할 수 없는 내면세계를 이용하려는 시도는 광고에 대해 부정적이고 회의적인 시각을 높이는 데 일조했다. 광고와 광고인에 대한 회의적인 시각은 광고의 새로운 설득 방법을 모색하게 만들었고 1960년대에서 1970년대 중반까지 계속된 크리에이티브 혁명을 유발하는 원인이 되었다.

제5장
크리에이티브 혁명기 : 1960년대

로저 리브스
_진통제 아나신과 USP 전략

레오 버넷

데이비드 오길비
_해서웨이 셔츠 캠페인

빌 번바크
_캠페인 사례들
_폭스바겐
_에이비스

　1960년대는 천재적인 능력을 지닌 소수의 광고인들이 광고계를 이끌어간 시기이다. 이들의 영감, 철학, 소신은 광고에 대해 각각 다른 접근법과 메시지 표현법을 발전시켰다. 당시에 이들이 확립해놓은 전통은 현재까지도 광고인들을 지배하고 있다. 리서치(research)가 예술성을 압도하던 1950년대에 광고계는 위험을 피하겠다는 일념으로 안전과 보수성을 고집하면서 사실의 발견과 증거 확보에 집착했다. 그 결과 서로를 모방하는 데 급급한 광고인들과 무미건조한 광고만이 양산되었다. 제2차 세계대전이 가져다준 경제번영으로 광고가 성장하는 데 최적의 환경이 조성되었지만 지나친 풍요는 오히려 창의성의 빈곤을 가져왔고 크리에이티비티는 점점 시들어갔다. 경제적 풍요가 보장되면서 카피라이터나 디자이너들은 새로운 시도를 하기보다는 풍요롭고 안정된 환경을 즐기는 소시민으로 남아 있으려 했기 때문이다. 그러나 1950년대 퇴조한 크리에이티비티는 레오 버넷, 데이비드 오길비, 빌 번바크 등 확고한 광고철학의 소유자들이 등장하면서 중흥기를 맞이한다. 1950년대에 등장한 젊고 회의적인 소비자층이 과거 관습에서 벗어나 새로운 광고 설득방식을 요구한 것도 새로운 광고 조류의 탄생을 촉진시켰다. 사람들은 이 시기를 크리에이티브 혁명기라고 부른다. 1800

년대 말과 1900년대 초반 앨버트 래스커를 중심으로 클로드 홉킨스, 어니스트 엘모 컬킨스, 제임스 케네디 등 일군의 카피 귀재들이 근대 광고의 지평을 열었다면, 1960년대부터 꽃피기 시작해 1970년대 중반까지 이어진 광고혁명은 현대 광고의 전통과 형태를 구축했다고 해도 과언이 아니다.

제5장에서는 크리에이티브 혁명을 주도한 광고인 네 명의 생애와 소신, 주요 캠페인을 살펴볼 것이다. 그중 한 사람인 로저 리브스에 대해서는 약간의 이견이 존재할 수도 있다. 로저 리브스의 작품을 창의성과 연관시켜 바라볼 수 있는가? 그의 광고철학이 클로드 홉킨스와 어떤 차이가 있는가?라는 질문을 받는다면 리브스는 자신만의 독특한 크리에이티브를 창안한 인물이라고 말하기 힘들 수도 있다. 그러나 전통적 소구법을 현대적으로 재해석한 리브스의 견해와 전략은 오늘날에도 여전히 효과를 발휘하고 있으며 광고인들에게 통찰력을 제공하는 부분이 있다는 점에서 크리에이티브 혁명을 주도한 인물에 포함시켜도 무방할 것이다.

로저 리브스

로저 리브스(Rosser Reeves, 1910~1984)는 크리에이티브 혁명을 주도한 4인방 중에서 가장 상이한 접근 방식으로 광고를 바라보았으며, 그가 구가한 전성기 또한 다른 사람들보다 조금 빨랐다. 리브스는 1950년대에 이미 가장 영향력 있는 광고인이었으며, 데이빗 오길비의 멘토였고, 말년에는 테드 베이츠 대행사에서 일한 인물이다. 리브스는 광고와 소비자 간의 상호작용에 대해 그 나름의 이론을 확립했는데, 그의 의견에 의하면 소비자들의 현명한 결정을 방해하는 것은 비합리적인 충동이 아니라 넘쳐나는 광고 메시지이다. 범람하는 광고 메시지 속에서 소비자를 효과적으로 설득할 수 있는 방법은 USP(Unique Selling Pro-position)라는 게 그의 지론이었다. 특정 브랜드를 다른 브랜드와 차별할 수 있는 것은 여러 정보가 아니라 하나의 단일 주장이라는 리브스의 철학은, 1910년대 광고는 하드셀이라는 클로드 홉킨스의 주장과 거의 일치한다. 그는 하나의 메시지를 집중적으로 반복하는 방법을 채택했고, 핵심 메시지에서 관심을 분산시키는 '창의적인' 요소들을 악마라고 부르기까지 했다. 매번 캠페인이 완료될 때마다 리브스는 전국 수천 명의 소비자를 대상으로 USP 메시지를 기억하는지 조사했는데 놀랍게도 응답자의 대다수가 기억하고 있었다.

리브스는 1910년 장로교 목사의 아들로 태어났다. 책벌레였던 그는 열 살 때 소설과 시를 쓰기 시작했고 신문이나 잡지에 간간이 작품을 발표하는 등 문학적 소양을 갖춘 청년이었다. 변호사가 되기 위해 버지니아 대학에 입학했으나 2학년이 되던 해에 대공황이 닥쳐서 학교를 그만두고 일자리를 찾아야 했다. 문학적 소양을 살려 은행의 사보 담당자로 일하던 리브스는 광고 부서로 옮겨 근무하게 되었다. 남다른 열정과 글솜씨로 뉴욕의 세실(Cecil) 광고대행사에 진출하게 된 그가 맡은 첫 번째 업무는 카피 작성이었다. 세실에서 그의 멘토는 이미 광고계의 대부가 되어 있던 제임스 케네디였다. 케네디는 클로드 홉킨스의 영향을 받아 하드셀 카피를 고수하던 인물이었다. 리브스 역시 reason why를 고수했으며 케네디가 주장한 '인쇄된 판매술'이 광고를 가장 잘 정의할 수 있는 개념이라고 생각했다. 카피라이터는 카피를 통해 소비자의 구매 행동을 이끌어 내야 하며 그렇지 못한 카피라이터는 실력이 없다는 것이 리브스의 소신이었다. 리브스에게 광고는 공학과 유사한 과학이었고 문제를 해결하기 위한 상업적 도구였다. 만약 고객의 제품이 경쟁사 제품과 다른 점이 없고 USP를 만들어내기 위해 제품에 변화를 주는 것이 불가능할지라도, 대중에게 제시할 새로운 이야기를 찾는 것은 얼마든지 가능하다고 생각했다. 그가 찾아내려 애썼던 것은 엄밀히 말하자면 제품 자체의 독특함이 아니라 주장의 독특함이라고 할 수 있다.

_진통제 아나신과 USP 전략

로저 리브스가 집행한 광고 캠페인 중에 가장 많이 알려진 것은 진통제 아나신 광고일 것이다. 리브스는 아나신이 다른 진통제보다 훨씬 강력한 효과가 있는 제품이라고 규정했다. 대대적인 캠페인은 1940년대 라디오를 통해 진행되었는데, 아나신은 의사의 처방을 받아야만 구입할 수 있는 복합성분으로 구성되어 있음을 강조했다. 그리고 아나신을 광고할 때 망치로 두들기는 듯한 통증, 스프링으로 후벼 파는 듯한 통증, 번개가 치는 듯한 통증 등 모든 두통을 시각적으로 생생하게 묘사한다. 흥미로운 점은 리브스가 숫자 '3'의 힘을 직관적으로 이해했다는 것이다. 독실한 감리교도인 리브스는 성부·성자·성신을 언급하는 삼위일체식의 주장을 의식적이건 무의식적이건 자주 활용했는데, 아나신 광고에서도 세 가지 두통 그림이 등장한다. 그뿐 아니라 아나신 포장지에도 "Fast, Pain, Relief" 세 단어를 사용했으며, 아나신의 효능도 "통증제거, 긴장완화, 불안감소" 세 가지를 제시했다. 기독교적인 가정환경의 영향력을 언급하지 않더라도 리브스는 간단한 반복의 인지효과를 충분히 이해했던 광고인이었다.

아나신 광고가 텔레비전에서 나왔을 때, 전지전능한 느낌을 주는 목소리의 성우가 "아나신은 의사 처방전과 같습니다. 이 말은 여러 성분이 복합적으로 들어 있다는 것입니다. 가장 많은 의사들이 처방하는 진통제 아나신, 아나신은 아스피린에 없는 성분이 들어 있습니다"라고 말하면 "아나신은 통증을 완화시

〈사진 5.1〉 두통의 종류를 생생하게 시각화한 아나신 광고.

키고 긴장을 풀어주며 불안을 감소시킵니다"라는 후렴구가 뒤따랐다. 아나신 광고는 아마도 사람들이 가장 혐오하는 광고 중에 하나였을 것이다. 어디를 가든 유쾌하지 않은 두통 그림과 슬로건을 피할 수 없었고, 심지어 쿠바 미사일 사태로 국가가 위기에 처했을 때도 앵커 월터 크롱카이트가 "아나신 광고를 듣도록 하겠습니다"라고 말할 만큼 모든 매체와 프로그램에 등장하는 융단 폭격식 광고였기 때문이다. 사람들의 호불호와는 관계없이 광고 포화상태에 이른 아나신은 엄청난 매출신장을 가져와 캠페인을 실시한 지 불과 8개월 만에 1,800만 달러에서 5,400만 달러로 매출이 급증했다. 리브스는 반복적인 메시지의 힘을 알고 있었던 것이다. 또 '가장 많은 의사들이 처방하는'이란 카피는 오늘날까지도 의약 제품 카피에서 가장 자주 등장한다. 치과 의사가 등장해 '치과 의사들이 가장 많이 사용하는 콜게이트 칫솔'이라고 진술하는 광고는 아나신의 1990년대 버전이라고 해도 과언이 아니지만 여전히 사람들에게 신뢰감을 주고 있다. 리브스는 "의사들이 가장 많이 처방한다"는 USP는 홉킨스의 USP와 다르다고 설명한다. 홉킨스는 경쟁자보다 먼저 주장하는 한 무엇을 말하든 상관없다는 입장이다. 예를 들어 맥주를 생산하는 모든 기업이 증기로 병을 세척하더라도 우리 제품만 위생적인 증기 세척을 한다고 소비자가 믿게 하면 된다는 것이다. 그러나 리브스는 제품 특성에 덧붙여 제품이 소비자의 욕구를 충족시켜줄 수 있다는 점까지 명백하게 약속해야 한다는 신조를 가지고 있었다. 그러나 리브스의 USP는 메시지의 윤리성에 대한 논쟁을 불러일으킨다는 점에서 한계가 있다. 의사들이 아나신을 가장 많이 처방한다는 진술은 허위는 아니었지만 아나신이 조사 대상으로 삼은 의사들은 아나신의 제조사와 매우 친밀한 관계를 유지하는 집단이었기 때문이다. 리브스의 USP는 상업광고에서뿐만 아니라 정치광고에서도 힘을 발휘해 아이젠하워가 대통령에 당선되는 데 크게 공헌했다. 제2차 세계대전에서 대서양 연합군 총사령관으로 전쟁을 진두지휘했던 그를 '평화의 사나이 아이젠하워'로 제시한 것 역시 윤리적인 논쟁의 여지를 남겼다. 1970년대 중반 타이레놀의 등장으로 막을 내리게 되었지만, 아나신으로 대표되는 리브스의 광고 캠페인은 광고 역사에서 USP 전략을 가장 잘 구사한 사례로 남아 있다.

레오 버넷

레오 버넷(Leo Burnett, 1891~1971)은 1891년 자동차 산업의 중심지인 미시간 주에서 잡화점을 운영하는 상인의 아들로 태어났다. 어려서부터 부친의 일을 도와 배달 일을 한 버넷은 영업과 판촉에 대해 나름의 방법을 터득했다. 예를 들어 배달 트럭의 차양에 가게 이름을 써넣는다든지 간단한 전단지 제작을 시도했는데, 유년기의 이러한 경험은 후일 그가 광고를 직업으로 선택하는 데 적잖은 영향력을 행사했다고 볼 수 있다. 버넷은 미시간 대학에 진학해 커뮤니케이션학을 공부했고 졸업 후에는 지역 신문사에서 기자로 일했다. 20세기 초 자동차 산업의 활황은 버넷에게 새로운 기회를 제공했는데, 제너럴 모터스 자동차의 일부인 캐딜락에서 뉴스레터 편집 일을 맡게 된 것이다. 그는 1930년 캐딜락의 사보 편집장을 맡기 전까지 제너럴 모터스 사에 소속된 최고의 카피라이터들과 일하며 광고에 대한 자신의 재능을 발견했다. 이후 광고대행사 어윈 웨이지 (Erwin Wasey)에서 부사장을 역임하면서 전문 광고인의 길을 걷게 되고, 마흔 살이 되던 1935년에는 집을 팔고 여기저기에서 빚을 낸 돈으로 시카고에 자신의 이름을 건 대행사를 설립하게 된다. 경제공황기에 대행사를 차리는 것은 무모한 일일 수 있었다. 하지만 그는 당시 광고 크리에이티브나 캠페인 관행에 대해 뚜렷한 비판의식을 가졌기 때문에 다소 '위험한' 결정을 내리는 데 주저하지 않았다. 버넷은 1930년대 공황기 광고들이 어리석고 따분하다고 느꼈으며, 쿠폰 발행이나 무료증정 같은 판촉도 쓸모없다고 생각했다. 또 각종 광고와 관련된 조사결과가 실제보다 과장되거나 과대평가된다고 여겼다. 버넷은 제품에 독특한 개성을 부여하는 것이 광고에서 가장 중요하다는 신념을 가지고 있었다. 또 제품의 독특하고 특별한 점을 찾아내어 진실되고 흥미롭게 제시하는 것이 광고인의 역할이라고 평생토록 믿었다. 버넷은 필스베리, 켈로그, 캠벨수프, 프록토 앤드 갬블 같은 거대기업을 광고주로 확보했지만 광고조사의 중요성을 별로 인정하지 않았다. 대신 카피라이터의 상상력과 몇 가지 기본 원칙에 충실한 광고가 훌륭한 광고라는 소신을 보였다. 버넷의 원칙 중에 대표적인 것은 내재된 드라마의 발견, 사람들에게 친밀감을 주고 쉽게 공감대를 형성할 수 있는 민담 속 캐릭터나 상징물을 이용하는 것이다. 이러한 원칙은 조사를 통해 정립된 것이 아니라 버넷의 오랜 경험에서 우러난 것이었다.

대행사를 설립하고 나서 버넷이 최초로 맡은 대규모 프로젝트는 프록토 앤드 갬블의 이미지 제고 캠페인이었다. 당시 프록토 앤드 갬블은 18개의 일상생활용품을 생산해 6억 9,600만 달러의 매출을 올리는, 미국 전역을 통틀어 가장 큰 광고주였다. 미국 의회가 대기업의 과다경쟁 결과를 조사하려는 계획에 착수하자 프록토 앤드 갬블은 불안을 느끼고 조사 과정에서 발생할지도 모르는 사회적 비판에 대응하기 위해 광고 캠페인을 의뢰한 것이다. 버넷은 ≪타임(Time)≫이나 ≪라이프(Life)≫처럼 당대에 가장 영향력 있는 잡지에 전면광고를 실어 프록토 앤 갬블이 생산한 다양한 제품이 소비자에게 어떤 혜택을 제공했는지 알리는 데 주력함으로써 프록토 앤드 갬블에 대해 긍정적인 이미지를 형성하고자 했다. 그러나 버넷과 프록토 앤드 갬블의 만남은 첫 단계부터 삐걱거렸다. 프록토 앤드 갬블은 사전조사와 소규모의 테스트 마켓(tset market) 기법을 사용해 사전 광고효과를 측정하고자 했지만 버넷은 사전측정을 별로 중요하게 생각하지 않고 광고주가 무조건 크리에이티브에 대해 신뢰해주기를 원했기 때문이다. 버넷의 생각대로 진행된 캠페인은 잡지 광고에서 실패했지만 같은 아이디어로 제작된 텔레비전 광고가 큰 효과를 거두면서 프록토 앤드 갬블은 버넷을 신임하게 되었다. 프록토 앤드 갬블은 1953년 비누 광고 계약을 시작으로 버넷의 대행사가 성장하는 데 크게 기여한 광고주가 되었고, 오늘날까지도 프록토 앤드 갬블과 버넷 대행사의 관계는 돈독하다.

버넷과 인연을 맺은 또 다른 광고주는 시리얼 등의 식품류를 생산하는 켈로그 사이다. 창립자인 윌 키스 켈로그(Will Keith Kellogg)는 제7안식일 예수재림교도[1]인 동생의 영향을 받아 '건강한 식단'에 관심을 보이게 되었고, 당시 사람들이 아침식사로 먹던 베이컨과 달걀을 대신할 수 있는 곡물 시리얼을 제공하겠다는

---

[1] 이 종교는 '부정한 음식'과 육류를 엄격하게 금하고 채식을 강조한다. 이런 식생활을 통해 인간의 품성이 변할 수 있다고 믿기 때문이다.

〈사진 5.2〉내재된 드라마를 잘 포착한 필스베리 케이크 믹스 광고. 빨간색 체리 토핑이 하얀색 크림과 강렬한 시각적 대조를 이루면서 두툼한 케이크 아래로 흘러내리는 모습은 보는 이에게 군침을 돌게 하는데 버넷은 이를 내재된 드라마라고 칭한다.

아이디어를 내세워 1909년 켈로그(Kel-logg) 사를 설립했다. "인류에게 더 나은 영양을"이라는 모토를 내건 켈로그와 그에게 호감이 있었던 버넷은 서로에게 강한 매력을 느꼈다. 이후 켈로그 사는 버넷에게 콘 팝스, 콘 소야, 라이스 크리스피 등 다양한 켈로그 시리얼 광고를 맡긴다. 이때 버넷은 당시로서는 획기적인 광고 방법을 생각해내는데, 이것은 바로 포장용기를 광고매체화한 것이었다.

앞서 퀘이커 오트밀의 사례에서 포장이 상품을 매력적으로 부각시킬 수 있다는 점을 살펴보았다. 버넷은 시리얼 포장용기에 관례적으로 사용되어온 큰 글씨의 제품명을 과감하게 생략했다. 제품명이 사라진 빈 공간에 켈로그의 머리글자를 따서 색색으로 그래픽 디자인한 'K'를 배치해 소비자들의 이목을 집중시키는 데 성공했다. 버넷은 모든 상품에는 드라마틱한 매력이 있고 이것이 소비자들에게 강한 인상을 남긴다고 굳게 믿고 있었다. 예를 들어 케이크의 드라마는 먹음직스러움이다. 광고는 지금 당장 먹고 싶다는 충동이 들도록 케이크를 먹음직스럽게 제시해야 한다. 버넷은 광고인의 사명에 대해 "모든 제품에는 타고난 드라마가 숨어 있다. 우리의 최우선적인 과제는 그 드라마를 포착해 믿음이 가는 형태로 제시하는 것"이라고 말했는데 실물보다 더욱 군침이 도는 케이크 사진이나 손에 닿으면 시릴 듯한 투명한 얼음 사진처럼 제품의 매력과 특징을 가장 두드러지게 부각시키는 이미지를 제시해서 소비자에게 제품을 소유하고 싶다는 열망을 불러일으켰다.

버넷의 크리에이티브 기법 중 가장 두드러지는 것은 민담이나 역사 속에 존재하는 보편적이고 친근한 캐릭터를 발굴하고 사용한 것이다. 이른바 친숙하고 인간적인 측면(friendly kind of humanness)을 활용해서 소비자에게 재미를 주자는 것이다. 이미 존재하는 문화적 레퍼토리(repertory)를 재활용하는 것이 광고에서 중요한 요소로 인식되는 독창성과 관련해 어떤 의미가 있는지 생각해볼 여지는 있다. 버넷은 독창성 자체를 높이 평가하지는 않았다. 그는 "단지 남과 다르다는 것을 보여주기 위해 새로운 것을 추구한다면 아침마다 입에 양말을 물고 출근해야만 한다"고 말하면서 공감을 불러일으키지 못하는 독창성은 의미가 없다고 강조했다. 버넷이 역사나 민담에서 발견해 친근한 캐릭터로 만들어낸 사례는 그린 자이언트, 켈로그 사의 호랑이 토니(Tonny the Tiger), 필스베리 사의 도우보이(Dough Boy)[2] 등으로 매우 많다.

이 중에 가장 유명한 것은 필립모리스 사(Philip Morris Companies Inc.)를 위해 찾아낸 말보로맨이다. 미국 역사의 전형적인 인물인 카우보이는 대중의 잠재의식에 강하게 어필했다. 버넷은 카우보이를 선택한 이유를 다음과 같이 말한다. "카우보이는 남성성을 상징한다. …… 이렇게 말하면 프로이트의 이야기를 되풀이하는 것 같지만 사실은 그렇지 않다. 우리는 조사결과와 오랜 전통을 가진 광고인의 직감에 의존해 카우보이를 선택한 것이다."[3] 원래 말보로 담배는 여성

---

[2] 밀가루 반죽으로 만든 귀여운 아기 캐릭터로 케이크 가루, 비스킷 가루 등 다양한 밀가루 가공식품을 생산하는 필스베리 사의 상징이다.

Come to where the flavor is.

〈사진 5.3〉 카우보이의 남성스러움을 잘 포착한 말보로 담배 광고.

용 제품으로 고안되었다. 담배 끝에 둘러진 빨간 줄은 립스틱 자국이 보이지 않도록 하기 위한 배려였다. 슬로건도 "루비 같은 당신의 입술에 맞춘 체리빛 줄무늬"였다. 그러나 필립모리스 사는 이런 접근이 적절하지 않다는 것을 깨달았다. 여성은 남성용 담배를 자유롭게 피울 수 있지만 남성은 여성용 제품을 절대 쓰지 않는다는 것을 알았기 때문이다. 사람들은 자신보다 지위가 낮다고 여겨지는 집단의 제품을 달가워하지 않는 편이다.

1956년 필립모리스 사는 말보로를 남성의 담배로서 재정립하기로 결정하고 버넷에게 이 작업을 위임한다. 버넷은 먼저 남성적 이미지를 강조하기 위해 포장을 플립 탑(flip top) 형태로 바꾸고 포장지 색도 바꾼다. 1955년 1월 "보안관 (The Sheriff)"이라고 명명된 흑백의 카우보이 사진을 뉴욕, 텍사스, 캘리포니아, 워싱턴 D.C., 필라델피아 등 미국 전역에 배포한다. 그리고 빨간색과 흰색 포장지를 전면 빨간색으로 바꿔서 출시했다. 당시 필립모리스 사의 마케팅을 담당하고 있던 스타 리서치(Star Researcher) 사의 부사장 조셉 쿨맨(Joseph F. Cullman)은 이 한 편의 광고로 출시 30일 만에 말보로 담배가 뉴욕에서 매출 1위를 차지했다고 말했다.4) 이후 말보로 광고는 카우보이 외에도 다이버, 미식축구선수, 카누이

---

3) S. Broadbent, *Leo Burnett Book of Advertising*(Business Books, 1984).

스트, 카레이서 등을 등장시켜 터프함과 남성미를 강조했고, 모델들의 팔이나 손에 문신을 새겨 넣는 등 다양한 방식으로 극적인 이미지를 부여했다. 하지만 말보로는 결국 카우보이 이미지로 돌아갔고 이후에는 계속해서 카우보이 이미지를 고수하는데, 이것은 소비자가 카우보이를 가장 남성적인 캐릭터로 생각했기 때문이다. 말보로는 일관성 있는 캠페인을 통해 오늘날 세계에서 가장 많이 팔리는 담배 브랜드로 남게 되었다.

이처럼 전설과 민담 속에서 오랜 세월 동안 존재해온 인물이나, 시대적 감정구조5)에 근거해 창조한 친근한 인물을 적극적으로 활용하는 버넷의 방식은 역사에 남을 만한 캠페인을 대거 탄생시켰다. 그의 접근법은 문화적 공명도6)와 광고효과의 밀접한 관계에 대해서도 많은 것을 시사해준다.

1967년 레오 버넷이 자신의 대행사 연례 조찬회에서 행한 연설은 그의 광고철학을 잘 드러낸다. "36년 동안 대행사에서 일하면서 내가 광고하는 제품을 신뢰하지 않는다면 소비자에게 정직하지 않은 광고를 하는 것이라고 생각해왔다. …… 당신이 돈을 버는 데 시간을 더 할애하고 광고를 만드는 데 시간을 아낀다면, 완벽한 광고를 만들기 위한 열정을 포기한다면, 당신의 주된 관심이 훌륭한 광고품질이 아니라 단지 광고의 규모에 그친다면, 진실로 창의적인 대행사가 되는 대신 우리는 창조적인 대행사라고 말치레를 하는 데 그친다면…… 모든 제작진은 엘리베이터 구멍 아래로 뛰어내리는 편이 낫다"는 베넷의 연설은 광고

---

4) Mark Tungate, *Ad Land: A Global History of Advertising.*
5) 한 사회구성원들이 특정 대상에 대해 친숙하다고 인식하는 정도. 현대사회에서 사람들이 공유하는 친숙도는 주로 문화영역을 통해 형성되기 때문에 이같이 칭한다.
6) 문화적 공명도는 세대·성별·사회경제적 지위에 따라 차이를 보일 수 있다.

인으로서 확고한 사명감을 표현해내 많은 사람이 감동의 눈물을 흘리게 했다.[7] 버넷은 자신의 광고주 제품에 대해 철저한 신뢰를 보인 것으로도 유명하다. 저혈당으로 쓰러져 동료들이 초콜릿을 찾느라 부산할 때에도 자신이 광고했던 네슬레 사의 초콜릿을 가져오라고 말했다는 에피소드가 한 사례이다.

1960년대에 들어서 미국 기업이 확장되면서 광고대행사들도 해외광고를 통해 매출이 늘어났고 합작과 인수를 통해 전 지구적으로 규모를 확장해나갔다. 매캔 에릭슨(McCann Erikson)은 전체 매출 중 46%를 해외에서 달성할 정도였다. 레오 버넷 대행사(Leo Burnett Company) 역시 광고주들이 자국의 광고대행사가 해외에 진출하기를 바란다는 사실을 인정하고 영국의 론드 프레스 익스체인지(Lond Press Exchange) 사와 합병해서 연매출 3억 7,300만 달러를 달성하는 세계 5위의 대행사로 급부상하게 되었다.

데이비드 오길비

런던에서 태어나 옥스퍼드에서 잠시 교육을 받은 데이비드 오길비(David Ogilvy, 1911~1999)는 다양한 사회 경험과 조사 부분의 뛰어난 역량을 바탕으로 미국 광고시장에서 대성했다. 광고에 입문하기 전에 오길비도 여러 직업을 거쳤는데, 1938년까지는 파리에서 호텔 주방장을 했으며, 영국에서는 오븐 영업사원을 했다. 그는 영업에 탁월한 소질이 있었는데 회사의 권유로 영업사원을 위한 지침서를 만들었고, 이를 읽어본 매더 앤드 크로더(Mather and Crowther) 대행사의 제안을 받아들여 인턴으로 일하게 되었다. 이후 오길비는 본격적으로 광고인의

7) Joan Kufrin, *Leo Burnett, Star Reacher*(Chicago: Leo Burnett Company, Inc., 1995).

길을 걷기로 결심하고, 영국 광고계보다 30년쯤 앞서 간다고 평가받던 미국으로 이주했다. 그러나 미국시장은 영국에서 온 이름 없는 광고인에게 냉담했고, 일자리를 찾지 못한 오길비는 3년 동안 갤럽(Gallup) 사에서 여론조사 업무를 수행했다. 오길비는 갤럽 사에서 일하면서 미국 전역을 여행할 기회가 생겼는데 이때 사람들의 희망, 꿈, 습관 등을 접하게 되었다. 오길비는 이때만 해도 자신이 광고대행사에서 일할 수 있으리라고는 생각하지 않았다. 출판되지 않고 대행사 내부에서만 읽힌 그의 1986년 자서전을 보면 이런 대목이 있다.

나를 고용할 대행사가 있을까? 서른여덟 살의 실업자. 나는 전에 요리사였고 세일즈맨이었으며 농부였다. 마케팅에 대해서 아무것도 모르고 카피를 써본 적도 없다. 광고를 직업으로 삼겠다고 하면서 연봉 5,000달러를 원한다. 어떤 대행사가 나 같은 사람을 원하겠는가.[8]

광고대행사에 취업하는 것이 불가능하다고 판단한 오길비는 1948년 스스로 대행사를 설립하기로 결심하고, 당시 매더 앤드 크로더 대행사의 대표였던 친형에게 자금을 빌린다. 또 영국의 유명한 벤슨(S. H. Benson) 대행사에 투자를 권유해 오길비 앤드 매더(Ogilvy and Mathers)를 설립했다. 그는 도자기 생산기업으로 유명한 웨지우드(Wedgewood) 사를 광고주로 확보하게 된다. 이렇게 미국과 영국 합작으로 설립된 대행사에서 오길비는 조사부분의 부사장을 맡는다. 오길비를 설명할 때 '과학과 리서치(Science and Research)'라는 수식어가 붙는 것은 이러한

8) Mark Tungate, *Ad Land: A Global History of Advertising*, p.41.

배경 때문이다. 오길비는 가장 훌륭한 광고는 감동을 주는 광고가 아니라 소비자
가 그 제품을 구매하게 하는 광고라고 여겼는데, 그의 신조는 1992년 미국 광고
인협회(Advertising Federation of America)에서 행한 연설에서도 드러난다. 오길비
는 "소비자를 즐겁게 하려는 목적으로 광고비를 지출한다면 만족할 만한 매출을
낼 수 없다. 사람들은 광고주가 텔레비전에 출연해서 던지는 농담 때문에 물건을
구입하지 않는다. 광고는 반드시 제품이 제공하는 혜택을 보장해야 한다"는
요지의 발언으로 과학적이고 조사지향적인 철학을 잘 드러냈다. 그러나 그의
크리에이티브는 철저한 조사의 흔적을 드러내기보다 감성적인 느낌을 주는데,
이것은 오길비가 이미지에 많은 중점을 두었기 때문이다.

　오길비는 로저 리브스를 멘토로 삼고 존경했지만 광고에 대한 시각은 달랐다.
리브스가 냉정하고 과학적인 접근법을 보여주었다면 오길비는 광고란 흥미롭고
동시에 설득력이 있어야 한다고 생각했다. 그는 구매란 제품 자체에 의해서만
이루어지는 것이 아니라 제품과 연상되는 이미지 때문에 발생하며, 소비자는
제품을 사는 것이 아니라 이미지를 산다고 여겼기 때문이다. 그래서 제품과
적절히 연관되는 개성(individuality)을 부여하는 것이 광고인의 가장 중요한 임무
라고 생각했다. 그의 또 다른 소신은 스토리 어필이 중요하다는 것이었다. 소비
자가 광고 이미지를 보았을 때 "여기서 무슨 일이 일어나는가?"라는 궁금증이
생겨야 광고가 호감을 불러일으킨다. 호기심을 유발시키는 이야기가 있는 광고
야말로 오길비가 이상적으로 생각하는 광고였다. 오길비를 일약 스타로 만든
해서웨이 셔츠 캠페인은 강한 스토리 어필로 소비자의 이목을 집중시킨 예이다.

_ 해서웨이 셔츠 캠페인

남성용 브랜드인 해서웨이 셔츠(the man in Hathaway shirt) 캠페인에서 오길비는 자신의 트레이드 마크인 스토리 어필을 극대화해 인지도도 낮고 브랜드 정체성도 모호했던 의류 브랜드를 고급 브랜드로 자리 잡게 만들었다. 지금도 그렇지만 의류 중에서도 남성 셔츠를 브랜드화하는 것은 매우 힘든 일이다. 양복 속에 받쳐 입는 흰색 셔츠는 모양이나 원단에 거의 차이가 없어서 특별히 차별화할 거리를 찾기가 어렵기 때문이다. 특히 무늬나 소맷단의 색상 등으로 변화를 준 제품이 도입되기 전인 1950년대에는 더욱 그랬다. 오길비는 다른 각도로 셔츠에 접근했다. 이미 사회적으로 관례화된 셔츠의 디자인을 바꾸기보다는 셔츠에 브랜드명을 새겨넣어서 새로움을 부여하고자 했다. 브랜드의 이니셜인 'H'를 수놓아 누가 보아도 쉽게 인식할 수 있도록 했는데, 오늘날 랠프 로렌이나 토미 힐피거 등 대부분의 의류 브랜드에서 따르는 방법이다. 또 오길비는 해서웨이 셔츠가 남성의류이지만 여성에게 어필할 필요가 있다고 생각했다. 드레스 셔츠를 구매하는 사람은 주로 아내였기 때문이다. 또 높은 연령대의 소비자를 대상으로 어필해야 한다고 생각했는데, 이들이 셔츠를 입는 실수요자였기 때문이다. 오길비는 여성과 연배가 있는 남성에게 공통으로 호감을 줄 수 있는 모델을 찾다가 러시아 출신의 조지 랭겔 남작을 섭외했다. 오길비는 스토리 어필이 중요하다는 철학을 가졌던 만큼 광고모델에게 검은색 안대를 착용하게 했다. 안대는 제품과 아무런 관련이 없었지만 해서웨이 셔츠를 다른 셔츠와 구별 짓는 데 지대한 역할을 했으며 나아가 브랜드 특성을 부여하는 데도 크게 공헌했다. 오길비는 조사한 자료보다는 평소 자신이 상상해온 상황에 의존해서 해서웨이 맨의 등장 배경을 만들어냈다.9)

〈사진 5.4〉 오길비에게 '올해의 신진 광고인 상' 수상의 영예를 가져다준 해서웨이 셔츠 광고. 해서웨이맨이라는 애칭으로 불리는 모델은 안대를 착용해 스토리 어필을 극대화시킨다. 근엄한 표정, 장난꾸러기 같은 모습, 신비로운 미소로 등장하는 해서웨이맨은 대중의 관심을 사로잡았다.

해서웨이맨은 안대를 하고 있고 매번 다른 설정으로 나타났다. 예를 들면 오보에를 불고 있거나, 그림을 그리거나, 포커 테이블에 앉아 있거나, 필하모니 오케스트라를 지휘하는 등 격조와 취향을 갖춘 배경에서 등장했다. 마치 연속물 같은 느낌을 주는 이 광고 시리즈는 해서웨이맨이 다음에는 어떤 모습으로 나타날지 궁금증을 유발시키면서 해서웨이 셔츠를 알리는 데 크게 기여했고 생산 공장에서 감당하지 못할 만큼 셔츠 주문이 쇄도하는 결과를 불러일으킨다. 아울러 해서웨이 광고를 게재했던 잡지 ≪뉴요커(New Yoker)≫는 판매율과 구독률이 급증하는 결과를 낳았다.

해서웨이 셔츠는 광고주가 원하는 제품 정체성을 향상시키는 데 가장 적절한 매체 전략을 사용한 캠페인이다. 해서웨이맨은 1951년 ≪뉴요커≫ 잡지에 처음으로 소개되었다. 비교적 사회경제적으로 지위가 높은 사람들이 구독하는 ≪뉴

---

9) 해서웨이맨 광고는 1952년 ≪타임≫에도 언급이 되었는데 6월 23일 기사에 의하면 "해서웨이 광고가 ≪뉴요커≫에 게재되자 맨해턴의 광고인들은 모두 오길비에게 질투의 눈길을 보냈다"고 전하고 있다. ≪타임≫은 오길비가 낚시를 하다가 한쪽 눈을 잃은 전직 대사 루이스 더글러스에게 해서웨이맨에 대한 영감을 얻었다면서 이 광고로 오길비는 광고계에서 진정한 찬사를 받았고 미국 광고인협회에서 '올해의 신진 광고인 상'을 수상했다고 보도했다.

요커≫ 잡지에만 4년 동안 광고를 게재해서 이 잡지를 읽는 사람들의 사회경제적 지위와 해서웨이 셔츠의 가치를 동일하게 여기도록 만드는 효과를 거두었다. 1956년 해서웨이 셔츠는 제품명이나 슬로건 없이 눈에 안대를 착용한 해서워이맨 사진만 게재했지만 사람들이 이것이 어느 브랜드 광고인지 알아볼 정도였다. 오길비의 유명한 철학 – 사람들은 영업을 위해서 언어가 아니라 이미지를 산다 – 이 입증되는 순간이었다. 해서웨이 셔츠의 매상이 세 배로 증가하자 '광고는 결코 상품을 바꾸어놓을 수 없다'는 주장이 무색해졌다. 현재 세계 최대규모인 WPP의 계열사인 오길비 앤드 매더(Ogilvy & Mather agency)의 주요 고객은 아메리칸 익스프레스, 시어스 백화점, 포드 자동차, 쉘 석유, 바비 인형, 맥스웰 하우스 등이며 최근에는 IBM과 코닥이 합류했다.

빌 번바크

뉴욕에서 태어난 빌 번바크(Bill Bernbach, 1911~1982)는 역동적인 그래픽 구성과 콜라주 기법 등 광고 스타일에 많은 관심을 보였다는 점에서 다른 광고인과 구별된다. 번바크는 시각적 요소와 언어적 요소를 유기적이고 기발한 방식으로 통합하는 독특한 전략을 즐겨 사용해서 '뉴 애드버타이징(new advertising)'의 전통을 만든 광고인으로 평가되고 있다.

뉴욕 대학(New York University)에서 음악, 경영학, 철학 등 다양한 학문적 배경을 쌓은 번바크는 졸업 후에 주류 생산기업인 스켄리 사(Schenley Distillers Company)의 광고 부서에서 일하며 카피라이터로서 경력을 쌓았다. 이후 윌리엄 와인트라우브(William Weintraub) 대행사로 옮겨 카피라이터로 근무하면서 전설적인 그래픽 디자이너 폴 랜드(Paul Rand) 와 함께 근무하는 행운을 누리게 된다.

당시 카피 부서와 그래픽 부서는 각기 다른 방, 다른 층에 멀찍이 떨어져 있어서 소통이 거의 단절된 채 이미지와 카피를 따로 만드는 것이 광고계의 관행이었다. 그러므로 번바크와 랜드가 함께 일했던 환경은 매우 이례적인 경우였다. 번바크와 랜드는 상의하면서 광고 콘셉트를 개발시켜나갔는데, 디자이너의 이미지를 참고하며 쓴 번바크의 카피는 광고의 시각적 이미지 효과를 배가시켰다. 이러한 경험은 번바크만의 독특한 광고철학 ― 카피와 디자인의 조화 ― 을 탄생시키는 밑거름이 되었을 뿐만 아니라 그가 대행사를 설립했을 때도 카피라이터와 디자이너가 팀을 이뤄 일하도록 한 계기가 되었다. 2인 1팀 제도는 오늘날 대행사가 광범위하게 채택하는 작업 방식이기도 하다.

제2차 세계대전에 참전하고 돌아온 번바크는 네드 도일(Ned Doyle), 맥스 데인(Max Dane)과 함께 도일 데인-번바크(Doyle Dane-Bernbach, DDB) 에이전시를 창립한다. 그는 ≪애드버타이징 에이지≫에서 20세기 최고의 캠페인으로 선정된 폭스바겐 비틀 캠페인(Think Small편)을 비롯해 역사적으로 남을 수많은 캠페인을 기획하고 집행했다. 대부분의 광고에서 카피가 이미지에 우선했다면 번바크가 집행한 캠페인은 카피와 디자인의 조화를 강조했다. 디자이너는 광고의 머리기사를, 카피라이터는 시각 이미지를 표현하려고 애썼기 때문에 간결하고도 직설적인 표현을 끌어낼 수 있었다. 이런 작업의 결과로 웃음을 유발하는 기발한 작품들이 대거 등장했다.

번바크는 크리에이티브 혁명기의 광고인 중에서 예술성을 가장 강조한 인물로 평가된다. 그는 로저 리브스가 사용한 반복전략 때문에 광고업계가 지겹고 싫증나는 광고의 생산지가 되었으며 거대 대행사는 창의적인 인력을 복사기로 만든다고 비판했다. 나아가 이 같은 관행을 털어버리지 않는 한 광고는 소비자에게 전혀 영향력을 행사할 수 없을 것이라고 경고했다. 1947년 번바크가 상사인 밥 게이지(Bob Gage)에게 쓴 편지에는 그의 광고철학이 잘 나타나 있다.

나는 우리가 비즈니스의 덫에 빠지는 것이 아닐까 우려합니다. 우리는 내용 대신에 기술을 숭배하고 있으며…… 광고계에는 위대한 기술자가 많습니다. 그러나 장애물이 하나 있습니다. 광고의 기본은 설득입니다. 설득은 과학이 아니라 예술입니다. 훌륭한 취향과 뛰어난 예술성, 좋은 문장이 판매에 탁월한 역할을 수행할 수 있음을 세상에 보여줍시다.[10]

오길비는 자서전에서 인간 본성에 대한 번바크의 생각을 요약해 설명하고 있다. 번바크는 인간의 본성은 수십억 년 동안 변한 것이 없고 앞으로도 별반 다르지 않을 것이며 변하는 부분은 일시적인 유행에 지나지 않는다고 말한다. 그러므로 의사소통을 하는 사람은 불변하는 인간의 본성에 주목해, 인간 본능이 인간의 행동을 지배하는 방식을 이해해야 한다. 인간의 본질을 이해하고 나면 광고에서 불변의 진리는 오직 하나가 된다. 그것은 인간 본성에 대한 통찰력을 토대로 감동을 줄 수 있는 예술적 능력을 갖추는 것이다. 오길비가 남긴 명언[11] ― "논리와 지나친 분석은 아이디어를 빈약하게 만들고 죽이고 만다. 사랑도 마찬가지이다. 많이 분석하면 할수록 더 빨리 사라진다" ― 에도 같은 메시지가 반복되고 있다. 이처럼 예술성을 강조한 탓에 번바크를 리브스와 완전한 대척점에 서 있는 광고

---

10) "Top 100 Advertising campaigns of the Century," *Advertising Age*, Aug, 2006.
11) David Ogilvy from, Wikipedia encyclopedia.

〈사진 5.5〉 대서양이 20% 작아졌다는 카피와 작아
진 대서양의 크기를 나타내는 시각 이미지가 유기적
으로 통합된 엘알 항공사 광고.

인으로 이해하는 사람도 있다. 즉 리서치
에 근거한 실용적 접근을 거의 시도하지
않았다는 점에서 진정한 크리에이티브
혁명을 주도한 광고인으로 평가하는 견
해가 강하다.

_캠페인 사례들

엘알(EL AL) 항공사는 광고예산이 얼
마 되지 않는 작은 고객이었지만 번바크
는 이 고객 때문에 최초로 항공사 광고를
제작하게 된다. 엘알은 이스라엘 항공사
였기 때문에 유태계였던 번바크는 도움

을 준다는 차원에서 광고 캠페인을 담당하기로 결정했다. 광고가 집행될 당시
엘알 항공사는 업계 최초로 제트 프로펠러기를 투입해 대서양 횡단 서비스를
시작하던 참이었고, 급유를 하기 위해서 중간에 기착할 필요 없이 대서양을
가로지를 수 있다는 장점이 있었다. 엘알 항공사의 최초 광고인 "찢어진 바다"는
번바크의 광고정신을 가장 잘 드러내주는 작품이다. 이 광고는 "12월 23일을
기해 대서양은 20% 작아집니다(Starting Dec. 23, the Atlantic Ocean will be 20%
smaller)"라는 카피와 대서양 이미지의 귀퉁이가 잘려나간 시각적 이미지가 잘
결합되어 있다. 수용자에게 시간 절약이라는 소구점을 분명하게 전달했을 뿐만
아니라 단 한 번 게재되었음에도 사람들에게 강한 인상을 남겨 엘알 항공사의
좌석 예약률을 급등시켰다.

_폭스바겐

번바크는 폭스바겐 자동차를 미화시키거나 포장하지 않고 있는 그대로 바라보았다는 평가를 받고 있다. 폭스바겐은 단순하고, 미국 자동차와 다르며, 신뢰할 수 있는 정직한 자동차라는 것이 번바크의 설명이었다. 당시 자동차 광고에서 부각되는 요소는 화려한 외관과 자동차를 소유함으로써 얻을 수 있는 새로운 생활방식, 사회적 지위 같은 제품 이외의 부가적 요소였다. 하지만 번바크는 처음부터 끝까지 폭스바겐 자동차, 즉 제품에만 집중

〈사진 5.6〉 겉으로 멀쩡하게 보이는 자동차를 'lemon(하자 있는 상품)'이라고 칭해 이목을 집중시키고 역설적으로 폭스바겐의 철저한 품질관리를 제시한 광고.

하기로 결정했다. 그가 만든 광고의 핵심 개념은 단순함이었다. 이것은 폭스바겐 (Volkswagen)의 철학이기도 했다. 미국 자동차에 비해 크기가 작은 폭스바겐 자동차를 넓은 광고지면 한 귀퉁이에 조그맣게 넣어서 시각적 요소와 "Think small"이라는 카피를 유기적으로 통합시켰다. 이 광고는 큰 것이 좋은 것이라는 인식이 지배적이던 환경에서 작은 것도 장점이 많다고 주장함으로써 이목을 집중시켰으며 카피에서 작은 자동차가 줄 수 있는 실용적 혜택을 설득력 있게 나열해 사람들이 그동안 당연하게 여겨온 자동차 구매의 기준을 재고하게 만드는 데 성공했다. 번 바크는 허를 찌르는 기발한 발상으로 항상 주목받는 광고를 만들어냈다.

_에이비스

렌터카 기업인 에이비스(Avis) 사의 사장이 빌 번바크를 찾은 이유는 DDB가 그동안 집행해온 남다른 캠페인 때문이었다. 번바크는 에이비스 사장에게 캠페인 내용에 관여하지 않고 대행사에 전적인 권한을 달라고 요청했다. 그리고 그 유명한 "우리는 2등 회사다(We're only No. 2)" 캠페인을 탄생시켰다. 이 캠페인은 통상 최고와 최상을 주장하는 일반적인 광고 캠페인과 거리가 있었기 때문에 세간의 주목을 끌었고 광고효과도 뚜렷하게 나타났다. 번바크의 트레이드 마크인 카피와 시각 이미지의 통합이 이 광고에서도 잘 드러나는데, 검지와 중지를 펼쳐 만든 2등 사인을 이미지로 제시하면서 업계 1위가 아닌 2위이므로 에이비스를 이용해야 한다는 역설적인 논리를 펼친다.

이 광고가 주목을 끌 수 있었던 것은 2등이라는 것을 선뜻 공개하고 인정하는 용기를 보여주었기 때문이다. 이 같은 용기는 에이비스가 정직한 기업이라는 인상을 전달했고 이런 에이비스가 반만 채워져 있는 연료 때문에 발생하는 추가 비용 문제, 지저분한 청소상태 등을 지적했을 때 강한 공감대를 형성하는 효과를 낳았다. 그리고 렌터카 사용자라면 누구나 경험해보았을 문제들을 해결하고 1등이 되기 위해 노력할 것이라는 진술을 광고 말미에 제시하자 누구라도 정말 그러하리라고 수긍하게 된 것이다.

솔직하게 2등임을 인정한 에이비스 캠페인이 사람들에게 예상 밖의 호응을 얻자, 에이비스는 아예 "No. 2ism"이라는 신조어를 만들어 후속 캠페인을 이어나간다. "No. 1의 태도는 '잘못만 하지 마라. 실수만 하지 마라. 그러면 된다'이지만, No. 2의 태도는 '제대로 잘해야 한다. 새로운 방식을 찾아내야 한다. 더 열심히 해야 한다'입니다. No. 2가 에이비스의 정책입니다"라는 카피는 업계 1등만

이 미덕이 아니라는 공감대를 자연스럽게 형성
해나갔다. 최초의 에이비스 광고를 기획하고 나
서 집행하기 전에 수용자를 대상으로 실시한 사
전조사에서는 응답자의 절반 정도가 이 광고에
비호감을 표시했다. 그러나 번바크는 "나머지
절반이 호의를 표시한 것만으로도 충분하다"며
광고를 강행했고 결국 역사적인 캠페인으로 남
게 되었다. 이후 에이비스는 사장이 바뀌면서
DDB가 아닌 다른 대행사에 광고를 의뢰했다가
다시 DDB로 돌아오기를 반복하는 등 DDB와
에이비스의 관계는 그리 순탄치 않았다. 그러나

〈사진 5.7〉 업계 2등이라는 사실을 당당
히 밝힌 광고에 이어, 2등 정신이라는 조
어까지 만들어 1위를 향한 노력 의지를
천명한 에이비스 렌터카 광고.

2등이기 때문에 더 열심히 한다는 에이비스 광고는 영원한 명작으로 남아 있다.

　　1960년대 싹트기 시작해 1970년대 중반에 이르기까지, 현대 광고의 다양한
전통을 확립하는 데 결정적 계기를 제공한 크리에이티브 혁명에 각각의 광고인
들은 자신만의 태도, 가치관, 전략으로 일조했다. 광고혁명의 조류에 레오 버넷
은 유머, 제품에 대한 신뢰, 광고조사에 대한 무관심을 보탰으며, 오길비는 세련
된 지성미와 고급스러움, 이해하기 쉬운 스토리 어필을 통해 소비자를 올려다보
는 태도를 비롯해 해서웨이와 롤스로이스의 고급스러운 시각 이미지를 제공했
다. 그리고 번바크는 이미지와 카피의 창의적인 결합, 솔직함, 자유로운 경영
스타일을 더했다. 각기 다른 접근 방식이었지만 이 광고인들이 공통적으로 강조
한 것은 사람에 대한 애정이었다.

제6장
글로벌라이제이션, 이미지 폭발, 뉴미디어 : 1970년대~현재

경기불황과 1970년대 광고
_사회적 배경
_광고 메시지 전략 : 포지셔닝과 하드셀의 부활
_불황의 또 다른 얼굴 : 비교광고의 성행
_새롭게 등장한 상투적 이미지 : 남성보다 능력 있는 여성
_광고의 진정성에 대한 제고와 광고규제 강화
전 지구적 광고, 크리에이티브 혁명의 부활, 광고의 영역 확장 : 1980년대
_시대적 배경
_기업의 후원활동 증가
_영웅의 상품화
_스포츠 이벤트와 광고의 만남 : 매킨토시와 슈퍼볼
_글로벌 브랜드와 전 지구적 광고
분화된 수용자, 이미지 범람, 온라인 광고의 실험 : 1990년대
_엽기, 복고, 향수 : 광고 메시지 전략
_1990년대 닷컴 광고의 부침
_온라인 광고에 대한 정당성 부여 : BMW 사례

*

경기불황과 1970년대 광고

_사회적 배경

제2차 세계대전 이후 서구사회가 누린 유례없는 경제활황은 예고 없이 들이
닥친 1970년대 오일쇼크로 인해 주춤하게 된다. 아랍의 산유국 동맹들이 정치적
인 동기로 유가를 인상시키자 그 영향으로 미국사회의 에너지 비용이 상승되고
인플레이션은 두 자리대로 올라섰다. 외부적으로는 유가가 상승하고 내부적으
로는 노동자들의 임금인상 요구가 겹쳐 미국의 제조기업들은 대·내외적으로
가격경쟁력을 유지하기 어려운 상황에 놓이게 되었다. 게다가 일본, 한국, 홍콩
등 아시아 국가와 아이슬란드, 영국 등 서유럽 국가가 미국 제품보다 저렴한
가격의 소비재를 공급하는 바람에 기업이 이윤을 창출하기가 어려워지면서 경
기불황이 점차 심화된다. 기업의 생산비용 전반에 큰 부담을 안겨준 오일쇼크의
영향력은 비단 미국에 국한되지 않고 전 세계로 확산되어 세계경제를 불황에
빠트렸으며 광고업계에도 즉각적인 영향력을 행사했다.

제2차 세계대전 이후 꾸준히 성장하며 호황을 누려온 광고업계에서도 JWT,

매캔 에릭슨, 영 앤드 루비캠 등 거대 대행사들이 매출액 감소라는 상황에 직면하면서 위기감이 감돌았다. 그 결과 1960년대부터 꽃핀 크리에이티브 혁명은 1970년대 중반에 들어 퇴조하는 양상을 보였고 로저 리브스 류의 하드셀 기법이 부활한다.

이 밖에도 경기불황기의 광고는 광고조사를 강화하고 과학적 설득법을 부각시키는 양상을 보인다. 광고주들은 크리에이티브나 참신한 아이디어보다 판매액에 근거해서 광고 캠페인을 평가하기 시작했으며 시장과 소비자에 대해 더욱 철저한 조사를 요구했다. 소비자를 분석하는 데 초점을 맞춘 포커스 그룹 연구가 성행했고, 대행사 내부에서는 뇌파 측정, 발한 정도, 동공 크기의 변화 등 생리적인 현상을 추적해 광고효과를 가늠하려는 조사가 이루어졌다. 즉 '광고는 더이상 재미있는 것이 아니며 모든 것이 테스트되어야' 하는 시대에 접어든 것이다. 또 1960년대에 성행한 크리에이티비티 중심의 작은 부티크(boutique) 에이전시들이 대기업 대행사에 인수합병되는 과정에서 독특하고 기발한 아이디어와 표현법 등이 대폭 사라진다. 사람들은 1970년대를 크리에이티브가 죽고 1950년대로 광고가 역행한 시기라고 평가한다.

_광고 메시지 전략 : 포지셔닝과 하드셀의 부활

경제공황기의 광고 메시지가 단도직입적이고 직설적인 하드셀 경향을 나타낸다는 것을 앞서 살펴보았다. 1970년대도 예외가 아닌데, 이 시기 광고 크리에이티브의 키워드는 이른바 '포지셔닝(positioning)'이다. 이전의 하드셀 기법과 별다른 차이가 없는 포지셔닝 전략은 광고의 심미적 요소나 재미를 제쳐놓고 제품과 소비자에 집중해 설득을 펼치는 표현 전략이다. 라이스-카피엘로-콜웰

(Ries-Cappiello-Colwell) 대행사의 알 라이스(Al Ries)와 잭 트라우트(Jack Trout)는
'포지셔닝'이라는 용어를 최초로 만들어냈다. 이들은 1972년 ≪애드버타이징
에이지≫에 연재한 글에서 "오늘날 크리에이티브는 죽었으며 이제 매디슨 가
(Madison Avenue)의 대세는 포지셔닝이다"라고 선언했다.[1] 그러나 포지셔닝은
1950년대 식품업계에서 이미 시도했던 것으로 새로운 광고 개념이 아니다. 다만
라이스와 트라우트가 새롭게 명명하고 자신들의 고유한 영역으로 선점했을 뿐
이었다. 이들은 포지셔닝 기법에 대해 사례별로 다양하게 정리된 전략을 제시해
여러 대행사 임원들에게 큰 환영을 받았으며 포지셔닝은 1970년대 광고 메시지
전략의 핵심요소가 된다.

　라이스와 트라우트에 의하면 포지셔닝은 제품과 더불어 시작된다. 즉 소비자
의 마음에 제품을 효과적으로 각인시킬 수 있는 방식에 대한 모색이라고 할
수 있다. 이때 관건은 광고의 홍수 속에 살아가는 소비자들이 정보과잉 상태에서
도 특정 제품을 기억하도록 만들어야 한다는 것이다. 소비자들은 수많은 메시지
중에서 자신의 사전 지식이나 경험에 일치하는 것에만 반응해 이미 제품에 대해
형성된 인상은 바꾸기가 매우 힘들다. 그러므로 광고인들은 제품 자체보다 소비
자에게 이미 형성된 인식과 신념에 일치하는 단순하고 간결한 메시지를 제공해
야 한다는 것이다.

　라이스와 트라우트는 소비자의 마음속에 쉽게 자리 잡기 위한 효과적인 포지
셔닝 전략으로 '첫 번째' 혹은 '최초'를 강조해야 한다고 말한다. 사람들은 최초
나 1등을 쉽게 기억하며 두 번째로 등장한 제품은 아무리 품질이 우수하더라도

---

1) "Positioning Era," *Advertising Age*, 1972.

잘 잊어버린다는 것을 이유로 들었다. 밀러 라이트(Miller Lite) 맥주는 '최초'임을 주장해 성공을 거둔 대표적 사례이다. 저칼로리 맥주는 밀러 이전에도 있었다. 하지만 밀러가 최초로 라이트 맥주라고 포지셔닝하고 제품명까지 '라이트'라고 명시함으로써 소비자에게 라이트 맥주는 곧 밀러라는 인식을 심어주는 데 성공 했다. 벡스(Beck's) 맥주도 같은 방법을 사용했다. 이미 미국 시장에 수많은 독일 맥주가 진출해 있었고 이 중에서 가장 있기 있는 맥주는 뢰벤브로이(Lowenbrau) 였다. 하지만 광고를 통해 자사 제품이 독일 맥주임을 최초로 선언했기 때문에 벡스는 성공을 거둘 수 있었다. "이제 독일에서 가장 인기 있는 독일식 맥주를 맛보세요(Now taste the German beer that's the most popular in Germany)"라는 슬로건 으로 벡스는 소비자들에게 최고의 독일 맥주는 벡스라는 인식을 심어주었다. 이런 광고전략은 클로드 홉킨스나 로저 리브스가 펼친 논리와 매우 유사하다.

한편 라이스와 트라우트는 시장에서 명확하게 선두 자리를 차지하고 있는 1등 제품과 겨루기보다는 1등을 대치할 수 있는 대안 상품을 포지셔닝하라고 권유한다. 예를 들어 코카 콜라와 펩시 콜라가 각각 부동의 1, 2위를 점유하고 있는 탄산음료 시장에서 세븐 업은 자사 제품을 '콜라 성분이 없는 음료(uncola)' 로 포지셔닝하고 소비자들에게 콜라의 대치물로 접근해 2배 이상의 매출 증가를 달성했다.[2]

포지셔닝 단계를 살펴보면 기억에 남을 만한 제품명을 붙이는 것이 중요하다. 이때 제록스나 크리넥스처럼 특정 제품군의 시조가 될 수 있는 이름을 짓는다면

[2] Al Ries and Jack Trout, *Positioning: The Battle for Your Mind*(McGrow Hill Professional, 1981).

제품이 성공할 수 있는 확률은 매우 높다. 다음 단계는 상품의 특징 중에 한 가지를 소비자가 지겨워할 만큼 반복하는 방법이다. 이때 유머, 분위기, 심미적 요소는 제품에 대한 관심을 오히려 분산시키므로 제외하는 것이 좋다. 광고주와 광고인 들은 이런 접근을 '현실적', '소비자 중심'이라 불렀지만 사실은 전통적인 하드셀 기법이 부활한 것이나 다름없었고, 폭스의 주장처럼 포지셔닝은 1960년대 크리에이티브 혁명을 1950년대로 되돌려놓은 것에 불과했다.[3]

하드셀은 볼거리와 재미에 치중하던 텔레비전 광고에도 등장했다. 불황에 시달린 광고주들은 텔레비전에서도 reason why 내용을 선호했으며, 크리에이티비티보다 합리적이며 수량화할 수 있는 과학적 데이터를 근거로 메시지를 제작해달라고 요구했다. 또 인플레로 텔레비전 프로그램 제작비가 상승하자 60초 광고는 점차 30초 광고로 대치되었다.

_불황의 또 다른 얼굴 : 비교광고의 성행

1930년대 공황기에는 자동차를 중심으로 비교광고가 성행했다. 1970년대 불황기를 겪으면서 자사 제품과 경쟁사 제품을 비교 포지셔닝한 비교광고에 다시 관심이 쏠렸다. 특히 음료와 패스트푸드업계를 중심으로 비교광고 전쟁이 치열했는데 버거킹과 맥도널드를 예로 들 수 있다. 버거킹은 성이 '맥도널드'인 가족을 인터뷰한 형식의 광고를 제작했다. 맥도널드 가족은 자신들이 버거킹을 더 좋아하지만 이를 인정하기가 어려워서 변장을 하고 버거킹을 먹으러 왔다고 말한다. 이처럼 버거킹은 맥도널드와 비교광고 외에도 포커스 그룹 인터뷰에서

---

3) Stephen Fox, *The Mirror Makers: A History of American Advertising & Its Creators.*

발견한 결과를 토대로 캠페인을 집행해 소비자의 호응을 얻었다. 이 조사에 의하면, 패스트푸드에 대한 소비자들의 가장 큰 불만은 고객이 내용물을 마음대로 선택할 수 없다는 것이었다. 버거킹은 이에 착안해서 "당신 방식대로 드세요(Have it your way)", "당신이 원하는 방식이 옳은 방식입니다(Your way right way)"라는 슬로건을 중심으로 광고를 제작해 상당한 성공을 거두었다.

탄산음료 시장 역시 코카 콜라와 펩시 콜라가 수년에 걸쳐 상대방을 비난하는 광고로 각축전을 벌이며 많은 화젯거리를 만들어냈다. 탄산음료는 탄산수에 설탕과 향료를 섞어 만들기 때문에 제품에 본질적인 차이는 거의 없다. 따라서 탄산음료 광고에서는 제품의 특별한 개성을 창조하는 것이 관건인 셈이다.

제2차 세계대전 후 펩시는 10대를 대상으로 '펩시 제너레이션(Pepsi Generation)'을 강조한 유스 마케팅을 실시해 상당한 성공을 거두었다. 하지만 시장에서 여전히 2위를 벗어나지 못하자 1975년에 획기적인 '펩시 챌린지(Pepsi Challenge)'를 실시해 코카 콜라의 아성에 과감하게 도전장을 던졌다. 길거리에서 기습적인 시음행사를 펼쳐 행인들의 눈을 가린 후 코카 콜라와 펩시 콜라의 맛을 평가하게 했다. 그리고 펩시가 더 맛있다고 선택한 사람들을 보여주면서 "코카 콜라보다 펩시의 맛을 선호하는 사람들이 더 많습니다"라는 직접적인 비교진술을 광고에 사용했다.

펩시 챌린지를 관망하던 코카 콜라는 1983년에 미국인들이 가장 신뢰하는 코미디언 빌 코스비를 내세워 펩시 챌린지를 조롱하는 내용의 광고로 반격에 나선다. 쌍안경을 들고 펩시 챌린지 부스를 바라보던 코스비가 "펩시 사가 여러분에게 보여주지 않은 코카 콜라 선택자들을 찾고 있습니다"라고 말하는 이 광고가 나간 후 펩시는 챌린지 광고를 종영했다. 하지만 두 탄산음료의 비교광고 경쟁은 이후에도 계속되었다. 코카 콜라는 1985년 단맛을 보강한 뉴 코크(New Coke)⁴⁾를 출시한다. 하지만 소비자들이 부정적인 반응을 보이자 원래의 맛으로 되돌려서 '코카 콜라 클래식'이라는 이름으로 제품을 출시한다. 펩시는 갈팡질 팡하는 코카 콜라의 시행착오를 두고 "올드 코크? 뉴 코크? 뉴 올드 코크?(Old Coke? New Coke? New Old Coke?)"라는 조롱의 메시지를 담은 광고를 제작했다. 펩시는 비교광고와 함께 마이클 잭슨, 라이오넬 리치, 마돈나 등 유명인을 모델로 기용해 광고에 엄청난 비용을 들였고, "그 어느 때보다 지금은 펩시, 새로운 세대를 위한 선택입니다"라는 슬로건을 내세워 펩시가 새로운 세대를 위한 음료라는 인식을 심어주는 데 성공했다.

콜라업계의 비교광고는 10년간 계속되었고 이 결과 1980년대 광고 중에서 가장 화려하고 멋진 광고를 생산하기에 이른다. 이 밖에도 '아스피린이 맞지 않는 사람'을 위한 진통제라는 것을 강조한 타이레놀은 비(非)피린계 진통제로서 최고 매출액을 올렸다. 1960년대 경쟁사인 헤르츠(Hertz)를 대상으로 광고 캠페인을 실시했던 에이비스는 1976년에 "우리는 더 열심히 노력합니다(We try harder)" 캠페인을 부활시켰다. 이처럼 1970년대는 비교광고의 전성기였다.

1980년 텔레비전 광고는 네 개 중 한 개가 비교광고의 형태를 띠었다. 비교광고의 과대한 성행에 대해 데이비드 오길비는 "비교광고가 때때로 경쟁사 제품에 대해 호의적인 인식을 심어줄 수 있다"고 우려를 표명하며, 비교광고가 제대로

---

4) 베이비붐 세대가 이전 세대보다 단맛에 더 많이 길들여져 있음을 발견한 코카 콜라는 펩시가 표방해온 달콤한 맛을 자사 제품에도 강화하기로 결정한다. 그러나 새롭게 출시된 제품은 달지 않은 톡 쏘는 맛 때문에 코카 콜라를 마시던 소비자들에게 엄청난 불만을 야기해 결국은 옛날 맛으로 되돌아가기로 결정을 내리게 된다.

효과를 발휘하려면 제품의 기능이 무엇인지, 소비자층이 누구인지 정확하게 파악해야 한다고 지적한다.5) 비교광고는 소비자에게 정직한 내용을 전달하고 약간의 즐거움도 제공하지만, 약자가 강자를 겨냥해 광고를 제작한다는 점 때문에 광고내용이 상대적으로 제한되며 다소 파격적이기도 하다. 그러나 비교광고를 하던 브랜드가 강자의 위치에 오르면 관례적이고 보수적인 방식으로 회귀한다. 항공화물 택배기업인 페덱스(Federal Express)가 비교광고를 통해 1973년 당시 1위 업체인 에머리(Emery) 사를 누르고 난 후에 비교광고를 중지한 사례를 들 수 있다.

_새롭게 등장한 상투적 이미지 : 남성보다 능력 있는 여성

광고에서 여성이 맡은 역할을 분석한 연구들을 보면, 1950년대 말에는 대다수 직장여성이 비서 역할을 수행하며 1970년에는 주변 사람들을 즐겁게 해주는 분위기 메이커 역할을 맡는다. 또 1972년에는 상품을 돋보이게 하는 장식적인 존재로 등장한다.6) 그 이후 1976년경에는 전문직 종사자로서 사무실에서 발생하는 각종 문제의 해결책을 제시하는 존재로 그려진다. 1970년대 중반부터 여성들은 비즈니스 정장이나 실험실 제복 차림으로 신용카드, 화장품, 냉동음식을 판매하기 시작했다. 스포츠에 참여하는 여성은 전과는 달리 적극적인 경쟁자로 그려졌다. 흥미로운 것은 남성 이미지의 변천이다. 1970년대 중반까지만 해도

---

5) David Ogilvy, *Ogilvy on Advertising*(London: Vintage Books, 1985).
6) A. Belkaoui and J. Belkaoui, "A Comparative Analysis of the Roles Portrayed by Women in Print Advertisements: 1958, 1970, 1972," *Journal of Marketing Research*, Vol. 13(1976), pp.168~172.

남성은 비즈니스계의 주역, 군인, 스포츠맨으로 등장했는데 1970년대 후반에는 일과 무관한 모습으로 제시되기 시작한 것이다. 코트니와 휘플(Courtney and Whipple)의 분석에 의하면 1978년 광고에 등장한 전체 남성의 54%가 제품을 돋보이게 하는 장식적인 존재로 그려지고 있다.[7]

광고 역사학자들은 광고에서 나타나는 성 역할의 변화를 불러일으킨 계기가 1973년에 집행된 '찰리(Charlie)' 광고라고 말한다. 레브론에서 출시한 향수 찰리는 제품의 개발 단계부터 중성적인 여성 이미지를 염두에 두고 남녀 구별 없이 사용하는 이름인 찰리로 네이밍했다. 이 향수 광고에 등장하는 여성은 바지 정장을 입었고 자신감에 가득 찬 표정을 지은 채 성큼성큼 걸어간다. "그녀는 찰리하다(She's Charlie)"라는 카피는 1960~1970년대 대다수 향수 광고가 은연중에 전달해온 "섹스는 그녀에게 있어 전부다"라는 메시지를 과감히 거부한다. 찰리가 전달하는 이미지는 '섹시하지만 섹스에 별로 관심이 없는', 남성으로부터 독립적인 여성이다.[8] 찰리는 당시 한창이던 여성운동의 정서를 반영했으며 많은 여성들에게 공감대를 불러일으켜 출근길에 뿌리는 일상적인 향수로 자리 잡았다. 이후 수많은 광고가 전통적으로 남성의 영역으로 여겨진 공간으로 진출한 여성을 보여주는데, 터프한 카레이싱을 끝내고 헬멧을 벗는 운전자가 긴 머리카락의 여성인 광고가 그 예이다.

1979년대 말에는 이혼율 증가, 만혼여성 증가, 커리어 추구 같은 사회적 요인

7) A. E. Courtney and T. W. Whipple, *Stereotyping in Advertising*(New York: Lexington books, 1983).
8) Philip Doherty, "Defining Charlie for Revlon," *New York Times*, November 28, 1986.

에 의해 독신여성의 수가 증가했다. 광고는 이런 경향을 반영해 일터에서 당당하고 전문적으로 활동하는 여성의 모습을 그린다. 여성을 대상으로 한 제품도 종전에 주를 이루던 화장품이나 장신구에서 벗어나 증권, 보험상품, 자동차, 주택 등 주로 남성이 구매를 결정하던 제품으로 확대되는 경향을 나타낸다.

≪뉴욕 타임스(New York Times)≫는 1983년에 등장한 찰리의 후속광고를 '저속한 취향'이라며 게재를 거부했다. 이 광고는 보수적인 시각에서 본다면 매우 곤혹스러운 것이었다. 광고는 회사 동료로 보이는 남녀가 나란히 걸어가는 뒷모습을 보여준다. 비즈니스 정장에 긴 금발 머리카락을 휘날리던 여자는 자신보다 왜소한 남자 동료의 엉덩이를 손바닥으로 슬쩍 친다. 가벼운 농담이 오가거나 남자 동료를 격려하는 상황임을 짐작하게 하는 이 장면은 1980년대 초만 해도 파격적인 성 역할의 변화로 여겨졌고 사회적 논란을 유발시켰다. 그러나 당시 여성잡지들은 "여성보다 키도 작고 힘도 약한 남성을 보는 것이 재미있다"는 반응을 보이며 앞다투어 찰리 광고를 게재했다. 찰리는 목적을 성취한 신여성을 그려냄으로써 1970년대에 왕성한 활동을 하던 페미니스트들의 공격에서 자유로워졌고, 자의식이 강해진 커리어우먼들에게도 호감을 얻을 수 있었다. 찰리의 1983년 광고는 1980년대 말까지 꾸준히 인기몰이를 했으며 광고 역사에 중요한 캠페인으로 남는다. 그러나 찰리 광고와는 별개로 남성보다 우월하게 재현된 여성의 이미지는 1980년대 후반으로 가면서 여성계 내부에서 반발을 샀고, 남성들도 젠더의 재현에 저항하기 시작했다. 광고에서는 영향력 있고 성공한 여성의 모습이 범람했지만 현실은 그렇지 않았다. 이런 광고에 대해 여성들은 현실감이 결여되어 있다고 느꼈고 남성들은 광고에서 무능하고 바보같이 묘사되는 남성에 대해 거부감을 느꼈다.

_광고의 진정성에 대한 제고와 광고규제의 강화

1970년대는 광고내용의 진정성과 수용자 집단 – 특히 어린이 – 에 미치는 영향력에 대한 사회적 관심이 증폭되는 시기였다. 컬러 텔레비전이 빠른 속도로 보급되면서 텔레비전의 영향력에 대한 사회적 우려가 제기되었고 텔레비전 광고효과도 관심의 대상이 되었다. 어린이를 대상으로 한 광고 윤리성에 관심을 보인 학부모 단체는 판단력이 미숙해서 프로그램과 광고를 구별하지 못하는 어린이를 위해 광고규제를 요청했다. 예를 들면 어린이들에게 어필하기 위해서 만화나 동물 캐릭터 등을 사용한 비타민 광고를 주말 어린이 프로그램에서 금지하도록 압력을 가했다. 또 유명인이 등장해서 부모에게 특정 상품을 사달라고 요구하는 내용의 광고나 장난감의 크기나 기능 등이 과장되게 제시된 광고 역시 금지시켰다. 프로그램과 광고의 경계를 모호하게 만드는 라디오 프로그램 진행자의 발언 – 특정 상품에 대한 선호 표시 – 등도 규제대상이었다.

1960년대까지 성장 일변도를 달리며 심미성, 기발함, 설득의 성공 여부에만 집중하느라 스스로를 돌아볼 여유가 없었던 광고계는 광고내용의 진정성에 대한 대중의 의문이 제기되자 자정의 노력을 하게 된다. 자체적으로 광고검열위원회를 만들어 비윤리적이거나 지나치게 과장된 광고를 걸러내고자 했다. 같은 시기 외부 감독기관은 광고 윤리성에 대한 제도적인 규제를 마련했다. 그리하여 연방거래위원회(Federal Trade Commission)와 광고검열위원회(National Advertising Review Board)는 사상 유례가 없을 만큼 강도 높은 정직성과 개방성을 광고에 요구했다. 여기에는 캠벨 수프 스캔들 같은 불미스러운 사건들이 일조했다. 1968년 BBDO 대행사는 캠벨 사의 야채수프 광고를 제작했다. 이때 수프를 담은 접시 바닥에 작은 자갈을 넣어 촬영했는데 수프 속의 채소가 바닥에 가라앉지 않도록 하기 위해서였다. 하지만 제작진은 자신들의 이런 행동이 소비자에 대한 기만이나 과대광고 같은 윤리적 쟁점으로 연결될 것이라는 사실은 인식하지 못했다. 캠벨 수프 광고의 진정성에 대해 진상 조사를 실시했던 연방거래위원회는 이 사건을 계기로 거짓광고를 적발하고, 광고 속의 올바르지 않은 주장에 대해서 정정광고를 요구할 수 있는 권한을 마련했다. 캠벨 수프는 광고를 철회하는 데 동의했지만 일군의 법학도들은 이미 소비자에게 각인된 과장된 이미지를 교정하기 위해서는 광고를 철회하는 것만으로 부족하다며 후속광고를 통해 과장되게 전달된 이미지를 바로잡아야 한다고 주장했다. 연방거래위원회는 캠벨사를 제소했고 1972년까지 재판이 진행되었으나 후속광고를 요구한 원고 측의 요구는 받아들여지지 않은 채 광고를 중단하는 선에서 사건이 종결되었다. 나중에 밝혀졌지만 이런 사태에 최초로 불만을 제기한 회사는 경쟁 식품사인 하인즈사였다. 캠벨 수프 판결은 그동안 심각하게 여겨지지 않던 광고 메시지의 진정성과 윤리성에 대해 경각심을 일깨워준 대표적인 사례이다.

비슷한 시기에 연방거래위원회는 구강청정제 리스트린이 감기나 인후염을 예방하지 않으며 증상을 완화시키지도 않는다는 정정광고를 내도록 명령했다. 또 진통제 아나신에 대해서도 긴장완화 효능이 없다는 것을 밝히라고 명령하는 등 광고내용의 정확성에 대해 어느 때보다 강력한 규제를 가하는 모습을 보여준다. 하지만 이런 사태는 광고에 대한 엄격한 규제에 찬성했던 광고인들에게조차 지나친 압력으로 인식되었다. 데이비드 오길비는 "우리는 과도하게 규제당하고 있다"며 유감을 표명하기에 이른다. 1980년에 의회는 소비자를 기만할 소지가 있는 '불공정 광고'를 금지시키는 연방거래위원회의 권한을 결국 정지시킨다.

전 지구적 광고, 크리에이티브 혁명의 부활, 광고의 영역 확장: 1980년대

_시대적 배경

오일쇼크로 침체 국면에 빠졌던 미국경제는 1980년대 레이건 대통령이 신자유주의 노선을 도입하면서 회복기에 접어드는 모습을 보여준다. 정치와 경제질서를 '자유시장' 중심으로 개편한 신자유주의 노선은 기업에 대한 각종 규제를 완화하고 국제투자를 장려하며 노동시장의 유연화 등을 허용한다. 그 결과 많은 기업들은 각종 인수합병을 통해 거대해지고 다국적 기반을 가진 전 지구적 기업으로 변모했다. 광고기업들도 덩치를 키우면서 활동 영역을 국제적으로 확대해 세계시장에 진출했다. 커뮤니케이션 기술의 발달, 다국적 기업의 성장, 글로벌 브랜드의 증가, 할리우드 산물의 국제적인 유통이 불러일으킨 전 지구적 차원의 소비열망 등이 광고기업이 세계시장에 진출하는 원동력이 되었다. 해외 광고시장에서 주도적인 위치를 차지했던 광고기업은 유니레버, 프록토 앤드 갬블, 네슬레 등이었으며, 1980년대 중반 이후에는 미국 기업의 해외시장 광고비용이 자국 내 광고비용을 앞지르기 시작했다.

1980년대 광고는 뉴 크리에이티브 혁명(new creative revolution)기라고 할 만큼 표현기법에서 창의성을 되찾았으며 제품에 대한 설명 대신 스타일과 분위기를 강조하는 양상을 보인다. 여러 설명이 가능하겠지만 광고가 변화한 주된 요인에는 소비자 프로파일(profile)의 변화와 포화된 광고시장 환경을 꼽을 수 있다. 1980년대에는 25세에서 35세에 이르는 청·장년층의 구매력이 비약적으로 증가한다. 청·장년층의 소득이 전체 가계수입에서 23%를 차지할 정도로 경제력이 탄탄해졌기 때문이다. 이들은 기성세대와 다르게 차별화된 가치관과 생활방식을 보여주는데, 소득수준이 높은 만큼 소비성향이 관대하며 삶을 심각하게 생각하기보다 즐기려고 했다. '돈으로 살 수 있는 가장 좋은 것'을 추구하는 소비자 집단에게 하드셀 기법으로 어필하는 것은 적절하지 않았다. 제품의 기능이나 장점에 대해 설명하기보다는 스타일과 느낌을 살리는 것이 중요해진 것이다. 사람들의 자의식을 자극해 큰 성공을 거둔 로레알 캠페인 — "난 소중하니까요 (Because I am worth it)" — 이 대표적인 사례이다. 로레알 캠페인의 성공은 소비자들이 제품 자체보다 제품이 주는 감성적인 느낌, 이미지, 모델의 매력 등에 의존해서 구매를 결정한다는 것을 입증했다.

개인주의적 성향도 1980년대 소비대중을 설명하는 키워드가 될 수 있다. 비디오 카세트와 리모컨에 이어 개인용 컴퓨터가 등장하면서 개인은 커뮤니케이션 채널과 내용에 대해 더 큰 통제력과 선택권을 얻었다. 자신이 선호하는 프로그램을 선택해서 원하는 시간에 시청할 수 있게 된 것이다. 이 같은 통제력은 소비자와 광고의 상호작용에도 영향력을 행사했다. 광고 혼잡도(clutter)가 증가하면서 수많은 정보와 메시지가 범람하게 되자, 소비자는 더 이상 광고에 관심을 가지지 않고 지핑(zipping), 재핑(zapping) 기능9)을 이용해 광고를 피하려고 시도한다.

이처럼 회의적이고 지적인 소비자들에게 관심을 얻고 기억에 남을 만한 광고를 만들기 위해서는 강렬한 이미지나 독특한 아이디어가 관건이다. 이런 이유들

---

9) 지핑은 영상 매체를 수용할 때 광고가 등장하면 리모컨을 조절해 다른 채널로 옮겨가는 행위를 지칭하며 재핑은 특별히 고안된 기계(commercial brake)를 사용해 광고를 제거하고 프로그램 내용만 녹화하는 행위를 가리킨다. 두 가지 기능 모두 광고를 피해 텔레비전을 보려는 욕구가 낳은 산물이다.

이 복합적으로 작용해 1980년대 광고는 크리에이티브를 강조하는 양상을 띠게 되었고, 스타일에 의해 실체가 지배된다는 평가를 받기도 했다. 또 광고 텍스트의 창의성만으로는 수용자에게 도달하기가 점점 희박해지면서 새로운 마케팅의 시도가 이루어진다. 예를 들면 광고와 스포츠 이벤트의 만남, 광고와 스타의 만남 등이 점차 두드러지게 되었다.

한편 1980년대는 기존 삶의 방식과 인간관계 등에 일대 변혁을 불러일으키는 기술혁신이 일어난다. 컴퓨터 기술이 등장한 것이다. 계산기에서 출발해 점점 기능을 확장시키던 컴퓨터는 군사적인 용도에서 벗어나 민간 영역으로 퍼져나가기 시작했다. 하지만 컴퓨터 기술이 도입된 사무실 환경은 사람들에게 심리적인 부담감과 막연한 두려움을 불러일으켰다. 컴퓨터가 일상에 본격적으로 진입한 1980년대에 광고가 사회적으로 수행한 주요 역할은 대중에게 신기술과 관련된 교육을 수행하고 새로운 기술혁신이 삶을 더욱 윤택하게 만들어줄 것이라는 믿음을 형성하는 일이었다. IBM은 대중을 위한 새로운 컴퓨터를 개발했을 때, 컴퓨터 사용이 불편하고 어려울 것이라는 오해를 우선 해소해야 한다고 판단했다. 그래서 영화 <모던 타임스(Modern Times)>에 등장한 찰리 채플린 캐릭터를 도입했다. "기술을 모르는 사람들을 위해 컴퓨터가 새로운 기술세계를 열어줄 것"이라는 내용의 캠페인을 실시했는데, 우스꽝스럽고 매사에 서툴러 보이는 채플린과 새로 출시된 IBM 컴퓨터를 나란히 놓아 기술적으로 뒤떨어진 사람도 컴퓨터와 친하게 지낼 수 있다는 의미를 은연중에 전달했다. 이 캠페인은 신기술에 대한 친근감을 심어주는 데 매우 성공적이었으며 IBM을 인간적인 기업으로 인식시키는 데도 기여했다.

_기업의 후원활동 증가

1980년대 포화된 광고환경 속에서 기업들은 광고활동 이외에 대중과 만날 수 있는 접점을 만들어내는 데 큰 관심을 보였고 이를 위해 기업의 후원활동(corporate sponsorship) 기회를 적극적으로 활용했다. 후원활동은 소비자 대중이 기업에 호의적인 이미지를 형성할 수 있는 기회를 제공해준다. 그러므로 적절하게만 실시한다면 광고 이상의 효과를 얻을 수 있는 것이다. 기업조사와 경영자문에 가장 권위 있는 EIU(Economist Intelligence Unit)는 기업의 후원활동을 "현금이나 현금과 유사한 형태로 레저, 스포츠와 관련된 활동에 기부함으로써 지역사회에 기여하는 활동"이라고 정의했다. 그리고 기업의 후원활동은 후원자의 상업적인 이해관계와 전혀 관련이 없어야 하며, 기업은 후원에 대한 보상으로 언론보도 정도를 기대할 수 있다고 명시한다. 1970년대 기업의 후원활동은 대부분 자선행사를 지원하는 정도에 그친다. 그러나 1980년대에 들어와 기업 이미지를 구축하는 것이 중요 의제로 인식되면서 스포츠, 음악, 각종 레저활동 등 다양한 영역으로 후원 범위가 확장된다.

밀러 맥주를 생산하는 밀러 브루잉 사(Miller Brewing Company)는 특히 스포츠계의 적극적인 후원자로 등장했다. 스포츠를 좋아하지 않는 사람들보다 스포츠 팬이 맥주를 구매할 의사가 더 높다고 판단했기 때문이다. 맥주 소비자에게 브랜드 인지도를 높이기 위해서 밀러 맥주는 1950년대부터 미식축구, 농구, 자동차 경주 등 다양한 스포츠 이벤트에 후원을 제공했다. 음향기기를 생산하는 JVC는 1985년부터 뉴욕과 유럽의 주요 도시를 순회하며 매년 열리는 재즈 페스티벌을 후원해서 재즈와 브랜드 간의 연결고리를 만드는 데 성공했다. 행사명도 "JVC 재즈 페스티벌"로 정해 음악 애호가들에게 많은 사랑을 받았다. 하지만

2009년에 세계 경기침체로 더 이상 행사를 후원할 수 없다고 공식 발표해서 큰 아쉬움을 남겼다. 의류기업 베네통(Benetton)은 행사나 이벤트가 아닌 마약이나 에이즈같이 국제사회가 당면한 주요 문제의 후원자로 나서는 특이한 후원활동 형태를 도입해 언론의 주목을 받았다.

_영웅의 상품화

1980년대 광고의 또 다른 차별화된 모습은 스타를 상품화하는 전략이다. 이 시기에 실시된 광고조사 결과는 10여 년 전까지만 해도 소비자에게 어필할 수 있었던 전략이 더 이상 설득력이 없으며 소비자의 광고 선호도가 이전과 판이하게 다르다는 사실을 보여준다. 예를 들어 광고용으로 만들어진 음악보다 이미 잘 알려진 선율을 좋아하는 현상, 가격표기에 부정적이던 전통 입장과는 다르게 고급 상품에도 가격을 제시해야 선호하는 현상, 유명 연예인보다 스포츠 스타가 더 인기 있는 현상 등이다. 스포츠용품 기업들은 스포츠 스타가 할리우드 스타보다 대중에게 지지와 사랑을 더 많이 받는다는 조사결과에 주목했고 스포츠 스타를 브랜드 상징으로 만들기 위해 활발한 활동을 펼쳤는데, 나이키와 마이클 조던의 관계가 대표적인 사례이다.

1972년에 출시된 나이키(Nike) 브랜드는 1984년 아디다스(Adidas)를 제치고 운동화 시장의 선두 브랜드가 되었다. 나이키가 성공할 수 있었던 요인은 소비자들이 나이키 브랜드를 소비자와 시장의 욕구에 귀 기울이는 브랜드, 사용자 개인에게 관심을 기울이는 브랜드라고 인식했기 때문이다. 그러나 1985년에서 1987년 사이에 나이키의 매출은 감소하기 시작한다. 1970년대 말 지미 카터 대통령의 트레이드 마크였던 조깅에서 시작된 달리기에 대한 관심이 점차 식어들었고 개인의 일상 체육활동이 감소했기 때문이다. 다행스럽게도 이 시기에 나이키는 농구선수 마이클 조던을 발견한다. 탁월한 재능과 아름다운 미소의 소유자였던 조던을 앞세우면 운동화 소비열풍을 새롭게 일으킬 수 있을 것이라고 예견한 나이키는 조던과 계약을 맺고 그의 이름을 브랜드명으로 사용하는 데 합의한다. 이렇게 해서 탄생한 브랜드가 에어 조던(Air Jordan)이며 대표적인 상품은 점프맨23이었다. 나이키가 조던을 브랜드화한 시기는 NBA 농구가 네트워크 텔레비전을 통해 황금 시간대와 주말에 전국적으로 방영된 시점과 일치한다. 이것은 새로운 상품라인과 제품을 알리기에 더없이 좋은 기회였다. 덕분에 조던 역시 청소년들이 가장 좋아하고 닮으려고 애쓰는 스타가 되었다.

나이키는 스타를 브랜드화시킨 제품을 출시하는 전략 외에 조던과 유명한 흑인 감독 스파이크 리를 등장시켜 황금 시간대에 10대를 대상으로 광고 캠페인을 실시했다. 광고 카피는 "자퇴하지 마라(Stay in School)"였다. 관행상 공익적인 성격의 광고는 주로 새벽 3시에 배치되었다. 하지만 나이키는 이런 관행을 깨고 과감하게도 가장 광고료가 비싼 프라임 타임(prime time)에 광고를 배치했다. 많은 흑인 청소년이 고등학교를 자퇴하는 문제로 골머리를 앓던 미국사회에서 청소년, 특히 흑인 청소년이 역할 모델로 삼을 수 있는 스포츠 스타와 유명 감독을 등장시켜 학업의 중요성을 강조한 이 광고는 부모 세대를 포함해 사회 전반에 걸쳐 열띤 관심과 지지를 끌어냈다. 이후 나이키는 우호적인 이미지를 형성하게 되었고 결과적으로 제품 판매가 신장되었다. 이러한 나이키의 사례는 여러 측면에서 광고 마케팅의 선구적인 사례로 평가된다. 스타의 이름과 이미지를 상품화했다는 점, 공익적인 메시지로 상업적인 이윤을 극대화하고 기업 이미지를 제고하는 효과를 거두었다는 점 등이 주목할 만하다. 이후에도 향수나

의류 등을 중심으로 스타를 브랜드화하는 현상이 지속된다.

_스포츠 이벤트와 광고의 만남 : 매킨토시와 슈퍼볼

1980년대 가장 큰 관심을 불러일으킨 광고를 꼽으라면 애플 사(Apple Inc.)가 새롭게 출시한 매킨토시 광고일 것이다. 과장된 크리에이티브로 화제를 끈 소형 대행사 치엣/데이(Chiat/Day)가 기획·제작한 매킨토시 광고는 광고 역사에 한 획을 그을 만큼 여러 전환점을 만들어낸 것으로 유명하다. 애플의 최고 경영자 스티브 잡스(Steven Paul Jobs)는 치엣/데이의 틀을 깬 광고방식이 애플 사의 정신과 여러모로 일치한다고 생각하고 60초짜리 매킨토시 컴퓨터 론칭광고를 의뢰했다. 치엣/데이는 전략적인 사고가 동반된 크리에이티브로 명성을 얻었는데, 1984년 올림픽의 나이키 광고나 에너자이저 건전지 광고 등 1980년대의 랜드마크라고 부르는 캠페인들로 잘 알려져 있다.

치엣/데이가 제작한 나이키의 LA 올림픽 후원광고는 메리 데커, 칼 루이스 같은 스포츠 스타들의 질주장면을 극장화면처럼 가로가 긴 직사각형의 초대형 포스터에 담았다. 그리고 이 포스터를 거리에 도배하다시피 했다.[10] 포스터는 빨간색, 파란색, 흰색 등 강렬한 원색으로 사람들의 시선을 끌었는데, 파란 하늘에 하얀 구름이 떠 있는 경기장에서 빨간색 팬츠 차림에 빨간색 나이키 운동화를 신은 검은 피부의 칼 루이스가 땅을 차고 날아오르는 장면을 실제보다 더 생생하게 시각화해 보는 이들에게 깊은 인상을 심어주었다. 이 광고로 나이키는 자사보다 훨씬 더 큰 액수를 후원한 컨버스(Converse) 사를 제치고 올림픽의 주요 후원

---

10) www.adashelcreate.com.au에서 키워드 vintage nike outdoor로 검색할 것.

자라는 인상을 심어주었다. 분홍색 토끼 캐릭터가 주는 과장된 시각적 자극으로 사람들의 눈길을 끈 에너자이저 건전지 역시 미국인들이 가장 싫어하면서도 가장 잘 기억하는 장수 캠페인으로 남아 있다.[11]

10억 달러라는 엄청난 예산을 투여한 매킨토시 광고는 사람들이 컴퓨터화된 세상에 대해 품고 있는 막연한 불안감을 해소하고자 했다. 광고는 1984년이 되면 기술발달로 빅브라더가 시민의 일거수일투족을 감시하고 통제하는 세상이 도래할 것이라는 조지 오웰의 암울한 소설 『1984년』을 염두에 두고 기획되었다. 광고의 첫 장면은 똑같은 누더기 옷을 입고 표정 없는 잿빛 얼굴의 사람들이 끝없이 긴 행렬을 지어 좁은 복도로 들어가는 모습으로 시작된다. 복도 마지막의 큰 방 한가운데에 있는 비디오화면에서 위협적인 인상과 목소리의 독재자가 장광설을 늘어놓는다. 사람들은 멍하니 앉아 미동 없이 듣고 있다. 이때 사람들 한가운데서 주황색과 흰색 운동복을 입은 근육질의 여성이 망치를 들고 화면을 향해 뛰어가자 검은색 옷을 입은 무장 경찰들이 여자를 쫓아간다. 화면 앞에 도달한 여자는 잠시 멈춰 서서 망치를 빙빙 돌리더니 화면을 향해 힘껏 던진다. 그리고 독재자가 등장한 화면이 수천 개의 조각으로 부서져 떨어진다. "1월 24일 애플 컴퓨터는 매킨토시를 출시할 것입니다. 그리고 여러분은 1984년이 왜 '1984년'과 다른지 알게 될 것입니다"라는 자막과 함께 광고가 끝난다. 슬로건에서 '1984년'은 조지 오웰의 작품을 지칭한다.

이 광고는 컴퓨터 시장에서 독재자처럼 군림하는 IBM과 완전히 다른 운영 체계와 사용 방식을 제공하는 매킨토시가 등장한 상황을 비유적으로 나타낸다.

---

11) www.energizer.com에서 화면 메뉴 중 energizer bunny center를 클릭할 것.

IBM에 대한 반란은 매킨토시가 추구한 광고 의도 중에 하나임이 분명하다. 하지만 소설 『1984년』을 출발점으로 삼은 것은 채플린이 등장했던 IBM 광고와 마찬가지로 기술이 가져다줄 수 있는 해방적인 측면을 강조하고 컴퓨터에 대한 심리적 거부감을 없애는 데 목적이 있다고 이야기할 수 있다. 스티브 잡스는 신비감을 더하기 위해 슈퍼볼 경기 방영 중에 단 한 번만 이 광고를 내보냈는데 광고효과는 예상을 훨씬 뛰어넘었다. 애플 사는 광고 후 100일 동안 매킨토시가 5만 대 판매될 것을 예상했는데 예상치를 훌쩍 뛰어넘어 7만 2,000대가 판매되었다. 그리고 1년이 지난 후에 이 광고는 '광고의 역사를 만드는' 광고로 선정되기까지 한다.

매킨토시 광고는 여러 면에서 의미가 있다. 먼저 사람들의 이목을 집중시켜 미디어의 관심을 끄는 '이벤트 광고'를 트렌드로 만든 출발점이 되었으며, 슈퍼볼을 최고의 텔레비전 광고 경연장이자 신제품 론칭 캠페인의 통로로 확립시키는 관례를 만들어냈다. 대행사들은 매년 2월 첫째 주 일요일마다 9,000만 명의 시청자에게 보여줄 가장 놀라운 작품을 준비하기에 여념이 없었다. 일간지들은 경기 다음 날 '최고의 광고 10선', '최악의 광고 10선' 같은 기사를 게재함으로써 슈퍼볼을 광고축제로 만드는 데 기여했다. 광고를 보기 위해 슈퍼볼을 시청하는 사람들까지 생겨날 정도였다.

_글로벌 브랜드와 전 지구적 광고

1980년대 광고가 보여주는 또 다른 특징은 국경이 주는 공간적 제약을 벗어나 전 세계를 대상으로 하는 다국적 기업의 광고가 증가했다는 점이다. 다국적 기업의 활발한 전 지구적인 진출과 이에 동반한 다국적 광고의 성장은 신자유주의적 경제질서의 도입과 긴밀한 관계가 있다. 신자유주의는 사회적 관계의 총체를 시장경제적인 관계에 최대한 종속시킴으로써 자본의 자유를 극대화하려는 정치적 이념이자 운동이다. 이는 경제영역에 대한 국가규제에 반대하고 국가 영향력을 대폭 축소시켜야 한다는 보수적 이데올로기를 근간으로 한다. 영국과 유럽 등 여러 국가를 거쳐 미국으로 전파된 신자유주의 노선이 공통적으로 지향한 것은 시장규제의 완화, 자본시장의 자유화, 외국자본의 국내기업 인수합병 허용 등 서구자본이 세계적으로 진출하는 것을 쉽게 만드는 내용이었다. 지금도 신자유주의는 IMF, GATT 같은 국제기구의 지원으로 지구촌에서 그 세력을 확장해나가고 있다.

인수합병을 통해 덩치를 키운 다국적 기업들은 1980년대 후반부터 세계시장을 공략하기 시작했고, 세계시장에 진출하기에 앞서 광고대행사나 마케팅 전문기관에 의뢰해 철저한 시장조사를 실시했다. 시장을 조사하는 목적은, 지역적 욕구는 물론 취향과 소비에 나타난 새로운 경향을 파악하기 위해서였다. 사람들의 문화적 취향을 이해하면 소비습관을 통제하기가 쉬워지며 지역성과 정체성을 파악함으로써 광고전략을 수립하는 데 많은 아이디어를 얻을 수 있었기 때문이기도 하다. 다국적 기업들은 광고에 대한 사전조사, 자료조사, 사후평가 등을 통해 국가 간 차이를 알아냈고, 현지 조사기업과 제휴해 전화 인터뷰, 호별 방문조사, 집단 심층면접, 포커스 그룹, 쇼핑몰에서 비밀 녹화 등을 통해 지역정서와 그에 따른 의미를 수집했다. 1980년대는 통신 네트워크의 발달로 조사활동을 통해 수집한 자료들이 시공을 초월해 국경을 넘나들었으며[12] 이 자료들은 광고

---

12) 허버트 실러(Herbert Schiller) 같은 학자들은 이런 현상을 정보의 월경 현상(transborder

전략을 수립하고 각종 마케팅 활동을 벌이는 토대로 사용되었다.

다국적 기업은 표준화와 현지화라는 두 가지 측면에서 광고 마케팅 전략을 수립한다. 표준화 전략은 지역에 상관없이 동일한 마케팅 프로그램을 사용하는 전략으로서 베네통, 리바이스, 코카 콜라 같은 브랜드들이 주로 도입해왔다. 그러나 최근에는 지역정서와 특징을 반영해 지역 고유의 생활방식에 부합하는 용도를 부각시켜 제품을 제시하는 현지화 전략이 점차 증가하는 추세다. 국제광고 캠페인 경험을 통해 상품이나 서비스의 구매를 결정하는 행위는 '친숙함'을 바탕으로 이루어진다는 결론에 도달했기 때문이다.

구강청정제로 유명한 리스트린(Listerine) 사는 태국에서 실시한 광고 캠페인으로 고배를 맛보았다. 이성 간 애정을 공개적으로 다루는 데 익숙하지 않은 태국의 문화적 관습을 이해하지 못하고 손을 잡은 소년과 소녀의 이미지를 사용했기 때문이다. 결국 리스트린 사는 남아시아 담당자의 조언에 따라 광고모델을 두 소년으로 대체해 문제를 해결했다. 아프리카 가나에서는 서구의 헤어스타일이 생소하게 받아들여져 사람들이 광고에 거부반응을 일으켰다. 문화적 거리감은 국제광고에 실패하는 주요 원인이다. 이처럼 지역적 차이에 대한 이해 부족 때문에 일어나는 사소한 '실수'가 치러야 하는 큰 대가는 2000년대에도 이어지고 있다. 나이키는 NBA 농구 팀 클리브랜드 카발리에의 신인인 르바론 제임스가 중국 전통의상을 입은 두 여성 쿵후 사범과 함께 용 한 쌍을 물리치는 애니메이션 광고를 만들어 내보냈다. 하지만 중국정부에서 국가의 존엄성을 모독했다

data flow)이라고 불렀는데, 해당 국가의 정부도 모르는 상태에서 각종 정보들이 다국적 기업의 총본부로 넘겨지는 것은 국가 주권에 대한 침해라고 비난했다.

는 비판을 받고 광고를 전면 중단하라는 명령을 받는다. 이는 중국사회에 형성되어 있는 용의 문화적 의미에 대해 무지했기 때문에 발생한 결과였다. 오늘날 전 지구적인 대행사들은 광고 캠페인을 기획할 때 특정 색상, 숫자, 상징물, 몸짓 언어 등의 의미에도 신경을 써서 혐오감이나 거부감이 들지 않도록 사전작업을 벌이고 있다.

분화된 수용자, 이미지 범람, 온라인 광고의 실험: 1990년대

1990년대는 산업자본주의에 근간을 둔 서구경제가 정보 자본주의, 금융자본주의로 이전해가는 사회적 변혁기이다. 1990년에 취임한 클린턴 대통령은 정보 고속도로를 건설하겠다는 의지를 천명했다. 비슷한 시기에 빌 게이츠는 "정보를 당신 손끝에(information at your finger tips)" 놓을 수 있는 사회상을 전망했다. 1990년대는 사회경제적인 지위나 연령에 상관없이 모든 사람이 정보의 혜택을 평등하게 누릴 수 있는 사회가 도래했다는 믿음이 큰 기대감을 불러일으킨 시기였다. 산업자본주의에 한 획을 긋고 정보자본주의 사회로 진입할 수 있게 해준 가장 큰 원동력 중에 하나는 커뮤니케이션 기술의 발전이다. 커뮤니케이션 혁명이 가져다준 통신과 컴퓨터의 융합은 정보와 오락물에 대한 접근을 거의 무한대로 증가시켰고, 미디어 텍스트와 수용자의 상호작용을 가능하게 했으며, 이동 중에도 통신과 미디어를 수용할 수 있게 했다. 또한 인터넷, 모바일 통신이 보편화되었고 개인이 커뮤니케이션 활동의 중심에 서게 되었다.

한편 1980년대에 들어 세계로 진출을 꾀한 미디어 기업들은 도달 범위를 점차 넓혀갔다. 미디어 기업들은 전 지구적으로 문화산물을 보급했고 이들 문화산물들은 다국적 기업들을 위해 새로운 광고 기회를 제공한다. <미션 임파서블

(Mission Impossible)>에 등장한 애플 컴퓨터나 <제리 맥과이어(Gerry MgGuire)>에서 주인공이 신은 리복 운동화처럼 영화나 텔레비전에 등장하는 미디어 산물은 간접 광고를 전달하는 역할을 수행하며 소비문화를 전 지구적으로 전파하는데 큰 역할을 담당하고 있다.

새로운 커뮤니케이션 기술의 발달과 함께 다매체 시대로 진입한 1990년대 사회의 또 다른 특징은 수용자도 매체별로 세분화 · 파편화되는 양상을 보이는 것이다. 수용자의 변화에 부응해 시장도 점차 세분화되면서 다양한 소비자 집단의 취향과 욕구를 반영하는 모습이 나타난다. 코카 콜라는 모든 사람을 겨냥한 코크 클래식에서 다이어트 코크, 카페인 프리 코크 등 다양한 제품을 출시하고 있으며, 제품 크기도 여러 형태로 개발해 분화된 수용자의 수요를 충족시키고 있다. 매체의 다양화와 소비자의 파편화는 광고방식에도 영향력을 행사하는데 모든 마케팅의 커뮤니케이션 수단과 광고를 통합하려는 시도가 특히 부각된다.

1990년대부터 대행사들은 인쇄광고와 다이렉트 마케팅(Direct Marketing), 각종 판촉활동, 홍보, 인터넷, 양방향 텔레비전 등 전통적인 광고매체와 신기술에 기반을 둔 커뮤니케이션 통로 전반을 연결시켜 일관성 있는 메시지를 전달하기 위해 많은 노력을 기울이고 있다. 다시 말해 새로운 제품들이 홍수를 이루는 시기인 것이다. 새로운 브랜드 다섯 개가 개발되면 이 중 하나만 살아남고 네 개는 실패하는 시장구도 속에서 파편화된 소비자에게 효율적으로 다가가는 것이 21세기 광고의 최우선 과제가 되었다.

_엽기, 복고, 향수 : 광고 메시지 전략

1990년대에 두드러지는 광고 메시지 전략은 친근한 문화적 레퍼토리의 재활용이다. 혼성모방, 복고주의적 표현양식, 장르 간 경계 파괴, 피상성, 상호복제 등 다양한 표현방식이 등장하는 양상을 관찰할 수 있는데, 이 방식들은 이미 익숙한 이미지를 과거에서 빌려오거나 서로 모방한다는 것이 공통점이다. 국제 광고에서 현지화 전략의 비중이 점차 증가하는 이유는 문화적 친숙도의 중요성 을 인식했기 때문이라는 것을 이미 살펴보았다. 광고 속에 포함된 친밀한 요소는 광고에 대한 호감과 높은 회상률로 이어진다. 이미지의 상호복제 및 범람은 부정적으로 받아들여지기도 하지만 수용자에게 이미 친숙도를 형성했다는 점에 서 경제적이다. 혼성모방은 여기저기서 빌려온 친숙한 이미지를 재배열, 재구성, 재활용하는 표현기법이다. 1990년대 들어서 혼성모방이 부쩍 성행한 이유는 새로운 아이디어나 이미지가 고갈되고 예술의 창의성이 한계를 드러냈기 때문 이다.[13] 우리 주변에 범람하는 과거의 이미지를 예술의 대상으로 삼지만 단순히 모방하는 것이 아니라 '친숙하지만 무언가 새롭고 다른' 느낌을 추구하는 것이 혼성모방 광고의 지향점이다. 이 과정에서 모방물과 원전, 모방물과 모방물 사이 의 관계를 넘나드는 상호 텍스트성은 부가적으로 따라온다.

　1990년대 광고표현을 지배하는 또 다른 코드는 엽기(bizarre)이다. 엽기는 속도, 충격, 새로운 음악 등의 요소로 특히 젊은 층에게 어필한다. 동시에 레토르 마케

---

13) 포스트모던 표현기법이 범람한 현상에 대해서는 두 가지 입장이 있다. 20세기 후반 자본주의 문화상품을 전 지구적으로 확산시키고 서구적인 문화로 동질화시키는 문화 적 전략이라고 평가하는 견해(Frederick Jameson)와 자본의 유연화를 위한 시공간의 압축이라고 설명하는 시도(David Harvey)가 있는데, 양쪽 입장 모두 포스트모던 표현기 법은 참신하거나 새로운 것이라기보다 경제성을 추구하는 자본주의 논리의 연장선상 에서 표현자원을 재활용한 것이라는 견해를 보인다.

팅(retor marketing)이라 부르는 복고풍 광고도 강세다. 오늘날 광고들은 옛날 슬로 건이나 광고음악, 캐릭터 등을 재등장시켰다. 이는 특히 베이비붐 세대에게 향수를 자극하는 요소로서 많은 관심을 불러모으고 있다. 오늘날 가장 효과적인 광고전략은 복고풍에 대한 향수(nostalgia), 심미적 아름다움, 신기술에 대한 친숙함의 강조로 집약될 수 있다.

1990년대부터 지속된 광고의 표현방식은 비단 미국 광고에서만 나타나는 현상은 아니다. 글로벌라이제이션(glibalization)의 조류 속에서 시공의 차이를 초월해 여러 나라의 대중문화 산물에서 공통적으로 발견된다. 이 같은 광고표현법은 1990년대를 풍미했던 포스트모더니즘 사조와도 맥락을 같이한다.

_1990년대 닷컴 광고의 부침

1995년에서 2000년까지는 인터넷을 기반으로 삼았던 닷컴 기업들이 대거 등장했다가 사라져간 시기이다. 회사명 앞에 "e-"라는 접두사나, 말미에 ".com" 이라는 접미사만 붙이면 회사의 주가가 상승했다. 이 시기에는 정보 고속도로의 건설을 천명한 클린턴 행정부의 의지와 IT 기술에 대한 기대, 정보와 지식이 기업의 이윤을 창출하는 새로운 원천이 될 것이라는 믿음 등이 어우러져 투자자본들이 대거 IT 관련 기업으로 몰려들었다. 인터넷 관련 기업들은 기업의 실제 가치보다 훨씬 부풀려져서 평가되었고 자신감에 넘친 닷컴 기업들은 기존의 표준적 비즈니스 모델을 거부하고 시장 점유율을 높이는 데만 노력을 쏟았다. 그 결과 최저가격의 마지노선보다 더 저렴한 가격에 제품을 판매하는 과다경쟁이 벌어졌고, 이는 IT 버블을 붕괴시키는 주된 요인 중에 하나였다.

닷컴 기업들은 인지도를 확보하기 위해 1990년대 말 엄청난 예산을 투입해서 오프라인 광고전에 돌입했다. 닷컴 광고 열풍은 정보화사회 이전에 광고계가 경험했던 집단적인 혼란을 잘 보여준다. 라디오나 텔레비전 같은 새로운 매체가 등장했을 때 광고의 내용과 형태를 개발하기 위해 고심했던 흔적은 광고 역사 곳곳에서 찾아볼 수 있다. 1998년 미국의 상위 50개 온라인 광고주들은 오프라인 광고비용으로 4억 2,000만 달러를 썼다. 1999년 1, 2월 두 달 동안 닷컴 기업들은 광고비를 280%나 증액해 신문과 텔레비전 등 전통적 매체 광고시장의 주된 재정적 지원자가 된다.14) 그러나 벤처기업의 광고는 대형 대행사들에게는 거부당하고 주로 중·소형 대행사들에 의해 제작되었다. 하지만 배치된 인력은 대부분 광고 경험이 전혀 없었고, 경험이 상대적으로 풍부한 팀일지라도 크리에이티브 아이디어 면에서 별다른 매력을 주지 못하거나 아니면 지나치게 튀는 경우가 많았다.

2000년 슈퍼볼 개최 당시, 수백만 달러를 들인 광고들을 선보임으로써 닷컴 광고는 짧게나마 전성기를 구가하는 동시에 전국의 소비대중에게 본격적인 온라인 시대로 접어들고 있다는 인상을 강하게 심어주었다. 2000년 슈퍼볼 최고의 광고로는 춤추는 원숭이를 주인공으로 내세운 이-트레이드 닷컴(E-Trade.com)이 선정되었다. 닷컴 광고 중에 가장 많이 회자되는 사례는 페츠 닷컴(Pets.com)이다. 대형 온라인 서점인 아마존 닷컴에서 부분 출자한 페츠 닷컴은 월드와이드웹을 통해 애완동물용품과 액세서리 등을 소비자에게 직거래로 판매한 온라인 기업이다. 1998년에 설립되었으며 나스닥에 상장되고 파산하기까지 불과 268일밖에 걸리지 않았다. 페츠 닷컴 외에도 식품류나 원예용품을 소비자에게 직접 판매하

---

14) Mark Tungate, *Ad Land: A Global History of Advertising*.

는 형태의 B to C 온라인 기업이 한창 성행했다. 페츠 닷컴은 텔레비전, 인쇄매체, 라디오, 자체 제작한 페츠 닷컴 잡지 등 다양한 매체를 동원해 미국 주요 도시를 거점으로 광고를 집행했는데, 귀여운 동물 인형을 마스코트로 사용해 큰 호감을 얻는 데 성공했다. 이 광고는 2000년 슈퍼볼 경기 중에 선보인 후 여러 광고 상을 휩쓸면서 그해 화제의 중심에 섰다.

광고 캠페인은 애플 사의 매킨토시 광고로 명성을 높인 TBWA/Chiat/Day[15])에 의뢰했다. 대행사는 앞발에 페츠 닷컴이라는 글씨가 인쇄된 마이크를 끼고 있는 강아지 인형을 개발했다.[16] 광고에서 강아지 인형은 사람들에게 왜 페츠 닷컴에서 쇼핑해야 하는지 질문했고 이에 대한 답변 − "왜냐하면 애완동물은 운전을 못하니까요(Because Pets Can't Drive)" − 이 자막에 떴다. 이 광고는 《유에스에이 투데이(USA Today)》지가 실시한 슈퍼볼 광고 회상률 조사에서 가장 높은 기억도를 보였다. 코미디언 마이클 이언 블랙의 목소리가 더빙되었다는 것 외에는 별다른 개성도 없고 이름도 없었던 강아지 캐릭터는 사람들 사이에서 엄청난 인기를 얻으면서 ABC의 <굿모닝 어메리카(Good Morning America)>, <나이트라인(Night-line)>, <라이브 위드 리지스 앤 캐시 리(Live with Regis and Kathie Lee)> 같은 메이저 네트워크 텔레비전쇼에 출연했고, 1999년 메이시 백화점의 추수감사절 퍼레이드에도 참여했다. 미디어의 관심이 또 다른 관심을 유발시킨 사례인데,

---

15) 애플 사의 1984 광고로 유명한 Chiat/Day는 1993년 글로벌 마케팅 기업 옴니콤(Om-nicom Group Inc.)의 자사인 TBWA WorldWide에 합병되어 TBWA WorldWide의 미국 지사인 TBWA/Chiat/Day가 되었다.

16) Kirk Cheyfitz, *Thinking Inside the Box The 12 Timeless Rules for Managing a Successful Business*(New York: Simon & Schuster, 2003).

이는 기업의 우수성이나 탁월한 광고 크리에이티브보다 새롭게 등장한 e-비즈니스 산업에 대한 사회적 호기심에서 비롯된 결과라고 할 수 있다.

광고를 통해 브랜드 인지도를 형성하는 데는 성공했지만 기대했던 만큼 수요가 없었고 판매가격도 오프라인의 3분의 1밖에 되지 않았기 때문에 페츠 닷컴은 적자를 면치 못했다. 마침내 광고비용조차 감당하지 못하는 상황에 이르게 되는데, 2000년 가을에 닷컴 버블이 붕괴하면서 페츠 닷컴도 더 이상 투자자본을 확보할 수 없게 되고 회사를 매각하려던 시도도 무산되어 그해 11월에 파산하고 만다.

_온라인 광고에 대한 정당성 부여 : BMW 사례

온라인 광고에 대해 주류 브랜드들은 회의적이거나 무관심한 태도를 보였다. 광고효과가 검증되지도 않았고 입증하기도 힘든 매체에 광고예산을 소비하기가 내키지 않았던 것이다. 또 수많은 닷컴 기업의 부침을 목격하면서 대다수 기업이 온라인 매체의 신뢰도에 매력을 느끼지 못했기 때문이었다. 그러나 2001년 BMW가 실시한 온라인 광고 캠페인은 대기업 브랜드와 온라인 광고가 만나 성공을 거둔 사례로 주목받았으며, 온라인 광고가 미칠 수 있는 파급효과를 확인시켜주었다. 당시 BMW는 지적인 크리에이티브를 강조하던 WPP 계열사인 팰론(Fallon) 사의 고객이었다. 팰론 사는 25세에서 35세에 이르는 젊은 층이 인터넷을 광범위하게 사용하며, 고급 자동차 이용자는 자동차에 대한 정보원으로 인터넷에 의존한다는 점에 착안해 온라인 캠페인을 제안했다. 배너광고 클릭률에만 관심을 보이던 시기에 BMW 같은 고급 브랜드가 온라인 광고를 기획한다는 것은 대단한 모험이었다. 팰론 사는 획기적인 아이디어로 브랜드 품위를 유지하면서 광고효과도 도모하고자 했다. 팰론 사는 자동차를 주인공으로 한 온라인 전용 단편영화를 제작해 bmwfilm.com에 올렸다.

각 8분 분량의 영화 8편으로 구성된 <The Hire> 시리즈에는 다양한 BMW 모델의 현란한 질주장면과 스턴트장면이 이야기 속에 적절히 녹아들어 자동차의 매력과 개성을 극대화시켜 보여준다. 왕가위, 이안 같은 감독들이 제작·지휘하고, 할리우드의 유명 시나리오 작가들이 대본을 썼으며, 마돈나, 미키 루크, 포레스트 휘타커 같은 유명 배우들이 출연해 블록버스터(blockbuster) 방식으로 제작된 이 영화 시리즈는 2001년 4월 25일 온라인에 배포되었다.[17] 온라인 배포와 동시에 오프라인에서 영화 홍보도 이루어졌다. 길거리에 거대한 포스터가 붙고 텔레비전 스폿(spot)광고를 이용하는 등 신작 할리우드 영화를 홍보하는 것과 동일한 방법을 쓴 것이다. 9개월 후 bmwfilms.com에는 1,000만 명이 넘는 사람들이 로그인을 했으며 조회 수는 213만 회에 달했다. BMW 공식 사이트에 의하면 8편의 단편영화들은 bmwfilms.com이 폐쇄된 2005년 10월까지 거의 1억 회에 달하는 조회 수를 올렸다고 한다. bmwfilms.com은 폐쇄되었지만 온라인에서는 여전히 이 영화를 검색할 수 있으며 최근에는 CD로 제작해 판매되고 있다. 이러한 BMW의 사례는 단순히 팰론 사의 크리에이티브적 재능이나 BMW의 성공이라는 의미를 넘어서서 온라인 광고의 역사에 중요한 전기를 마련했다는 점에서 의미가 있다. 그뿐 아니라 인터넷이 주류 브랜드를 위한 광고매체로 인정받았음을 입증했으며, 온라인 광고내용이 나아갈 방향에 대해 시사점을

---

17) P. Fallon, and Fred Senn, *Jucing the Orange: How to Turn Creativity into a Powerful Business Advantage*(Havard Business School Press, 2006).

제공했다는 점도 주목할 만하다.

BMW 영화는 애드무비(admovie)라는 신조어를 낳았고, 일본 마쓰다 자동차, NEC 등에 벤치마킹되면서 대기업을 중심으로 애드무비가 확산되었다. 팰론 사는 BMW 영화가 성공한 여세를 몰아 소니(Sony)의 브라비아(Bravia) LCD 텔레비전 광고도 같은 방식으로 제작하기로 했지만, 누군가가 영화 촬영현장을 동영상으로 촬영해 온라인에 올리는 바람에 영화가 완성되기도 전에 다른 음악이 깔리거나 패러디되는 등 여러 형태로 변형되어 퍼져나갔다. 그 덕분에 소니의 영화 인지도는 오히려 향상되는 혜택을 얻었다. 이 사례는 광고를 포함한 인터넷 내용이 일단 만들어지고 난 후에는 제작자가 아닌 소비자 쪽으로 통제권이 넘어간다는 사실을 새삼 입증해주었다. 또 인터넷 사용자들이 브랜드나 광고와 적극적으로 상호작용하며, 텍스트의 재창조는 예측하기 어려울 만큼의 파급효과를 가져올 수 있음을 시사했다. 물론 양질의 내용이 뒷받침될 때 그 효과는 더욱 빛날 수 있을 것이다.

참고문헌

단행본

알철, 허버트(Altchell, H). 1996. 『현대언론사상사』. 양승목 역. 나남.

American Social History Project. 2007. *Who Built America? Working People and the Nation's History(Vol. 2: 1877 to the Present)*. Bedford: St. Martin's Press.

Andrist, Ralph. 1972. *American Century: ONE Hundred Years of Changing Life Style in America*. New York: American Heritage.

Angelucci, Enzo. 1974. *The Automobile from Steam to Gasoline*. New york: MCGraw Hill.

Antin, Tony. 1993. *Great Print Advertising: Creative Approaches, Strategies, and Tactics*. New York: John Wiley.

Arnold, Oren. 1979. *What's in a Name?: Famous Brand Names*. New York: Julian Messner.

Banta, Martha. 1987. *Imaging American Women: Idea and Ideals in Cultural History*. New york: Columbia University Press.

Bayley, Stephen. 1991. *Harley Earl(Design Hero Series)*. New York: Taplinger Publishing.

Bovee, Courtland L. and Arens, William F. 1982. *Contemporary Advertising*. Homewood. IL.: Richard Irwin.

Broadbent, S. 1984. *Leo Burnett Book of Advertising*. Business Books.

Buxton, Edward. 1975. *Creative People at Work*. New York: Stein and Day.

Cochran, Thomas C. 1972. *Social Change in America*. New York: Harper & Row.

Coe, Brian. 1973. *George Eastman and the Early Photographers*. London: Priory Press.

Converse, T. 1959. *The Beginning of Marketing Thought in the United States with Reminiscences of Some of the Pioneer Marketing Scholars*. Austin: University of Texas Bereau of Business Research.

Courtney, A. E. and Whipple, T. W. 1983. *Stereotyping in Advertising*. New York: Lexington Books.

Dammon-Moore, H. 1994. *Magazines for Millions Gender and Commerce in the Ladies' Home Journal and the Saturday Evening Post 1880~1910*. Buffalo: State University of New York.

Dibacco, Thomas. 1987. *Made in the U.S.A.: The History of American Business*. New York: Harper & Row.

Dobrow, Larry. 1984. *When Advertising Tried Harder: The Sixties, The Golden Age of American Advertising*. New York: Friendly Press.

Douglas, Ann. 1977. *The Feminization of American Culture*. New York: Knopf.

Ewen, Stuart. 1976. *Captain of Consciousness: Advertising and the Social Roots of the Consumer Culture*. New york: Mcgraw Hill.

Fallon, P. and Senn, Fred. 2006. *Jucing the Orange: How to Turn Creativity into a Powerful Business Advantage*. Havard Business School Press.

Fang, I. 1997. *A History of Mass Communication: Six Information Revol-*

utions. Burlington, MA: Focal Press.

Fox, Stephen. 1997. *The Mirror Makers: A History of American Advertising & Its Creators*. Chicago: University of Illinois Press.

Glickman, Lawrence(ed.). 1999. *Consumer Society in American History: A Reader*. Ithaca: Cornell University Press.

Goodrum, Charles. and Dalrymple, Helen. 1990. *Advertising in America: the First 200 Years*. New York: Harry N. Abrams, Inc.

Grayson, Melvin. 1986. *Forty-two Million a Day: The Story of Nabisco Brands*. East Hanover, N.J.: Corporate Affairs Nabisco.

Haefner, Rotaoll. 1986. *Advertising in Contemporary Society: Perspective Toward Understanding*. Cincinnati: South-Western Publishing Co.

Hine, Thomas. 1999. *The Rise and Fall of American Teenagers*. William Morrow.

_____. 2007. *Populuxe*. Bel Air, CA: Overlook TP.

Hopkins, C. 1966. *My Life in Advertising and Scientific Advertising*. New York: McGraw Hill.

Janssens, A. 2002. *Family and Social Change: The Household as Process in an Industrializing Community*. London: Cambridge University Press.

Cheyfitz, Kirk. 2003. *Thinking Inside the Box: The 12 Timeless Rules for Managing a Successful Business*. New York: Simon & Schuster.

Kufrin, Joan. 1995. *Leo Burnett, Star Reacher*. Chicago: Leo Burntt Company, Inc.

Landreth, C. 2002. *History of Economic Thought(4th ed)*. Boston: Houghton Mifflin.

Lears, Jackson. *Fables of Abundance: A Cultural History of Advertising in*

America. New York: Harper Collins.

Ledbetter, K. 2007. *The Nineteenth Century Tennyson and Victorian Periodicals: Commodities In Context*. London: Asjgate.

Levenson, Bob. 1987. *Bill Bernbach's Book*. New York: Villard Books.

Marchand, Roland. 1985. *Advertising the American Dream: Making Way for Modernity, 1920~1940*. Berkerly: University of California Press.

Mayer, Martin. 1958. *Madison Avenue, U.S.A*. New York: Harper Collins..

_____. 1991. *Whatever Happened to Madison Avenue: Advertising in the '90s*. Boston: Little, Brown & Co.

Mierau, Christina. 2000. *Accepting No Substitutes!: The HIstory of American Advertising*. Minneapolis: Lerner Publications.

Ogilvy, David. 1985. *Ogilvy on Advertising*. London: Vintage Books.

Polykoff, S. 1971. *Does she ⋯ or doesn't she?: And How She Did It*. New York: Doubleday.

Pope, Daniel. 1983. *The Making of Modern Advertising*. New York: Basic Books.

Presbrey, Frank. 1929. *The History of Modern Advertising*. New York: Doubleday.

Reeves, Rosser. 1961. *Reality In Advertising*. New York: Alfred A. Knopf.

Ries, Al. and Trout, Jack. 1981. *Positioning: The Battle for Your Mind*. McGrow Hill Professional.

Roman, Kenneth and Maas, Jane. 2003. *How to Advertise(3rd ed)*. New York: St. Martin's Press.

Robert, Joseph C. 1967. *The Story of Tobacco in America*. Chapel Hill: University of North Carolina Press.

Rusell, A. 1978. *Gillette: The Man and His Wonderful Shaving Device*. Boston: Little, Brown.

Scott, Walter Dill. 1912. *The Theory and Practice of Advertising*. Boston: Small, Maynard.

Schofield, P.(ed). 1954. *100 Top Copy Whfersoad Their Favorite Ads*. New York: Printer's Ink Publishing.

Schudson, Michael. 1984. *Advertising, The Uneasy Persuasion: Its Dubious Impact On American Society*. New York: Basic Books.

Sivulka Juliann. 1998. *Soap, Sex and Cigarettes: A Cultural History of American Advertising*. Boston: Wadsworth Publishing Company.

Strasser, Susan. 1989. *Satisfaction Guaranteed: The Making of the American Mass Market*. Washington: Smithonian Books.

Tungate, Mark. 2008. *Ad Land: A Global History of Advertising*. London: Kogan Page.

Twitchell, James B. 2001. *Twenty Ads that Shook the World*. New York: The Rivers Press.

논문

양정혜. 2005a. 「유희와 통제력: 광고가 구성하는 디지털 사회의 이미지」. 방송문화진흥원.

_____. 2005b. 「광고 텍스트 속 서구적 요소의 증가에 관한 고찰」. 방송문화진흥원.

_____. 2009. 「자유와 죄책감 간의 갈등: 근대 광고에 나타난 여성 대상 메시지 소구전략 사례들」. ≪젠더와문화≫, Vol. 2: 1, 157~189쪽.

Belkaoui, A. and Belkaoui, J. 1976. "A Comparative Analysis of the Roles Portrayed by Women in Print Advertisements: 1958, 1970, 1972."

Journal of Marketing Research, Vol. 13, pp.168~172.

Doherty, P. 1986. "Defining Charlie for Revlon." *New York Times*, Nov. 28.

Johnson, R. 1998. "The Jordan Effect." *Fortune*, June 22.

Moorehouse, H. F. 1987. "The Work Ethic and Leisure Activity: the Hot Rod in Post-War America." in Joyce, P.(ed.). *The Historical Meanings of Work*, Cambridge University Press.

Trytten, J. 1973. "Sex in Advertising: The Easy Way Out." *Sales Management*, Vol. 1.

찾아보기

알파벳

BMW의 온라인 광고　231

DDB　199

ECLA　144

go steady　164

IBM 컴퓨터　216

IT 버블　228

JVC 재즈 페스티벌　217

JWT　120

NBC　137

reason why 광고　82

reason why 방식　168

T-car　77

TBWA/Chiat/Day　230

The Hire 시리즈　232

USP(Unique Selling Proposition)　174,
　178

팰론(Fallon)　231

ㄱ

가격강조의 도입　126

가두판매 방식　35

가제트(Gazette)　30

가족앨범의 개념　75

간접 광고　226

갈릴레오　18

감성적 설득　108

개인 위생　71

개인적 차원의 문제해결　119

게이츠, 빌　225

경제공황　125, 131

경제적 소구　124

경제적 소구의 효시　126

경제적 자급자족 단위로서 가정　22

계몽주의적 인간관　20

계획된 구식화(panned obsolance)　156

고유 브랜드　67

골드 더스트 세척 파우더　73

공개계약제　40

공공근로 프로그램　158

공공도서관 제도　34

공업화   24

공포, 불안감 자극   124

공황기 광고 스타일   131

과시적 소비(conspicuous consumption)
    26

과학과 리서치(Science and Research)
    189

과학적, 조사 지향적 철학   190

과학적 설득법   203

광고개혁   41, 92

광고개혁운동   52

광고규제   212

광고내용의 진정성   212

광고 대행업   37

광고 도구로서의 성(sex)   71

광고 메시지의 정서적 측면   108

광고산업 성장의 원동력   60

광고산업의 윤리와 신뢰도   174

광고 스타일   125

광고비 체계의 정립   40

광고조사   52, 80, 120, 131, 165

광고조사의 확대   167

광고철학   187

광고포화 전략   146

광고형태   124

광고 혼잡도(clutter)   215

광고효과 측정   88, 106

광고가 표현하는 가치관   52

광고검열위원회(National Advertising
    Review Board)   212

광고를 통한 여성에 대한 사회적 인식
    144

광고비 지출 1위 매체   138

광고에 대한 사회적 불신   39

광고에서 나타나는 성 역할분담   153

광고에서 여성의 이미지   70

광고에서 여성이 맡은 역할   209

광고의 도덕성   48

광고의 아버지   83

광고의 역사를 만드는 광고   222

광고의 윤리성   47, 52

광고의 전성기   106

구독률 과장   39

구매동기 유발   147

구매동향집   133

구텐베르크의 인쇄술   29

국수주의   73

규모의 경제   54

그린 자이언트   185

근대 유통업의 발전   54

근대성   68

근대성에 대한 태도   109

근대적 광고환경   120

근대적인 생활방식   71, 75

글로벌 브랜드의 증가   214

기록문화   75

기업의 이미지 광고   140

기업의 후원활동(corporate sponsorship)
　217

ㄴ

나비스코(National Biscuit Company)
　57, 78

나사공 로지(Rosie the Rivetter)   143

나이키와 마이클 조던   218

남성 소비의 비가시화   113

남성 이미지의 변천   209

내면의 죄의식, 공포   169

내재된 드라마   182

네슬레(Nestle)   169

뉴 애드버타이징(new advertising)
　193

뉴 크리에이티브 혁명(new creative re-
　volution)기   214

뉴스 발라드(News Ballad)   31

뉴요커(New Yoker)   192

뉴욕 레저(New York Ledger)   41

뉴욕 선(New York Sun)   29, 33, 37

뉴욕 타임스(New York Times)   211

뉴욕 헤럴드(New York Herald)   37

뉴턴   19

뉴턴의 법칙   19

닐슨(A. C. Nielson)   133

ㄷ

다국적 기업의 광고 증가   222

다국적 기업의 시장조사 목적   223

다국적 기업의 시장조사방법   223

다이너스 클럽(Diners Club) 카드   155

단일가격제   66

담배 광고(1920년대)   114

닷컴 기업   228

닷컴 버블의 붕괴   231

대공황   123

대중매체의 발달   29

대활자 광고   41

더 네이션(The Nation)   84

덕테일(ducktail) 헤어스타일   162

데이, 벤저민(Benjamin Day)   33

도시화   24

도일 데인-번바크(Doyle Dane-Bernbach,
　DDB)   194

동기조사(motivation research)   147, 167

동기조사의 문제점   170

동력의 발명   22

드레스 코드   160

디히터, 어니스트(Ernest Dichter)   168

ㄹ

라디오　104

라디오 광고방식　135

라디오 방송 내용　136

라디오 연속극　138

라디오의 네트워크화　137

라디오의 상업화　135

라이스, 알(Al Ries)　203

라이프 스타일 마케팅　167

래스커, 앨버트(Albert Lasker)　81, 116

랜스런, 헬렌(Helen Lansdowne)　121

랭겔, 조지 남작　191

러키 스트라이크(Lucky Strike) 캠페인
　115

레이놀즈, 알 제이(R. J. Reynolds)　115

레이디스 홈 저널(Ladies' Home Journal)
　93, 112

레조, 스탠리(Stanley Resor)　121

레토르 마케팅(retor marketing)　227

렐라치온(Relation)　30

로드 앤드 토머스(Lord & Thomas)　81

로웰, 조지(George Rowell)　38

로웰의 미국 신문 목록집　39

로크　19

로큰롤　162

루비캠, 레이먼드(Raymond Rubicam)
　122

르네상스　30

르노도(Theophrasre Renaudot)　32

르바론 제임스　224

리버티 앤드 룩(Liberty and Look)　151

리브스, 로저(Rosser Reeves)　177

리스트린 치약 광고　125

리스트린(Listerine)　224

리펜슈탈, 레니(Leni Riefenstahl)　108

ㅁ

마르코니　134

마셜 필드(Marshall Field)　65

마셜 플랜　144

마즈다(Mazda) 전구 광고　76

마케팅 조사　120

말보로맨　185

매더 앤드 크로더(Mather and Crowther)
　188

매체의 다양화　226

맥도널드　206

맥마우스, 시어도어(Theodore McMaus)
　88

매킨토시 광고　220

무의식 · 잠재의식적 수준에서 결정
　168

문화 아이콘　162

문화적 공명도　187

물질주의 문화 68
미국 여론연구소(American Institute of
    Public Opinion) 132
민담 속 캐릭터나 상징물을 이용
    182
민담이나 역사 속 캐릭터 발굴 185
밀러 라이트(Miller Lite) 205

ㅂ

반복광고 42
반복전략 41
반복의 인지효과 179
반전운동과 페미니즘 154
백열전구의 발명 76
백화점 26
버거킹 206
버넷, 레오(Leo Burnett) 187
베네통(Benetton) 218
베넷(James Gordon Bennett) 37
베이비붐 세대 145, 161
베티 크로커(Betty Crocker) 170
보험광고 128
보너, 리처드(Richard Bonner) 41
복고주의적 표현양식 227
불황 124
불황기 광고의 크리에이티브 126
뷰익(Buick) 157

브랜드 보호법 60
브랜드 정체성 158
브랜드 회상도 151
브랜드의 기능 58, 60
브랜드화 26, 52
브레튼우즈 체제 144
비교광고 206
비옷을 입은 소년 78
비트 제너레이션(Beat Generation) 163
비필수재 146
빅토리아 시대 중산층의 가치관 70

ㅅ

사실에 근거한 창의성 123
사이러스 커티스(Cyrus Curtis) 93
사적 위생의 공적 담론화 111
사폴리오(Sapolio) 비누 58
사회개혁의 시대 93
사회경제적 지위 160
사회적 수치심을 자극하는 광고 127
사회적 편견의 확대·재생산 119
산업혁명 17, 22
상품가격에 대한 강조 125
상품의 회전율 66
상호복제 227
상호 텍스트성 227
새로운 외양의 추구 159

생산공정의 표준화　57

생산자와 유통자의 갈등　26

샤볼레(Chevolait)　157

서버브(suburb)의 형성　105

성 역할분담　70

성공적인 브랜드　58

성과 광고의 관계　148

성적 소구 캠페인　147

세븐 업(Seven up)　164

섹스 어필 광고　150

섹스 어필 광고에 대한 원칙　151

소구의 방식　81

소비습관 통제　223

소비욕구 창출　155

소비주의적 생활방식　52

소비에 대한 열망　28

소비의 젠더화　112

소비자 중심　206

소비자의 광고 선호도　218

소비자의 파편화　226

솝 오페라(soap opera)　138

수명주기　97, 156

수명주기의 단축　160

슈퍼볼　222

슐리츠 맥주　85

스타의 상품화　218

스타인웨이(Steinway) 피아노　63, 122

스탠더드 웨어 욕조　67

스토리 어필　190

스프링 메이드(spring maid) 광고　148

스프링 밀스(Spring Mills)　147

스프링스, 엘리어트(Elliott Springs)　148

시장의 세분화　157

시장의 포화도　166

신문개혁　41

신문 보급과 판매 방식　35

신문 수용자 조사　130

신문의 경제적 기반　35

신용구매　106

신용카드의 등장　155

신자유주의 노선　214

심층 인터뷰　168

싱어 재봉틀　63

ㅇ

아나신 광고　179

아담 스미스　20

아르누보　90

아르데코　90

아메리칸 머큐리 극장(American Mercury Theater)　136

아이트래킹(eye tracking) 조사법　133

악취의 발견　111

악취의 사회적 발견　112

애드무비(admovie)   233

애드버타이징 에이지   150

얼, 할리(Harley Earl)   160

엉클 샘(Uncle Sam)   101

에너자이저 건전지 광고   220

에디슨의 전기   76

에디슨의 전기 발명   65

에어 조던(Air Jordan)   219

에이비스(Avis)   198

에이어 앤드 선(Ayer & Son)   38, 78

에이어, 프랜시스 웨이랜드(Fransis Way-
    land Ayer)   38

엘리트 신문   36

엘비스 프레슬리 효과   163

엘알(EL AL) 항공사   196

여가활동 유형   160

여성 참정권   118

여성해방과 자유   118

여성 흡연   104

여성 흡연인구   115

여성성과 소비자주의   112

여성의 노동참여 유도   143

역할분담의 세분화   166

연방거래위원회   213

연상법   168

열망과 욕구의 평등화   29

염색에 대한 인식(1950년대)   171

엽기(bizarre)   227

영 앤드 루비캠(Young & Rubicam)   120

오길비 앤드 매더(Ogilvy and Mathers)
    189

오스터무어(Ostermoor) 매트리스   69

오일쇼크   202

옥외광고   47, 97

온라인 광고   231

올스모빌(Oldsmobile)   157

와인트라우브, 윌리엄(William Weintra-
    ub)   193

욕구에 의한 소비유형   104

우드버리(Woodbury) 비누   121

우편제도의 발달   34

우편 판매망   62

울워스(Woolworth)   54

웨스턴(Western) 전기회사의 광고   77

웨이지, 어윈(Erwin Wasey)   182

웨지우드(Wedgewood)   189

웰스, 오손 (Oson Wells)   136

위생습관의 재형성   110

유니다   78

유니다(Uneeda) 비스킷   59, 78

유사 브랜드   59

유스 마케팅(youth marketing)   163

유통시장 내부의 장벽   62

유통시장의 분화   65

246

유통시장의 우위권 확보   25

유통 장악의 필요성   60

의지의 승리(Triump of the Will)   108

이-트레이드 닷컴(E-Trade.com)   229

이너실(In-Er-Seal)   57, 78

이벤트 광고   222

이상적인 가족   69

이성적 소구와 감성적 소구   81

이스트먼 코닥(Eastman Kodak)   59

인간백지설   19

인간 본성에 대한 통찰력   195

인간평등사상   20

인간의 본성 탐구   106, 119

인구와 그 분포   81

인쇄된 판매술   178

인수합병   165

인종차별적   73

일회용 제품   73

일회용 제품에 대한 사회적 인식과 수요
   73

일회용 카메라   74

ㅈ

자동차 관련 기업의 옥외광고   97

자동차 광고   77

자동차 광고의 주제   159

자동차 문화와 일상   159

자동차의 구매동기   168

자동차의 대중적인 보급   96

자연권사상   19

자유시장   16, 18

자유방임주의(laissez faire) 경제   20

자체개발상표(Privatc Brand)   63

잡스, 스티브(Steven Paul Jobs)   220

잡지 성장에 기여한 요소   44

잡지의 열독률과 수용유형   132

재핑(zapping)   215

저작권   50

전시광고   142

전시광고자문위원회(War Advertising Coun-
   cil)   140

전쟁기의 광고   100

전쟁자문위원회(National War Advisory
   Board)   100

전통적 가치관의 강화   153

절제된 노출   150

정찰제   28

정치광고   181

제1차 세계대전   119

제2차 세계대전   140

제너럴 모터스   96, 157

제너럴 푸드(General Foods)   123

제록스   58

제리 맥과이어(Gerry MgGuire)   226

제이시 페니(JC Penny)   54
제임스 케네디   178
제품 정체성   192
제품 중심적 광고   106
제품의 브랜드화   36
제품의 차별화   58
젠더의 재현   211
젤로(Jell-O) 푸딩   69
조지 갤럽   120, 132
조지 오웰의『1984년』   221
종교개혁   18, 38
죄책감, 공포, 사회적 수치심   126
주거환경   160
중간 도매상   62, 63
중개상의 역할   64
중상주의   31
지면 중개인   37
지핑(zipping)   215
질레트(Gillette)   136
질레트 면도기 광고   72
질레트의 판매 전략   73

ㅊ

찰리(Charlie) 광고   210
청교도주의   18
체인점   53
초기의 광고주   24

초기의 자동차 광고   94
초기의 라디오 스튜디오   134
최초의 광고   31
최초의 대중매체   29
최초의 라디오 광고   134
최초의 자동차   77
최초의 자동차 광고   94
최초의 전문 여성 광고인   121
추문 폭로자   45
치아 관리 ABC   72
치약의 사회적 용도   110
치엣/데이(Chiat/Day)   220

ㅋ

카멜(Camel) 담배   115
카피라이팅 스쿨   81
카피와 디자인의 조화   194
캐딜락 광고 카피   160
캐딜락(Cadillac)   140, 157
캠벨 수프   59, 136
캠벨 수프 스캔들   212
컬킨스 식 광고   89
컬킨스, 어니스트 엘모(Ernest Elmo Cal-
    kins)   65
컬킨스의 광고철학   87
케네디, 존(John E. Kenndy)   82
케네디와 홉킨스 식 광고   89

켈로그 광고   184

켈로그, 윌 키스(Will Keith Kellogg)   183

코닥 카메라   74

코란토(Coranto)   30

코코몰트(Cocomalt)   127

코페르니쿠스의 지동설   18

콕스턴, 윌리엄(William Coxton)   31

콜게이트 치약   68, 71

콜라주 기법   193

콜마이어(Lous M. Kohnmeier)   163

쿠폰광고   81

퀘이커교도   62

퀘이커 오트밀(Quaker Oatmeal)   55

크라이슬러, 월터(Walter P. Chrysler)   129

크로모리토그라피(Chromolitograph)   44

크리넥스   58

크리에이티브 혁명   166

크리에이티브 혁명기   123, 176

ㅌ

타블로이드 광고   129

타블로이드 수용자   133

탐사보도   45

테스트 마켓(tset market) 기법   183

테스트 시티(test city) 조사법   133

텍사코(Texaco)   141

텔레비전 광고   206

투사기법   168

투자보호법안(Principle of limited liabi-
    lity)   23

트라우트, 잭(Jack Trout)   204

트레이드 마크   56

트레이드 마크, 상징, 슬로건   61

트레이드 카드(trade card)   43, 44, 48

특허약품   42, 45, 46

특허약품광고   83, 91

티저광고   115

ㅍ

파머, 볼니(Volney Palmer)   37

펄 탑(Pearl Top) 램프등피 광고   84

페널티 오브 리더십 광고   88

페니 프레스   33

페니 프레스의 역사적 의의   34

펩소덴트 미소(pepsodent smile)   87

펩소덴트 치약 광고   86

펩시 제너레이션(Pepsi Generation)   207

펩시 챌린지(Pepsi Challenge)   207

페츠 닷컴(Pets.com)   229

평화의 사나이 아이젠하워   181

포드, 헨리(Henry Ford)   95, 114

포디즘(Fordism)   96

포스텀(Postum)   122

포스트모더니즘   228

포장기술의 발전　55

포장용기의 광고매체화　184

포장과 브랜드화　57

포장업　55

포지셔닝(positioning)　203

포춘(Fortune)　146

포커스 그룹　206

포커스 그룹 연구　203

폭로 저널리즘　45

폭스바겐 비틀 캠페인(Think Small편)
　194

폭스바겐의 철학　197

폰티악(Pontiac)　157

표준화　224

푸르덴셜(Prudential) 그룹　128

퓰리처, 조셉(Joseph Pulitzer)　40

프랑스 최초의 언론인　32

프로필레틱 치약　71

프록토 앤드 갬블　61, 183

프리지데일(Frigidaire) 냉장고　153

플래그, 제임스 몽고메리(James Mont-
　gomery Flagg)　101

플레이보이(Playboy)　147

플리머스(Plymouth) 광고　160

피상성　227

핀컴, 리디아(Lydia Pinkham)　48, 49,
　92

필립모리스(Philip Morris Companies Inc.)
　185

ㅎ

하드셀(hardsell) 기법　116, 125, 137

하드셀 기법의 부활　203

하우어, 랠프(Ralph Hauer)　130

하인즈(Heinz)　59

하인즈 패밀리　59

할부구매　145

할부판매　103, 105

합리적 소구　81

해외광고　188

허스트, 윌리엄 랜돌프(William Randolf
　Hearst)　40

헤서웨이맨　192

해서웨이 셔츠 캠페인　190

헬름볼드(Helmbold)　42, 47

혁신적인 포장법　56

현대 광고의 다양한 전통　199

현지화　224

협력 광고　67

호랑이 토니(Tonny the Tiger)　185

호텐토트 인디언　47

혼성모방　227

홈코(Homko)　152

홉킨스, 클로드(Claude Hopkins)　85, 178

화성으로부터의 침공   136

회의적인 소비자   176

휴대용 트랜지스터 라디오   162

흠집찾기 광고   128

흡연에 대한 인식   114

히피족   163

힐, 조지 워싱턴(George Washsington Hill)
    115

지은이 _ 양정혜

이화여자대학교 영어영문과를 졸업하고 미국 미네소타대학교(School of Journalism and Mass Communication)에서 매스커뮤니케이션 석·박사 학위를 취득했다. 사회제도로서의 광고와 홍보에 대한 역사적 접근 이외에도 자본주의 사회의 마케팅과 프로모션 전략이 대중의 가치관과 생활방식에 미치는 영향력을 분석하는 데 관심을 쏟고 있으며, 광고 및 대중문화의 산물이 이데올로기적 담론 혹은 신화를 생산하는 방식과 다양한 사회집단을 재현하는 방식, 각종 사회 트렌드와 자본주의 마케팅의 역학관계 등을 연구하고 있다. 미네소타대학교에서 2년간 강의했으며, 현재 계명대학교 광고홍보학과 교수로 재직 중이다. 주요 저서로는 『디지털 신자유주의를 살다: 감수성, 정체성 그리고 신화』(2012) 등이 있다.

한울아카데미 1148

광고의 역사
산업혁명에서 정보화사회까지

ⓒ 양정혜, 2009

지은이 | 양정혜
펴낸이 | 김종수
펴낸곳 | 한울엠플러스(주)
편집책임 | 김경아
편집 | 배유진

초판 1쇄 발행 | 2009년 7월 31일
초판 3쇄 발행 | 2018년 8월 30일

주소 | 10881 경기도 파주시 광인사길 153 한울시소빌딩 3층
전화 | 031-955-0655
팩스 | 031-955-0656
홈페이지 | www.hanulmplus.kr
등록번호 | 제406-2015-000143호

Printed in Korea.
ISBN 978-89-460-6538-3 93320

* 책값은 겉표지에 표시되어 있습니다.

소비자를 사로잡는 슬로건

- 로라 리스 지음 ∣ 이희복 옮김
- 2018년 6월 29일 발행 ∣ 변형신국판 ∣ 176면

슬로건, 마케팅 시장에서 상대를 압도할 함성
슬로건, 소비자의 마음과 지갑을 열 마법의 열쇠

스코틀랜드 게일어 '슬루아그 가럼(Slaugh gairm)'은 전장의 함성을 의미한다. 이 단어는 변화를 거듭해 슬로건(Slogan)이 되었다. 마케팅 분야에서 슬로건은, 상대를 압도할 전장의 함성이다. 그렇다면 전장으로 표현되는 마케팅 시장에서 소비자를 사로잡을 슬로건은 어떻게 만들 수 있을까? 기억에 남는 슬로건과 그렇지 못한 슬로건의 차이는 무엇일까?

오늘날 매스미디어와 스마트미디어, 광고를 비롯해 소비자의 인식 속 전장에서, 슬로건의 중요성은 나날이 커지고 있다. 제 아무리 좋은 아이디어나 콘셉트, 전략을 가지고 있어도 슬로건으로 표현하지 못하면, 아무 짝에도 소용없다. 단 몇 초면 광고 전략의 성패를 판가름하는 슬로건의 중요성은 점점 더 커지고 있다. 더 오래, 더 많은 사람들이 기억하는 슬로건은 사람들의 입에 오르내리며, 브랜드를 마음에 심는다. 소비자를 홀리는 한마디 함성은 소비자의 지갑을 열어 해당 브랜드를 선도 브랜드의 반열에 올려놓는다.

광고카피의 탄생 I
카피라이터와 그들의 무기

- 김동규 지음
- 2017년 12월 15일 발행 | 신국판 | 480면

카피라이팅의 본질은 무엇인가?
카피라이팅의 이론화는 가능한가?
카피라이팅은 사회과학의 자격을 갖추고 있는가?

고대부터 시작된 광고와 카피라이팅은 중세와 근대를 거쳐 1960년대에 현대적 면모를 완성했다. 이 책은 역사적 사건과 주요 미디어 기술의 발전을 간략히 설명하고, 당대의 카피라이터의 활동을 통해 광고의 역사를 한눈에 보여준다.

우선 1장에서는 고대 이집트 파피루스 문서부터 현대적 광고산업이 완성된 1960년대까지 카피라이터 직업의 탄생과 발전 과정을 살펴보고, 대표적 카피라이터의 개인사와 창조철학을 통해 카피라이터의 역할의 본질과 변화를 탐색했다. 2장에서는 참여관찰과 심층인터뷰로 한국의 카피라이터는 누구이고, 어떤 일을 하고 있는지 업무 환경은 어떠한지 관찰했다. 3장에서는 카피라이팅 지식의 본질을 설명한다. 지식에 대한 일반 이론과 카피라이터의 경험 자료를 교차시키며 분석해 실제 카피라이팅 과정에서 지식의 속성은 어떠한지, 지식과 노하우는 어떻게 형성, 이전, 공유, 활용되는지 확인한다.

100개의 키워드로 읽는 광고와 PR

- 김병희·김찬석·김효규 외 지음
- 2017년 11월 7일 발행 ┃ 신국판 ┃ 456면

광고와 PR 교수 6인이 엄선한 100개의 키워드가
1000개의 아이디어로 확장된다

이 책은 한국광고홍보학회가 발간하는 〈KADPR 지식총서〉 시리즈의 첫 번째 도서로서, 광고와 PR 분야에 관심을 갖고 보다 깊이 있는 지식을 얻고자 하는 독자들을 위해 기획되었다. 광고, PR, 미디어의 세 가지 영역으로 나누어 6인의 필자가 선정한 100개의 핵심 개념에 대해 설명했고, 독자들의 이해를 돕기 위해 많은 관련 이미지와 '더 읽어야 할 문헌'을 제시했다.

이 책의 저자들은 책의 내용을 광고, PR, 미디어라는 세 가지 영역으로 나누고 그에 알맞은 100개의 키워드를 선정했다. 광고와 PR 각각의 정의와 주요 유형은 물론 환경, 주요 이론과 개념, 실무 관련 용어들을 모두 10개의 장으로 묶어 관심 분야에 따라 독자가 쉽게 찾아볼 수 있도록 정리했다.

광고의 변화
8가지 성공 사례로 배우는 효과적인 광고 만들기

- 사토 다쓰로 지음 ㅣ (주)애드리치 마케팅전략연구소 옮김
- 2017년 10월 30일 발행 ㅣ 신국판 ㅣ 192면

오래된 상식은 광고를 속박한다
새로운 상식은 광고를 자유롭게 한다

이 책의 저자는 최근 10여 년에 걸쳐 실무자이자 연구자의 입장에서 광고커뮤니케이션의 변화를 몸소 체험해온 인물로, 업계 2, 3위의 광고회사에서 카피라이터와 크리에이티브 디렉터로 오랫동안 일해왔고 현장을 매우 잘 알고 있다. 국제광고상 심사위원을 여러 번 맡은 덕분에 세계 최첨단 광고 사례를 많이 접했고, 이에 대해 독자적 분석을 가미하여 일본광고학회를 중심으로 논문 발표를 해왔다. 이처럼 광고업계에서 잔뼈가 굵은 저자는 독자들이 알기 쉽도록 광고계의 변화를 전달하는 책을 썼다. 최근 10년간 광고계에서 일어난 주요 변화를 망라했으며, 새로운 상식으로 국제광고제에서 크게 주목받은 사례도 여럿 소개했다. 또한 가공의 광고 회의 모습을 묘사하고, 회의 때 맞닥뜨릴 수 있는 문제를 구체적으로 해결해나가는 과정을 제시했다.

저자는 이 책이 '앞으로의 광고'에 대한 대처법이 되기를 바란다고 했다. 다양한 업종의 광고주, 광고업계 종사자, 광고에 흥미를 가지고 있는 학생, 커뮤니케이션 분야에 관심이 있는 일반 독자는 이 책을 통해 앞으로의 광고에 대한 힌트를 얻을 수 있을 것이다.